_____ 님께

생존과 역량강화에 필요한 7가지 기술

세븐테크

생존과 역량강화에 필요한 7가지 기술

세븐테크

초판 1쇄 인쇄 2018년 8월 25일
초판 1쇄 발행 2018년 8월 30일

지은이 김한준
펴낸이 인창수
펴낸곳 태인문화사
기획 출판기획전문 (주)엔터스코리아
디자인 플러스
캐리커처 캐리커처 코리아
신고번호 제10-962호(1994년 4월 12일)
주소 서울시 마포구 독막로 28길 34
전화 02-704-5736
팩스 02-324-5736
이메일 taeinbooks@naver.com

ⓒ김한준, 2018

ISBN 978-89-85817-66-0 03320

책값은 뒤표지에 있습니다.

7 TECH

류(流)테크, 인(人)테크, 심(心)테크
신(身)테크, 입(入)테크, 자(資)테크
시(時)테크

생존과 역량강화에 필요한
7가지 기술

세븐테크

김한준 지음

태인문화사

지금의 나를 만든 것은
류流 인人 심心 시時 언言 자資 신身
일곱 가지 테크였다

"돌이켜보면, 나의 생애는 일곱 번 넘어지고 여덟 번 일어났던 것이다."

미국의 제32대 대통령이자, 유일무이하게 4선에 성공했던 프랭클린 루즈벨트는 실패보다 희망을 강조했다. 일곱 번이나 넘어질 정도면 더 이상 일어서기 싫고 그 자리에 주저앉을 법도 하다. 그런데 기어이 여덟 번을 일어났다고 하는 것은 좌절보다 도전과 희망을 믿었기 때문일 테다.

많은 사람들이 인정하는 큰 인물이나 성공한 사람들은 대체로 실패를 익숙하게 생각한다. '실패는 없어야 한다'는 부담보다 성공으로 가는 길목에서 만날 수밖에 없는 '교차로'로 여긴다. 실패를 했으니 과감하게 유턴을 하여 새로운 도전을 할지, 아니면 계속 가던 길을 우직하게 갈지를 선택하기 위해 잠시 숨을 고를 뿐이다.

루즈벨트를 비롯하여 역사에 이름을 남기거나 롤모델이 되는 사람들이 희망의 불씨를 함부로 꺼뜨리지 않는 반면에, 요즘 사람들은 희망을 쉽게 포기하려 든다. 희망의 불씨를 품고 있기에는 너무나 거센 바람이 휘몰아치는 세상에 살고 있다고 푸념한다. 이들의 심정을 이해하지 못하는 게 아니다. 하루의 시작을 알리는 뉴스는 비관적인 사회와 경제 전망을 다루고 있고, 금수저니 흙수저니 하는 '수저계급론'은 농담으로 가벼이 여길 수 없는 세상에 살고 있다. 그런데 희망을 말하니 순진한 소리를 한다고 비아냥거리는 사람들도 있다.

강의나 컨설팅을 할 때도 희망을 언급하면 심드렁한 표정을 짓는 사람들이 있다. 누가 희망을 가지는 게 좋은 줄 모르냐고 말이다. 문제는 희망을 가지는 것만큼이나 희망이 현실에서 실현되느냐고 반문한다. 즉 희망을 구체적으로 펼쳐가는 방법을 몰라 답답하다는 것이다.

경제 위기나 불황은 이제 한때의 문제가 아니라 일상적인 게 됐다. 불확실성 증대로 인한 경제 전망은 '불투명의 감옥'에 갇혀 있다. 그렇기 때문에 희망을 품더라도 어떻게 해야 할지 잘 모르고 두렵다. 특히 젊은 세대의 불안감은 더 크다.

최근 우리나라 20대와 30대를 두고 '3포 세대'라고 한다. 20대부터 학자금 대출 등의 빚을 진 탓에 연애와 결혼, 출산 등을 포기할 수밖에 없기 때문이다. 더 나아가 내 집 마련, 인간관계, 희망, 꿈, 퇴근, 주말, 구직, 창업 포기라는 '11포 세대'라는 용어까지 탄생하고 있다.

대학생 푸어, 허니문 푸어에 이어 부동산 푸어까지 청년과 중장년 세대의 미래는 잿빛먹구름만 가득하다. 이제 우리가 해야 할 일은 무엇인가? 위기 대응 능력을 키우기 위한 내부 경쟁력을 강화하는 것이다.

개인이 의지할 것이라곤 자신의 능력밖에 없다. 실패가 두려운 것은 아니다. 프랭클린 루즈벨트의 말처럼 얼마든지 넘어지고 실패를 할 수 있다. 그러나 실패를 발판 삼아 재기를 할 수 있는 환경이 만들어져야 한다. 하지만 아쉽게도 우리 사회에서 실패의 극복과 재기는 쉽지 않다.

한창 경제 발전을 목표로 한강의 기적을 만들어가고 있을 때, 당시 어른들은 자라는 아이들에게 "기술을 가져야 먹고살 수 있다"라는 말을 밥 먹듯이 했다. 적어도 기술 하나쯤은 가지고 있어야 굶어죽지 않는다고 말이다. 그런데 '조국 근대화'를 넘어 풍요로운 시절을 살고 있는 지금은 어떤가? 유사 이래 최고로 풍족한 시대에 살고 있음에도 어쩐 일인지 아직도 "먹고살려면 기술이 필요하다"는 말이 나오고 있다.

그렇다. 무한경쟁과 불확실성의 시대에서 개인은 기술을 지니고 있어야 생존경쟁에서 살아남을 수 있다. 그런데 이 기술은 자격증을 필요로 하는 이공계의 기술을 말하는 게 아니다. 그건 무슨 일을 하든, 어떤 조직에 속해 있든 간에 생존과 역량 강화에 필요한 기술을 말하는 것이다.

그래서 나는 리더뿐만 아니라 대부분의 핵심리더가 되기 위한 사람들에게 필요한 7가지의 기술을 이 책에서 설명하고자 한다. 7가지 기술이란 '변화와 트렌드를 놓치지 않는 류流테크', '인간관계 형성을 위한 인人테크', '자아를 인도하는 심心테크', '활력을 불어넣는 신身테크', '발표력과 소통 능력을 향상시키는 언言테크', '풍요로운 삶을 위한 자資테크', '성공하기 위한 전략적 자기관리인 시時테크'를 말한다.

이 7가지 테크는 어디에서도 필요한 '생존 기술'이다. 스스로의 변화를 끊임없이 추구하는 '자기혁명'의 동력이다. 그렇기 때문에 한순간의 성공이나 실패에 연연하지 않고 늘 스스로의 혁신과 진화를 가능케 한다. 또 생존경쟁에서 살아남기 위한 자기혁명으로 불확실성의 불안함을 제거하고 성공의 궤도에 올라서게 한다.

나는 오랜 시간을 각 기업이나 공공기관, 학교, 시민단체 등에서 리더십과 관련하여 7가지의 테크를 강의하고 상담을 해왔다. 시간이 흘러도 이 7가지 테크는 여전히 중요한 가치를 가지고 있다. 시류에 휩쓸려, 또는 유행으로 입에 오르내리는 기술과 가치가 아니다. 그래서 비단 직장인뿐만 아니라 자영업자나 취업준비생에게 필요한 기술이며, 가정에서도 행복을 추구하는 유용한 도구가 되는 기술이다.

이 책은 7개의 키워드를 소개하면서, 일상에서 자연스럽게 학습과 훈련을 할 수 있다는 것을 보여주려고 직장에서의 경험을 스토리텔링의 방식으로 이야기를 풀어냈다. 그리고 각각의 키워드에 맞는 스토리와 구체적인 정보, 개념을 정리하는 팁 페이지를 덧붙였다. 부족하지만 이 책이 위기와 변화의 시대에서 고군분투하는 이들에게 도움이 되기를 희망한다. 치열한 경쟁의 시대에서 살고 있는, 그래서 생존과 역량 강화에 힘쓰고 있는 직장인과 자영업자, 취업준비생들에게 성공의 궤도에 올라서게 하는 지침서가 된다면 더할 나위 없이 좋겠다.

성공Success은 삶의 종착역이 아니다. 꿈을 달성achievement해 가는 과정이다. 하나씩 만들어가는 과정은 당신을 성공한 사람으로 기억하게 할 것이다.

차례

등장 인물

안전방

30대 중반. 국내 최고의 홈쇼핑회사인 유수홈쇼핑의 과장으로 명문대 졸업, 높은 토익점수 등의 훌륭한 스펙을 자랑하는 인물이다. 입사 초기에 소위 말하는 대박을 하나 터뜨린 이후로는 이렇다 할 성과를 내지 못하고 그냥저냥 버티기 중이다. 어느 날 갑자기 한직으로 밀려난 후 생존에 대해 고민하기 시작한다.

유사장

60대 중반. 유수홈쇼핑 5층에서 테라스 카페를 운영하는 인물. 평균 수명 100세 시대를 맞아 퇴직 후 바리스타 자격증을 취득해 제2의 청춘을 열어간다. 안전방에게 세븐테크를 가르치며 멘토 역할을 한다.

구준한

안전방의 입사 동기로 지방대 출신이라는 콤플렉스를 극복하기 위해 꾸준히 노력하는 인물. 3년 전 안전방 대신 유수홈쇼핑의 인도지사의 선발대로 지원했고, 능력을 인정받아 다시 한국본사의 기획2팀 팀장으로 복귀한다. 창의적인 아이디어와 탁월한 기획력으로 업무적 성과를 창출하는 것은 물론이고 자기계발을 위해 다방면으로 꾸준히 노력하는 인물이다.

현명애

안전방의 아내이다. 안전방에게 찾아온 긍정적인 변화를 반가워하며 남편과 함께 가족의 행복한 미래를 차근차근 준비한다.

이대로

안전방의 고등학교 동창이며 유수홈쇼핑 물류팀에 근무하는 인물이다. 7년 동안 한 직장에 근무한 덕분에 과장직급까지 올라갔지만 여전히 머리가 아닌 몸으로 일을 하는 자신이 못마땅하다. 회사와 자신의 업무에 대한 불만을 술과 유흥으로 풀며 스스로를 위로하는 탓에 건강은 물론 재정 상태도 점점 마이너스가 되어간다.

고민중

'내 마음 나도 몰라'라며 점심 메뉴를 고르는데도 한참을 고민하는 인물이다. 심사숙고 끝에 나온 결론은 언제나 '에잇! 될 대로 되라'이기에 더 이상 사람들은 그에게 의견을 묻지 않는다.

한성갈

사소한 일에도 흥분하여 화를 다스리지 못하는 탓에 모두가 함께 일하기를 싫어하는 인물이다.

현재만

안전방의 처남이자 현명애의 남동생이다. 대중음악 작곡가라는 거창한 꿈과는 달리 현재의 만족감만을 좇는 게으른 백수이다. 안전방으로부터 시간과 자산을 관리하는 방법을 배우고 실천해 나간다.

나태한

이름처럼 느리고 게을러서 남들이 반나절이면 끝내는 일을 며칠이 걸려도 해내지 못하는 무능한 인물이다.

나 지금 잘 가고 있는 거지?

"여보, 무울….."

쩍 달라붙은 메마른 입술을 가까스로 떼어내며 안전방은 물부터 찾았다. 한참을 기다려도 답이 없자 안전방은 미간을 잔뜩 구기며 다시 아내를 불렀다. 하지만 아내는 여전히 침묵으로 일관했다. 그제야 안전방은 아내가 친정에 가 있다는 사실이 생각났다. 그리고 새벽까지 이어졌던 광란의 질주가 하나하나 떠올랐다.

"이런!"

안전방은 서둘러 휴대폰을 살폈다. 예상대로 수십 통에 달하는 부재중 전화와 열통 남짓한 문자가 와 있었다. 스팸 몇 개를 빼곤 전부

아내에게서 온 것이었다.

💬 여보, 어디야? 왜 전화를 안 받아?

💬 진짜 이럴 거야!? 당장 전화해. 잊지 마. 나 임산부야!

💬 여보, 무슨 일 있는 거 아니지? 걱정되잖아. 혼 안낼 테니까 제발 전
   화해줘.

 아내의 문자는 지난밤의 안전방처럼 분노와 불안을 오가며 롤러코
스트를 타고 있었다. 안전방은 머리를 움켜쥐며 한숨을 내쉬었다. 고
교동창 이대로와 함께 초저녁부터 쉬지 않고 술을 쏟아 부은 바람에
아내에게 무사귀가를 알리는 하얀 거짓말을 하지 못한 것이 실수였
다. 집에 잘 들어왔다고 하면 아내는 웬만해선 더 이상 전화나 문자를
하지 않았다. 안전방의 휴식과 숙면을 위한 아내의 배려였다.
 "여보, 미안해. 어제 팀 회식이 있었는데 술을 급하게 마시는 바람
에 빨리 취했어. 그래서 집에 와서 바로 잠들어버려 당신한테 연락
도 못했네. 당신도 알지? 내가 이번에 팀장대리로 프로젝트 기획했던
거. 그게 대박이 났거든."
 안전방의 입에선 온갖 거짓말이 거침없이 쏟아져 나왔다. 아내를
속이는 것이 미안하기도 했지만 아내를 위해선 어쩔 수 없는 일이다.
더군다나 아내는 사랑스런 천사까지 품고 있지 않은가. 태교를 위해
서도 하얀 거짓말은 필수였다.
 "휴우…."
 아내와 통화를 마친 안전방의 입에선 안도의 한숨이 새어나왔다.

다행히 아내는 '미리 문자라도 하지'라며 뾰로통하게 한 마디를 하곤 이내 생글거리며 좋아했다. 남편이 처음으로 기획한 프로젝트가 대박을 쳤다는데 기뻐하지 않을 아내가 어디 있겠는가.

아내가 부산의 처갓집으로 내려간 지 오늘로 2주째다. 아내가 떠난 집은 마치 밤도둑이라도 다녀간 듯 곳곳에 구멍이 나 있었다. 대충 던져놓은 옷가지들이 온 집안을 지뢰밭으로 만들어 놓았고, 개수대에 쌓인 그릇들에선 악취가 스멀거렸다. 쓰레기봉투는 음식물을 함께 버린 탓에 주위에는 하루살이가 들끓어 아내가 보았더라면 기겁을 했을 일이다.

안전방은 아주 잠시 동안 청소기를 노려보았다. 하지만 휴대폰을 집어들곤 냉장고 옆에 자석이 되어 붙어 있는 동네 중국집에 전화를 했다. 금강산도 식후경이라고 하지 않았던가. 시계가 오후 3시를 훌쩍 넘기고 있는 것을 확인하고 나니 뱃속에 고이 모셔둔 자명종이 더욱 요란스레 울려댔다.

"거기 중국집이죠? 짬뽕 한 그릇 배달되죠? 네? 한 그릇은 배달이 안 된다고요? 아니, 세상이 어떤 세상인데 아직도 한 그릇은 배달이 안 된다는 만용을 부려! 아직 배가 덜 고픈 모양이군!"

휴대폰 저편에선 중국집 주인의 날카로운 목소리가 들려왔지만 애써 무시하며 전화를 끊었다. 할 말은 반드시 해야 하지만 듣고 싶지 않은 말은 듣지 않아도 된다. 고객은 언제나 왕이 아니던가.

"에잇! 라면도 다 떨어졌군."

지난밤의 과음 때문인지 얼큰한 국물이 생각나 라면이라도 먹으려 찾아봤지만 이미 껍데기만 남긴 채 알맹이는 사라진지 오래였다.

무릎이 툭 튀어나온 트레이닝 바지를 걸쳐 입고는 안전방은 모자를 깊게 눌러썼다. 한 그릇은 배달이 되니 안 되니 하며 중국집 사장과 입씨름을 할 시간에 얼른 국밥이나 먹고 오자는 생각이 든 것이다.

"헛!"

현관을 막 나서려는데 거울 속에 비친 자신의 모습이 눈에 들어왔다. 초췌하다 못해 퀭하기까지 했다. 입가엔 아직도 채 지워지지 않은 불닭발 양념이 벌겋게 묻어 있었다.

"안전방. 너 정말….."

지난밤 내달렸던 광란의 질주가 남긴 것은 입가에 묻은 시뻘건 양념만은 아니었다. 화려한 잔치의 뒤엔 언제나 짙은 공허함만 남듯이 수십만 원에 달하는 카드요금과 함께 이유를 알 수 없는 불안감이 그를 덮쳤다.

"너 지금 잘 가고 있는 거냐?"

책가방을 메고 학교에 다니기 시작한 때부터 유수홈쇼핑에 입사하기까지 앞만 보고 달려온 그였다. 길을 찾을 필요도, 잘 가고 있느냐고 물을 이유도 없었다. 그저 앞서 달리는 친구 녀석의 뒤통수만 보면 길이 보였으니까. 그런데 문득 그것이 정말 자신이 바라던 길일까? 올바른 길일까? 하는 물음이 던져졌다.

"에효, 밥이나 먹자!"

안전방은 이내 고개를 돌렸다. 잘 가고 있느냐고 묻기엔 너무 멀리 와버려 이젠 어디로 가는지 조차 헷갈렸다. 어쩌면 잘못된 길을 가고 있는 자신의 모습을 마주하는 것이 두려워 애써 고개를 돌리려는 것인지도 몰랐다.

Chapter 1

현재를
의심하라

피할 수 없으면 즐기라고들 한다. 그런데 즐길 수 없다면? 그렇다면 견뎌야 한다. 더 멋진 곳에서 나를 오라고 손짓하지 않는 이상 견디고 또 견뎌야 한다. 그래야 '직장인'이라는 이름으로 살아남을 수 있다.

안전방이 최고야!

"잠깐만요!"

안전방은 오른팔을 쭈욱 뻗으며 가까스로 엘리베이터를 붙잡았다. 다년간의 경험상 이번 엘리베이터를 놓치면 영락없는 지각이었다. 턱까지 차올라오는 숨을 고를 짬도 없이 대충 고개를 숙이며 미안한 시늉을 했다.

"이봐, 안 과장. 자네 오늘도 칼출근인가?"

귀 익은 목소리에 안전방은 절로 미간이 찌푸려졌다. 하지만 이내 큰 숨을 한 번 내쉬고는 소리가 들리는 쪽을 향해 고개만 까딱했다. 목소리의 주인공은 영업부의 오지남 차장이다. 여기저기 끼어들기 좋아하지만 정작 자신의 앞가림은 못해 빈 사무실에서 책상만 지키는 신세다. 아는 체 해봤자 일장연설만 돌아올 것이 뻔해 안전방은 먼지 묻은 구두코만 무심히 내려다보며 얼른 시간이 지나기를 바랐다.

"좋은 아침! 역시나 모두들 부지런하시군. 하하하."

사무실로 들어서며 안전방은 팀원들에게 인사를 건넸다. 출근 시각인 9시가 되려면 아직 3분이나 남았지만 기획2팀 팀원들은 여느 때처럼 자리에 앉아 각자의 업무를 보고 있었다. 그런데 어쩐 일인지 최 팀장이 보이질 않았다.

"팀장님은 어디 가셨어?"

자리에 앉으며 안전방이 고수남 대리에게 물었다.

"소식 못 들으셨어요? 팀장님 어제 밤에 뇌졸중으로 쓰러지셨어요. 오늘 수술 들어가신다고 하던데."

"뭐? 뇌졸중! 그거 수술해도 정상적인 생활이 힘든데…."

안전방은 몇 년 전 뇌졸중으로 쓰러져 언어장애와 하반신마비 증세를 겪고 있는 작은아버지의 모습을 떠올렸다.

"참, 본부장님이 아까 다녀가셨는데, 팀장님 안 계시는 동안 안 과장님이 팀장 업무대행이라시며, 업무에 차질 없도록 하라셨어요."

"음, 그래?"

최 팀장에게는 미안한 일이지만 그의 부재는 안전방에게 기회임이 분명했다. 명문대 졸업장과 토익 고득점이라는 훌륭한 스펙을 가지고도 아직 팀장이 되지 못한 것은 분명 나이에서 밀렸기 때문이란 게 안전방의 생각이었다. 최 팀장이 이대로 물러나준다면 기획2팀의 팀장 자리는 따 놓은 당상이나 마찬가지였다.

"그나저나 걱정이네요. 수요일이 각 기획팀별로 판매 아이템 기획서를 제출하는 날인데 팀장님이 자료를 다 갖고 계시니."

가만히 이야기를 듣고 있던 막내 직원이 걱정스러운 듯 말했다.

"어쩔 수 없지. 팀장님 갖고 계신 아이템은 다음번에 활용하고, 이번에는 급하게라도 우리끼리 다시 짜야지."

"그게 이틀 만에 가능할까요?"

안전방의 말에 막내 직원은 다시 고개를 갸웃하며 물었다.

"다른 방법이 없잖아. 의식도 없는 분한테 자료를 내놓으라고 할 수도 없고. 우리 안전빵으로 가자고."

"안전빵이요?"

"그래, 작년 요맘때의 대박 아이템을 재탕하는 거지. 다들 급할 땐 그렇게 하지 않나?"

이틀 동안 새로운 아이템을 찾기란 쉬운 일이 아니기에 모두들 안전방의 말에 고개를 끄덕였다.

"자, 그럼 검색 들어갑니다!"

안전방은 평소 그답지 않게 능숙한 손놀림으로 자료를 검색했다.

"이것 봐, 벌써 답이 나왔잖아. 작년 9월 대박 아이템인 아웃도어룩!"

"그거 너무 식상하지 않을까요? 게다가 아웃도어룩은 지난봄에도 한 번 방송 내보냈는데."

의기양양하게 아웃도어룩을 외친 안전방이 무안할 정도로 고수남은 한 치의 망설임도 없이 딴지를 걸어댔다.

"고수남 씨는 아웃도어룩이 대한민국 국민 유니폼인 거 몰라?"

"그건 그렇지만 재탕은⋯."

"다른 대안 있어? 다들 없지? 없으면 그냥 가는 거야. 오후에 임시 기획회의 할 테니 그때까지 다들 아웃도어룩 업체 선정자료 준비해 봐."

자타가 공인하는 임시팀장 안전방은 좀 더 위엄 있는 목소리로 강하게 밀어붙였다. 팀원들의 이런저런 의견을 다 들어주었다간 어렵게 얻은 기회를 허무하게 잃을 것이 뻔했기 때문이다.

"외국에서 한국사람 찾기가 참 쉽다죠. 알록달록한 등산복 차림을 한 사람들은 전부 한국인이라고 해요."

기획회의가 시작되자 안전방은 작년 9월의 아웃도어룩 판매율을 근거로 동일한 업체의 비슷한 디자인을 추천했다. 그러자 고수남이 조용한 반격을 시작했다.

"그래, 바로 그거지! 외국에서도 통하는 한국인만의 패션!"

"그게 그런 의미는 아닌 것 같은데⋯."

고수남의 진의를 제대로 파악하지 못한 안전방이 맞장구를 치며 좋아하자 보다 못한 소신해가 조용히 한 마디 덧붙였다.

"뭐야, 그럼 무슨 의미야? 이봐, 고수남, 똑바로 얘기해봐!"

"제가 입수한 정보로는요, 오프라인에서도 아웃도어룩의 매출이 극감하고 있대요. 굳이 이번 아이템을 아웃도어룩으로 하고자 한다면 조금 변화를 주는 게 어떨까요?"

고수남은 이미 외국에서는 평상복으로도 활용이 가능한 차분한 단색 컬러의 아웃도어룩이 대세라며 단색에 포인트를 주는 정도로만 해서 진행을 하는 게 어떻겠느냐고 물었다.

"누가 그래? 근거 있어? 평상복으로 활용이 가능하다면 그냥 평상복을 등산복으로 입어도 된다는 이야기인데, 그럼 누가 일부러 등산복을 사? 그냥 평상복 입고 산에 가지. 안 그래?"

"그게 원단이 다르잖아요. 아웃도어룩은 기능성 의복이라 땀 배출도 잘되고 비에도 강하고."

"이 친구 답답한 소리하네. 등산복은 기능도 중요하지만 무엇보다도 색상이 알록달록해야 해. 그래야 산에서 조난을 당했을 때도 구조가 잘되지."

"요즘은 아웃도어룩을 등산 갈 때만 입는 게 아니잖아요. 평상복으로도 활용하는 사람이 얼마나 많은데…."

보다 못한 소신해가 고수남의 뜻을 지지하며 나섰다.

"당신이 팀장, 아니 팀장대리야? 쪽박 차면 책임질 거야? 뭘 모를 때는 안전빵이 최고라니까! 군소리 말고 지난 번 그 업체 다시 섭외해 봐."

안전방은 자신의 말에 더 이상 토를 달지 말라는 듯 팀원들을 향해 버럭 소리를 질렀다.

"어떻게 됐어? 업체 연락해봤어?"

퇴근 시간이 다가오자 안전방은 팀원들을 닦달하기 시작했다. 자신이 처음으로 기획하고 진행하는 프로젝트인 만큼 게으름을 피우는 것은 용납할 수 없다는 경고였다.

"네. 올해 원단 값이 오르긴 했지만 작년과 같은 단가로 맞춰서 준다고 하네요. 디자인이나 색상도 작년과 비슷하다고 내일 샘플 가지고 들어오기로 했어요."

"그래? 작년 디자인이랑 비슷하면 보나마나 대박이지!"

안전방은 작년 9월에 진행되었던 아웃도어룩에 대한 소비자들의 호평을 떠올리며 대박을 확신했다.

"자, 방송 1분 전입니다. 모델들 활짝 웃고!"

알록달록한 아웃도어룩을 입은 모델들의 화사한 모습에 안전방은 흐뭇한 미소를 지었다. 보기 좋은 떡이 먹기에도 좋다고 눈을 호강시켜주는 화려한 색감이 시청자들의 구매욕구를 한껏 자극할 것임이 분명했다.

"어? 판매율이 왜 이래?"

방송이 나간 지 10여 분이 지났지만 준비 수량의 5%도 채 판매가 되지 않고 있었다. 기획본부장은 벌써부터 미간을 찌푸리며 판매현황 모니터와 안전방을 번갈아 노려보았다.

"원래 아웃도어룩이 고가이다 보니 고민하는 분들이 많습니다. 작년에도 초반에는 판매율이 높지 않다가 중후반쯤에 급상승했으니 조금 더 지켜봐주십시오."

"안 과장님, 이것 좀 보세요!"

고수남이 다급한 목소리로 안전방을 찾았다. 인터넷 홈페이지를 통해 실시간으로 올라오는 고객 질문 코너에는 방송 중인 아웃도어룩에 대한 불만의 글들이 줄을 잇고 있었다.

- 💬 요즘 누가 촌스럽게 저런 요란한 색상을 입어요? 유수홈쇼핑 감 떨어졌네요.
- 💬 이거 작년 재고 같은데 가격이 너무 사악하네요. 사고 싶은 마음도 없지만 비싸서도 못 사겠네.
- 💬 양심도 없지. 이월상품 세일이면 반값 정도가 적당한데 받을 것 다 받네요. 이참에 홈쇼핑 갈아타야겠어요.

"이게 도대체 무슨 말이얏! 안 과장, 저거 이월상품이야?"

"아, 아니에요. 따끈따끈한 신상이에요. 고 대리, 맞지?"

기획본부장의 이글거리는 눈빛에 기가 죽은 안전방은 간절한 눈빛으로 고 대리의 지원사격을 기다렸다.

"네, 업체에서 신상품인 것 확인했습니다."

"그런데 왜들 저 난리야? 뭘 보고 이월상품이니 작년 재고니 하냐고!"

"그게⋯."

고수만은 업체 측과 안전방이 트렌드 파악에 실패했다는 말이 목구멍까지 올라왔지만 꾸욱 눌렀다. 굳이 자신이 말하지 않아도 결국 알게 될 일을 괜히 나서서 미움을 살 필요는 없다는 생각이 들었다.

"안 과장님, 큰일 났어요!"

허겁지겁 스튜디오로 들어선 기획2팀 막내가 숨을 헉헉거리며 안전방을 찾았다.

"왜? 뭐!"

안전방 대신 기획본부장이 대답했다. 목소리엔 짜증이 잔뜩 묻어 있어 안전방의 등에선 식은땀까지 흘러내렸다.

"저, 그게…. 제일홈쇼핑에서도 지금 아웃도어룩을 판매하고 있는데 방송 나간 지 10분도 안 되서 인기 사이즈는 품절이라고…."

"뭐! 아니 너희들은 경쟁사 편성표도 미리 확인 안 하고 뭐 했어? 게다가 우리는 죽을 쓰고 있는데 걔네들은 품절이라고!"

기획본부장은 모니터 하나를 가리키며 제일홈쇼핑으로 채널을 돌려보라고 지시했다.

"알록달록한 촌스러운 아웃도어룩은 가라! 평상복과도 잘 어울리는 차분한 색상의 기능성 아웃도어룩! 문 밖을 나서는 그 순간부터 당신은 모던하면서도 엘레강스한 패셔니스타가 됩니다!"

쇼핑호스트의 강렬한 멘트가 안전방의 귀에 그대로 꽂혔다. 사전 시장조사 없이 자신의 의견대로만 밀어붙인 것이 이런 낭패를 불러왔음을 인정할 수밖에 없었다.

"알록달록은 가라잖아! 그런데 누가! 도대체 왜! 저 알록달록한 옷을 섭외한 거얏!"

기획본부장은 범눈썹을 휘날리며 고래고래 소리를 질러댔고, 기획2팀 팀원들은 모두 기획본부장과 안전방을 번갈아 쳐다보며 난처한 표정을 지었다.

시간이 흐를수록 쇼핑호스트들의 표정도 어둡게 변해갔다. 안전방은 팔을 높이 휘두르며 최대한 흥겹게 진행하라는 신호를 주었지만 저조한 판매율에 쇼핑호스트들 마저 기운이 빠진 듯했다.

"이제 우리 팀은 죽었다…."

판매현황 모니터를 뚫어져라 쳐다보던 소신해가 절망스런 표정으로 말했다. 유수홈쇼핑이 생긴 이래 역대 최악의 판매율이었다. 안전방은 쥐구멍이 있으면 당장이라도 몸을 숨기고 싶은 심정이었다. 하지만 그랬다가는 이 모든 것이 자신의 책임임을 인정하는 꼴이 되니 애써 태연한 척 행동했다.

"기획2팀! 너희들 각오하고 있어!"

마감 5분을 남겨두고 판매율이 준비한 물량의 20%도 채 넘기지 못한 것을 확인한 기획본부장은 온몸을 부들부들 떨며 기획2팀을 노려보았다. 그러고는 반전을 기대하는 것이 헛된 바람임을 인정한 듯 상황실 문을 쾅 닫고는 밖으로 나가버렸다.

"어떡해요. 안 과장님."

기획2팀의 막내가 창백해진 얼굴로 안전방에게 물었다.

"뭘 어떡해. 다 같이 죽는 거지."

안전방은 기어들어가는 목소리로 대답한 후 절망스럽게 고개를 숙였다. 괜한 고집으로 일을 그르쳤다는 생각에 축 처진 어깨만큼이나 무거운 한숨이 터져 나왔다.

타이타닉 호의 침몰,
변화의 경고를 무시하지 마라

● ● ● ● ●

하늘과 바다가 구분되지 않는 한밤 중의 북대서양. 칠흑 같은 바다를 가로지르며 모습을 드러낸 타이타닉 호는 잠시 후 그들에게 다가올 엄청난 재앙을 감지하지 못한 채 화려한 위용을 뽐내고 있었다. 폭풍우나 거친 파도조차 없는 이 밤에 별일이 생길 것이라고 생각하는 게 더 이상해보였다. 그러나 결국 그날 밤, 타이타닉 호는 2,200여 명의 탑승자 중에서 무려 1,500여 명과 함께 차가운 바닷속으로 침몰하고 말았다.

타이타닉 호의 비극은 갑작스레 찾아온 위기로 순식간에 일어난 게 아니다. 참극이 벌어지기 전에 여러 번의 미묘한 위험신호가 있었다. 마치 큰일을 조심하라는 경고처럼 곳곳에서 석연치 않은 일들이 발생했다.

긍정적인 변화, 혹은 부정적인 변화는 갑작스레 일어나지 않는다. 타이타닉 호가 맞닥뜨려야 할 비극적 변화의 징조도 환경요인에 대한 분석으로 살펴보면 미리 막을 수 있는 재앙이었던 것이다. 다음은 타이타닉 호의 참사를 둘러싼 환경요인에 대한 분석과 이를 직장인에게 적용시켜 던질 수 있는 질문들이다.

- 이 사고의 책임은 누구에게 있는가?
- 이 사고의 내부적 원인과 외부적 원인은 무엇인가?
- 우리를 위협하는 환경요인은 무엇인가?
- 변화의 시대를 살아가기 위한 나의 핵심역량은 무엇인가?

가장 첫 번째 분석인 '사고의 책임'을 밝히는 것은 리더십의 검증이다. 리더의 가장 큰 임무는 환경과 고객의 변화를 주목하고 민첩하게 대응하는 것이다. 특히 디지털 시대의 생존은 시대의 흐름을 읽고 대처하는 역량에 달려 있다. 변화의 속도와 폭이 롤러코스터인 이 시대에 필요한 리더십의 기준은 '변화의 흐름을 얼마나 빨리 읽느냐'인 것이다.

"바다에서 보낸 내 40 평생이 어떠했냐는 질문을 받으면, 난 한 마디로 대답한다.
별 일 없었다고….
평생을 바다에서 보냈지만 위기에 빠진 선박은 단 한 척을 보았을 뿐이다. 나는 난파선을 본 적도 없고 난파를 당해본 적도 없으며, 어떤 종류의 재난이든 종국으로 치달을 만한 곤경에 빠져본 적도 없다."

1910년 E. J 스미스란 사람이 쓴 일기의 한 부분이다. 자신감 넘치는 이 베테랑 선장은 다름 아닌 타이타닉 호의 선장이다. 지금까지 그러지 않았기에 앞으로도 그럴 일은 없다는 그의 지나친 자만심은 결국 1500여 명의 귀한 생명을 앗아가는 참극을 불러왔다.

사고의 원인도 분명했다. 재수가 없어 당한 자연재해나 불운이 아니다. 길이 269m, 높이는 20층으로 당시로는 최대 크기의 선박이 2000명이 넘는 승객을 태우고 처녀항해를 떠나는 것이었으니 조심하고 또 조심해도 과하지 않은 상황이었다. 그럼에도 이 배의 항해를 리드하는 선장은 늘 그렇듯이 '별 일 없을 것'이라고 확신하며 안일하게 항해에 임했다.

또 다른 리더인 선주는 또 어떤가. 배의 선주는 빙하가 떠내려온다는 경고를 무시한 채 당시 세간의 주목을 받던 타이타닉 호의 선전효과를 더욱 높이려고 전 속력으로 항해를 하라고 지시했다. 더 최악이었던 것은 사고가 나자 그는 승객과 하인, 비서 등을 뒤로 한 채 나만 살겠다고 구명보트로 탈출해버렸다. 더군다나 당시 타이타닉 호에는 미관을 해친다는 이유로 구명보트 또한 턱없이 부족하게 두었다고 한다.

리더들이 이 모양이니 직원들이라고 해서 제대로 일 리가 없다. 직원 중 한 명은 당연히 갖추어야 할 망원경을 배에 싣지 않았고, 첫 번째 빙하를 발견하고도 안이하게 대처했다. 뿐만 아니다. 사고 후 선체를 확인한 결과 타이타닉 호를 만든 강판은 정품이 아닌 2급품, 즉 불량품이었으며, 빙산을 미리 발견할 수 있는 핵심시설인 망대조차도 갖추지 않았다고 한다.

이처럼 타이타닉 호의 리더와 구성원들은 위험신호의 감지와 그에 따른 적절한 대응은커녕 자만과 안일함, 방관과 태만으로 결국엔 수많은 사람들의 목숨을 잃게 만들었다.

우리를 위협하는 환경요인은 늘 있다. 북대서양의 빙하는 갑작스레 생긴 게 아니다. 항상 존재하는 위협요인이다. 그러나 빙하는 한자리에 있지 않고 떠돌아다닌다. 빙하처럼 위기나 위협은 존재하되 쉽게 발견할 수 없고 예측이 어려운 것이다. 위험은 갑자기 나타나는 것이 아니다. 몇 번의 위험신호를 무시함으로써 비극적인 결과를 초래한다. 위기가 닥친 후에는 아무리 헌신적인 노력을 기울여도 엄청난 희생을 치러야만 한다.

위기와 변화의 시대는 분명 과거와 다른 역량을 요구한다. 앞의 4가지 질문들은 직장에서 발생하는 위기나 실패에 대해서도 적용할 수 있다. 이 질문들은 객관적이고 냉철한 원인분석을 하고 핵심역량이 무엇인지 파악하자는 것이다. 그래야 사고와 실패의 재발을 막고 한층 더 업그레이드가 된 개인과 조직으로 거듭나 변화에 대처할 수 있게 된다.

이대로도 멋져! 내 인생

유수홈쇼핑 사상 최대의 쪽박을 찬 지 사흘이 지나가자 미친 듯 방망이질을 해대던 안전방의 심장도 조금은 안정을 찾아가는 듯했다. 당장이라도 기획2팀으로 들이닥칠 것만 같았던 기획본부장은 어쩐 일인지 그림자도 보이질 않았다. 폭풍전야의 고요함일지도 모른다는 불안감이 스쳤지만 안전방은 이내 도리질을 하며 긍정적인 생각을 하려 노력했다.

'그럼 그렇지. 제아무리 본부장이라고 해도 명문대 졸업에 높은 토익 점수, 게다가 입사시험까지 수석으로 통과한 나를 함부로 할 수는 없지. 암, 그렇고말고!'

비교적 느긋한 태도를 보이는 안전방과는 달리 기획2팀의 분위기는 여전히 암울했다. 업무적인 이야기를 나눌 때 말고는 거의 말을 하지 않았다. 보다 못한 안전방이 휴게실의 자판기에서 음료수를 뽑아와 팀원들에게 나눠주며 격려의 말을 건넸다.

"기운들 차려. 사흘이 지났는데 아무런 말이 없는 거면 이번 일은 그냥 넘기겠단 얘기야. 게다가 그게 우리 잘못이야? 최 팀장님이 갑자기 쓰러지는 바람에 우리가 시장조사고 뭐고 할 시간이나 있었어? 윗선들도 그걸 아는 거지."

"그렇다고 이게 그냥 넘어갈 문제는 아니죠."

소신해의 목소리에서 날카로운 가시가 뻗어 나왔다.

"그냥 안 넘어가면 어쩔 건데? 지들이 우릴 잘라? 아님 우리 기획2팀을 확 날려버려?"

"서, 설마요…."

안전방의 말에 기획2팀 막내는 동그란 눈동자를 파르르 떨며 말까지 더듬었다.

"그러기만 해봐. 절대 가만히 안 있을 거야."

"어떻게 하시게요?"

"뭘 어째? 전쟁이지! 제일홈쇼핑으로 옮겨서 유수홈쇼핑을 박살낼 거야. 대박을 빵빵 터뜨리면 제발 다시 돌아와 달라고 무릎 꿇고 부탁하겠지. 안 그래?"

안전방은 말이 나온 김에 이직도 진지하게 고민해봐야겠다며 너스레를 떨었다.

"이직할 때 하더라도 이번 일에 대한 책임은 피하지 못할 거예요."

"에잇, 뭘 그렇게 겁먹고 그래. 우리야 잘해 보려다가 그런 실수를 한 거잖아. 다들 마음 편하게 가져."

안전방은 원래 장사라는 것이 대박이 날 때가 있으면 쪽박을 찰 때도 있는 것이니 마음을 편안하게 가지라며 껄껄거렸다. 하지만 이런 안전방의 행동은 위로는커녕 팀원들의 마음을 더욱 언짢게 만들었다. 누가 뭐래도 이런 참혹한 결과를 가져온 원흉은 안전방이 아니던가. 그럼에도 안전방은 '우리'라는 말로 은근슬쩍 팀원들 틈으로 숨으려 하고 있었다. 대꾸할 가치가 없다는 듯 팀원들은 침묵으로 대응했다.

"자, 기분도 꿀꿀한데 오늘은 내가 한 턱 거하게 쏠게. 악몽일랑 다 잊고 우리 다 함께 불금을 달려보자고!"

안전방은 신용카드를 흔들어대며 팀원들의 흥을 돋우려 애썼지만 술 한 잔에 돌아설 마음이 아니었다. 다들 이런저런 이유를 대며 그의 제의를 거절하자 안전방도 마음이 상한 듯 더 이상 권하지 않았다.

"쳇! 쏜다고 해도 싫다고 하네. 그래봤자 지들만 손해지 뭐. 대로한 테나 전화해봐야겠군."

안전방은 고등학교 동창이자 유수홈쇼핑의 물류팀에서 근무하는 이대로에게 전화를 했다. 술자리라면 마다하는 법이 없는 진정한 술꾼답게 이대로는 단 1초의 망설임도 없이 오케이를 외쳤다.

시계가 6시를 가리키자 안전방은 기다렸다는 듯 휘파람까지 불며 사무실을 나섰다. 팀원들의 수군거리는 소리가 귀를 간질였고 따가운 눈초리가 뒤통수를 쪼아댔지만 안전방은 그럴수록 어깨를 활짝 펴고 더욱 당당하게 걸음을 내딛었다. 열심히 하다보면 잘할 때도 있고 실수할 때도 있는 법이니 기죽을 이유가 없었다.

"역시 기분이 꿀꿀할 땐 정신을 확 빼놓는 불닭발이 최고야!"

새빨간 양념을 입가 여기저기에 묻혀가며 안전방은 쉬지도 않고 닭발을 씹어댔다. 오늘따라 물컹거리는 감촉이 스트레스를 풀기에 제격이었다.

"너 정말 괜찮겠어? 들리는 소문으론 너네 본부장한테 한 번 목표물이 되면 사표를 안 쓰고는 못 배긴다던데."

이대로가 안전방의 표정을 살피며 조심스레 물었다.

"그래? 그깟 사표 쓰라면 쓰지 뭐. 나 정도의 스펙이면 여기저기 모셔가려고 난리지. 안 그래?"

"그건 그렇지만…."

제아무리 용을 써도 중간 즈음에 겨우 턱걸이를 하던 자신과는 달리 안전방은 고등학교 3년 내내 반에서 3등을 벗어난 적이 없었다. 게다가 모두의 로망인 SKY에 진학하면서 자신과는 전혀 다른 세상의 사람이 되었다. 판사나 변호사까지는 아니더라도 잘 나가는 회계사 정도는 되어 있을 것이라 상상했던 안전방이 자신이 근무하는 유수홈쇼핑에 입사했을 때 이대로는 고개를 갸웃거렸다.

"이 놈의 회사는 승패勝敗는 병가지상사兵家之常事라는 말도 모르나. 어떻게 매번 대박만 치냐? 그랬으면 유수홈쇼핑은 벌써 유수그룹이 되고 사장은 재벌이 됐겠지."

"그러게. 매번 대박만 치면 사장은 좋겠지만 현장에서 물류를 책임져야 하는 우린 얼마나 힘들어지겠어. 대박 난다고 보너스 따로 챙겨

주는 것도 아니면서. 쳇!"

빈 잔에 소주를 채우며 이대로는 푸념을 쏟아냈다. 7년 동안 한 직장에 근무한 덕분에 과장직급까지 올라갔지만 그때나 지금이나 여전히 택배상자를 들었다 놨다 하고 있지 않은가. 물류팀을 벗어나지 않는 한 쨍하고 볕 들 날은 요원해보였다.

"잘해보겠다고 용을 써봤자 결국 돌아오는 것은 칭찬 아니면 비난이지. 칭찬을 포기하면 비난도 피할 수 있는 것이니 우린 더도 말고 덜도 말고 딱 중간만 하자고."

안전방이 잔을 들며 건배를 제의했다.

"그래, 회사라는 게 원래 저 혼자 알아서 잘 굴러가는 것이잖아. 그러니 우린 중간에서 중심만 잘 잡고 있자고. 파이팅!"

이대로가 잔을 부딪치며 파이팅을 외쳤다. 회사를 위해 잘할 마음도 잘할 이유도 없었다. 이대로만 가도 안전방인데 뭣 하러 괜한 열정으로 몸과 마음을 피곤하게 하겠는가.

"그런데 오늘따라 소주가 왜 이리 쓰냐? 맥주 마시러 갈까?"

"맥주는 배부르지 않을까? 지금도 난 배가 부른데. 끄억!"

이대로는 둥글둥글한 배를 두드리다가 시원스레 트림까지 터뜨렸다. 7년 전 유수홈쇼핑의 물류팀에 입사할 때만 해도 이대로는 제법 근육이 붙은 다부진 몸매의 소유자였다. 하지만 여느 유수홈쇼핑 직원들과는 달리 물류팀에게 있어 반듯하게 다림질한 푸른빛 와이셔츠는 그림의 떡이었다. 작업복이 땀에 절도록 하루 종일 제품을 분류하고 트럭에 싣다보면 시원한 냉수보다 알싸한 소주가 생각나는 날이 더 많았다. 그렇게 7년 동안 업무에 대한 스트레스와 술에 찌들어 살다보니 어느덧 허리가 6인치나 늘어나 있었다.

"그럼 우리 오랜만에 양주 마시러 갈까? 노래도 부르면서 새벽까지 달리는 거지. 하하!"

"나야 좋지만 넌 와이프가 늦게 들어가는 거 싫어한다며."

서른다섯을 목전에 두고 이대로는 '올드싱글'이라는 허울뿐인 루저의 길로 들어서는 것이 쓸쓸하다 못해 서글프기까지 했었다. 그런데 아내의 바가지를 푸념하는 친구나 동료들을 보면 이대로가 편하게 느껴지기도 했다. 특히 늦은 시각까지 술을 마시고 놀 때면 눈치 볼 아내가 없다는 사실이 다행이란 생각까지 들었다.

"우리 마누라는 입덧 때문에 부산 처갓집에 가 있어서 나 당분간은 돌아온 총각이야. 게다가 오늘은 불금 아니냐. 몸과 마음을 모두 불태워야지. 안 그래?"

안전방은 자리에서 벌떡 일어나며 이대로의 팔을 잡아끌었다.

"그래, 인생 뭐 있냐. 이 한 몸 불태워서 즐겁고 행복하면 최고인 거지."

"이대로도 멋지다! 우리 인생. 허허허."

화려한 네온사인 불빛 사이로 흐느적거리며 지나가는 사람들을 바라보며 안전방은 너털웃음을 터뜨렸다.

변화를 가로막는
고정관념과 말

● ● ● ● ●

　　　　　　　　　　첫 직장에 출근하는 날은 즐겁고
두근거린다. 오늘은 얼마나 신나고 즐거운 일이 기다리고 있을까? 한
발 한 발 내딛는 그 길이 이처럼 기대에 부푼 꽃길이면 얼마나 좋을
까. 하지만 안타깝게도 현실은 거칠고 뾰족한 가시밭길이 따로 없다.
매달 꼬박꼬박 들어오는 월급만 아니면 당장이라도 사표를 내던지며
문을 박차고 나가고 싶다.

　피할 수 없으면 즐기라고들 한다. 그런데 즐길 수 없다면? 그렇다
면 견뎌야 한다. 더 멋진 곳에서 나를 오라고 손짓하지 않는 이상 견
디고 또 견뎌야 한다. 그래야 '직장인'이라는 이름으로 살아남을 수
있다.

　직장인의 삶에서 가장 큰 변화는 언제든지 나의 신변이 바뀌고 요

동칠 수 있다는 것이다. 이러한 불안정과 변화를 인정하는 것부터가 내가 살아남을 수 있는 길을 찾는 출발점이다. 자칫하다가 느닷없이 직장에서 잘렸다는 자괴감에 빠져 재기조차 할 수 없을지도 모른다.

한 직장에서 오랫동안 살아남는 것을 목표로 하든, 이직을 통해 내 가치를 제대로 인정받는 것을 선택하든 직장인의 생존법칙 중에서 가장 1순위는 변화와 관련한 것이다. 변화의 흐름을 읽고, 변화를 기꺼이 받아들여 적응하면서 새로운 기회로 삼는 것이다. 그렇다면 변화의 흐름을 거스르거나 가로막지 않아야 한다. 그러나 사람들은 변화에 대한 방어기제가 먼저 작동하는 경우가 많다. 지금까지 익숙한 것에 대한 비판이나 결별이 그리 반가운 것은 아니기 때문이다. 그래서일까? 직장인들 사이에는 유독 변화를 가로막는 고정관념과 말이 횡행한다.

〈변화를 가로막는 26가지 고정관념과 말〉이 있다. 당장 이 고정관념과 말부터 의식하고 고친다면, 변화의 흐름을 읽을 수 있도록 눈과 귀가 열릴 것이다.

변화를 가로막는 26가지 고정관념과 말

01. "홍길동, 얼마나 가나 봐라." (불신주의)

02. "전에 안 해본 줄 아나?" (경험 제일)

03. "우리 회사가 하는 일이 별 수 있겠어?" (부정적 사고)

04. "빨리 크는 놈이 일찍 나간다." (뒷다리 잡기)

05. "긁어 부스럼 만들지 마라." (복지부동伏地不動)

06. "또 바뀔 텐데, 뭘." (비관주의)

07. "그래, 너는 잘 될 것 같으냐?" (물귀신 작전)

08. "너나 잘해." (냉소주의)

09. "중간만 가면 돼." (평균주의)

10. "이럴 땐 납작 엎드려 있으면 돼." (복지안동)

11. "줄 잘 잡아야 해." (정실주의)

12. "시간이 약이라니까." (세월이 약)

13. "찜찜해." (막연한 불안)

14. "그거 우리 부서일 맞아?" (책임 전가)

15. "하라면 해!" (지시 일변도)

16. "구관이 명관이다." (과거 회귀)

17. "돌다리도 두들겨보고 건너라." (지나친 보수주의)

18. "문서로 보고해." (문서 만능주의)

19. "어떻게 하겠어. XX지시 사항인데…." (지시의 설사)

20. "감히 누구 말씀인데…." (관료주의, 성역의 존재)

21. "규정에 있나?" (규정 탓)

22. "윗대가리가 바뀌어야지…."(상사 탓)

23. "직원들은 우수한데 회사 때문에 안 돼." (회사 탓)

24. "사업계획에 있나?" (경직된 사고)

25. "뭘 그리 열심히 해? 그냥 대충 해." (적당주의)

26. "당신이 부장이야?" (임파워먼트 부재)

26가지의 고정관념과 말이 오가는 풍경을 상상해보면, 결코 올바른 변화가 존재하지 않는다는 것을 알 수 있다. 굳건한 장벽과도 같은 구조를 고집하고, 책임감이라곤 찾아볼 수 없다. 그저 상대방이나 환경 탓만 하며, 관행을 강조하고 책임지지 않으려는 모습뿐이다. 그러나 이처럼 자신의 고집을 내세우고 기득권을 지키려는 사람이야말로 변화의 거센 바람에 쉽게 휩쓸려간다는 것을 잊지 말아야 한다.

엇갈린 운명

　종잇장처럼 꼬깃꼬깃 구겨진 것도 모자라 꿉꿉한 냄새까지 풍기는 와이셔츠를 들어올리며 안전방은 인상을 잔뜩 찌푸렸다. 와이셔츠를 세탁하고 다림질하는 것이 은근 스트레스라던 아내의 말이 그제야 이해가 됐다. 세제는커녕 물 한 방울 만나보지 못하고 다시 제 몸으로 돌아온 꼬질꼬질한 와이셔츠를 바라보며 안전방은 지난밤의 만용을 뼈저리게 후회했다.

　"어이, 돌아온 총각! 뭐 해? 불타는 일요일도 달려줘야지. 얼른 나와."

　개수대의 그릇을 정리하고 세탁기의 전원버튼을 누르려던 순간 휴대폰의 벨이 울렸다. 이대로였다. 그는 불금의 여운이 아직 온몸 구석구석 남아있어 흐뭇하기만 하다며 감사의 뜻으로 삼겹살을 살테니 나오라고 했다. 마침 배도 출출하던 차라 안전방은 기다렸다는 듯 달려 나갔다. 그렇게 시작된 술자리는 결국 삼겹살에 소주, 막걸리에 파전까지 먹어치운 다음에야 끝이 났다.

'아, 네~ 저 와이셔츠 재탕한 남자에요. 꼬질꼬질 냄새나요. 어쩌라고요.'

엘리베이터에서 내려 기획2팀으로 향하는 동안 사람들이 연신 자신을 힐끔거리자 안전방은 입을 삐죽거리며 혼잣말을 했다.

"좋은 아침! 다들 일찍 출근했네?"

평소보다 10분이나 일찍 사무실로 들어선 안전방은 팀원들에게 경쾌한 목소리로 인사를 건넸다.

"저, 안 과장님. 혹시 그거 보셨어요?"

최 팀장의 빈 책상을 마른 걸레로 닦다말고 기획2팀 막내가 조심스레 물었다.

"그거라니? 뭐?"

"인사발령 공고 났어요."

고수남이 건조한 목소리로 대답했다.

"그래?"

안전방은 은근히 기대에 차서 되물었다. 지난 목요일에 최 팀장의 사표가 수리되었다는 소문이 들렸었다. 유수홈쇼핑의 브레인이라 할 수 있는 기획팀의 수장 자리가 비었으니 얼른 얼른 채워넣는 것은 당연한 일이었다. 이번 기획에서 비록 실수는 있었지만 누가 뭐래도 기획2팀의 팀장 자리는 안전방 자신의 것이었다.

안전방은 서둘러 가방을 내려놓고 로비로 향했다. 평소보다 일찍 출근을 해 여유가 있었지만 와이셔츠를 신경 쓰느라 미처 공고를 살피지 못했다.

"헐! 대박이다!"

"내 그럴 줄 알았어!"

공고문 앞에는 벌써부터 많은 직원들이 모여 웅성거리고 있었다. 안전방은 까치발로도 부족해 목을 최대한 늘어뜨리며 공고문을 보려 애썼다. 그런데 어쩐 일인지 사람들이 슬금슬금 자리를 비켜주어 어느새 안전방은 공고문 앞까지 가게 됐다. 아무래도 냄새나는 와이셔츠의 위력 때문인 것 같아 은근 흐뭇하기까지 했다.

인사발령 공고

아래와 같이 20××년도 ×분기 인사발령 공지드립니다.
해당 인원은 현재 업무에 차질 없도록 업무 인수 인계하시기 바랍니다.

1. 시행일 : 20××년 ×월 ×일
2. 대상자

　　유능해 부장 : 경영본부장
　　구준한 차장 : 기획2팀 팀장
　　안전방 과장 : 영업지원 TFT
　　한성갈 과장 : 영업지원 TFT
　　나태한 대리 : 영업지원 TFT
　　고민중 대리 : 영업지원 TFT

유수홈쇼핑

"뭐? 영업지원 TFT! 아니 왜? 도대체 내가 왜!"

믿기지 않는 현실에 안전방은 눈을 비비며 인사발령 공고를 보고 또 봤다. 그럴수록 더욱 또렷하게 박혀드는 글귀들에 안전방은 세차게 도리질을 해댔다.

'이 놈의 회사는 정말 나를 버릴 생각인가?'

회사에선 처치 곤란의 난감한 인물들을 영업지원 TFT로 보내 온갖 잡일을 시킨 후 사표를 쓰게 만든다는 소문이 오래전부터 돌고 있었다. 살아남은 사람은 원래의 부서로 복귀하기도 하지만 그런 경우는 극소수였다.

"아니, 게다가 왜 저 인간들이랑 함께이지?"

안전방은 자신의 이름 아래에 나란히 적힌 세 명의 이름을 쏘아보았다. 사소한 일에도 흥분하여 화를 다스리지 못하는 한성갈은 모두가 함께 일하기를 꺼리는 1순위 인물이다. 나태한은 또 어떤가. 이름처럼 느리고 게을러서 남들이 반나절이면 끝내는 일을 며칠이 걸려도 해내지 못하는 무능한 인물이다. 고민중은 '내 마음 나도 몰라'라며 점심메뉴를 고르는데도 한참을 고민하는 인물이다. 심사숙고 끝에 나온 결론은 언제나 '에잇! 될 대로 되라'이기에 더 이상 사람들은 그에게 의견을 묻지 않는다.

안전방은 단 한 번의 실수로 한성갈, 나태한, 고민중과 세트로 묶여버린 자신의 신세가 서글퍼졌다. 이젠 정말 멋지게 사직서를 내던지고 새로운 배로 갈아타야 할 때인가? 그런데 그 배에선 나를 반겨줄까? 반겨주지 않으면 나는 어디로 가야하지? 이런저런 고민의 끝에는 언제나처럼 아내가 서 있다. 더군다나 지금 아내의 뱃속엔 사랑스런 천사가 자라고 있다. 욱하는 마음에 섣불리 행동했다가는 이러지도 저러지도 못하고 낭패만 볼 게 뻔했다. 안전방은 이럴수록 안전빵으로 가야한다며 스스로를 다독였다.

'그나저나 저 인간은 또 누구야? 구준한? 구준한이라면 3년 전 인도지사로 지원한 그 구준한? 아니 왜 그 녀석이 기획2팀 팀장이야? 그리고 차장이라니?'

자신이 느닷없이 영업지원 TFT로 발령이 난 것도 어이가 없었지만 구준한이 자신보다 높은 차장이라는 직급을 달고 기획2팀의 팀장으로 발령이 난 것은 황당하기 그지없었다.

'제 밥그릇도 못 챙겨서 이리 치이고 저리 치이던 그 찌질이가 기획2팀 팀장이라고?'

구준한은 안전방의 입사동기 중 유일하게 지방대 출신인 인물이었다. 신입 시절 선배들의 기에 눌려 번번이 퇴짜를 맞으면서도 끝없이 기획 아이디어를 내놓던 그였다. 어떨 땐 선배에게 자신의 아이디어를 강탈당하기도 했지만 별다른 저항 없이 내주곤 해 바보가 아닌가 하는 생각이 들 정도였다.

"반갑습니다. 오늘 새로 기획2팀으로 오게 된 구준한입니다. 잘 부탁드립니다."

구준한은 기획2팀으로 들어서며 경쾌한 목소리로 인사를 했다.

"어머, 새로 오신 팀장님? 모두들 기다리고 있었어요. 너무 반갑습니다."

소신해가 평소 그녀답지 않게 자리에서 벌떡 일어나 반갑게 인사를 했다.

"환영합니다, 팀장님. 다시 돌아오셨군요."

"오! 고수남 씨. 풋내 솔솔 나던 막내가 이젠 기획2팀의 든든한 기둥이 되셨더군요. 반가워요."

팀원들과 일일이 인사를 주고받던 구준한이 책상에서 뭔가를 주섬주섬 챙기고 있는 안전방을 발견하곤 성큼 앞으로 다가갔다.

"야, 안전방! 이게 얼마만이야? 잘 지냈어?"

"어? 응. 잘 지냈지."

안전방은 서랍 속의 짐들을 서둘러 상자에 구겨넣으며 건성으로 대답을 했다. 얼른 이 난처한 상황을 벗어나고 싶었기 때문이다.

"참, 두 분 입사동기라면서요?"

소신해의 눈치 없는 질문에 안전방은 얼굴을 찡그렸다.

"단순한 입사동기가 아니라 알고 보면 이 친구가 제 은인이죠. 하하하!"

"네? 은인이요?"

"이 친구가 인도지사 선발대의 기회를 양보해주는 바람에 제가 그곳에 갈 수 있었거든요."

말은 그렇게 했지만 3년 전 안전방은 인도지사 선발대의 기회를 한 치의 망설임도 없이 뻥 차버렸었다. 그것을 구준한이 기다렸다는 듯 냉큼 주워 챙긴 것이다.

"아니, 안 과장님. 그 좋은 기회를 왜 양보하셨어요?"

"미국이나 유럽도 아니고 거기 가서 배울 게 뭐가 있어? 날씨도 후덥지근하고."

안전방은 노트북을 상자에 챙겨 넣으며 무심하게 대답했다.

"어휴, 요즘 인도가 얼마나 핫 한데요. 지난 3년 사이에 엄청난 발전을 했잖아요."

"변화를 감지하고 그 흐름을 읽으면 예측이 가능해지죠."

"어머, 그럼 구 팀장님은 인도가 이렇게 발전할 거란 걸 이미 예상하셨던 거네요. 역시 구 팀장님이셔!"

구준한의 말에 소신해가 박수까지 치며 호들갑을 떨었다.

"제가 눈치가 좀 빨라요. 하하."

당시 구준한은 안전방과는 달리 인도의 성장 가능성을 미리 감지하고 있었고, 지사 설립 선발대 근무를 자신의 실력을 키우고 성장시킬 기회로 여겼다. 더군다나 평소 아이디어 창고라고 불릴 만큼 신선한 제안들을 해오던 그였기에 불모지인 인도는 오히려 무한한 가능성의 땅으로 다가왔다. 예리한 분석과 과감한 도전으로 그는 인도지사 설립 후 굵직한 건들을 연이어 성사시켰고, 3년이 지난 오늘 마침내 한국본사로 귀환해 기획2팀의 새로운 팀장이 된 것이다.

'쳇! 예측은 무슨. 그저 운이 좋았던 거지.'

안전방은 입을 삐죽거리며 혼잣말을 했다. 그러고는 짐을 담은 상자를 번쩍 들고는 조용히 사무실을 나섰다. 모두들 인도 선발대의 무용담을 듣느라 안전방이 가는지 오는지 신경조차 쓰지 않았다. 서운한 마음도 들었지만 쓸쓸한 뒷모습을 보이느니 차라리 그 편이 낫다는 생각이 들었다.

구준한의 말처럼 예리한 분석에 따른 정확한 예측이었든, 안전방의 말처럼 그저 운이 좋았었든, 어쨌든 지금 두 사람은 엇갈린 운명으로 마주했다. 구준한은 기획2팀의 팀장이 되었고 안전방은 기획2팀을 떠나 정체조차 불분명한 TFT로 쫓겨나는 신세가 된 것이다. 구준한이 승자라면 안전방은 분명 패자였다.

"반드시 돌아올 거야. 절대 밀려나지 않아!"

기획2팀을 뒤로 하고 영업지원 TFT의 사무실로 향하며 안전방은 입술을 질끈 깨물었다.

흐름을 읽고,
변화를 가로막지 마라!

● ● ● ● ●

　　　　　　　　　　　　　　　　이제 정규직 채용시험은 예전의 과
거시험이나 다름없다. 치열한 경쟁을 뚫고 가까스로 붙어야 하는 인
생시험이다. 그런데 어렵사리 정규직 관문을 통과한다고 해서 행복
한 인생이 기다리고 있는 것도 아니다. 내 입맛에 맞는 직장을 선택하
고, 직장에 들어간 뒤에도 이곳저곳을 기웃거리며 옮겨 다닐 수 있었
던 황금시대는 지나간 과거가 됐다. 바로 이곳에서 어떻게든 버티고
또 버텨야 한다. 하지만 이 또한 내가 하고 싶다고 해서 저절로 되지
않는다!

　내가 버티겠다고 해서 버틸 수 있다면 얼마나 좋겠는가. 오죽하면
'사오정'과 '삼팔선', 그리고 '오륙도'라는 서글픈 호칭을 이름표처럼
달고 다녀야 할까. 45세가 정년이고, 38세에 퇴직해야 한다는 직장

50

인의 인생은 서글프다. 버틸 만큼 버텼다고 해서 자랑스러운 것도 아니다. 56세까지 직장에 다니면 월급도둑이라는 달갑지 않은 손가락질을 받아야 한다. 평생직장의 신화가 가물거리는 이때에 아직도 내 자리가 '철밥통'이 될 것이라는 안일함에 빠져있다는 것은 눈치 없는 사람으로 낙인이 찍힐 수 있다.

한때 30대 실업자가 20만 명에 다다른 적이 있고, 실업급여 신청자 중에서 30대가 가장 많이 차지한다는 정부의 통계조사도 있다. 30대는 한창 일할 나이가 아니라 언제든지 조기퇴직을 당할 수 있는 나이가 되어버렸다.

안정보다 위기가 익숙한 시대다. 고용시장의 불안, 기업경영의 위기 등 외부 요인은 이제 변수가 아니라 상수다. 또 스스로 불안을 안고 산다. 한 취업포털 사이트에 따르면, 요즘 90%에 가까운 직장인들은 '369'증후군에 시달리고 있다고 한다. 반복되는 일상과 업무, 대인관계에 힘겨운 나머지 3개월마다 퇴사나 이직을 고민한다는 것이다. 석 달에 한 번씩 슬럼프에 빠지는 꼴이니 인생이 고달프다.

슬럼프를 이겨내려고 자기계발에 열중하거나 취미에 빠져보기도 하고, 업무에 몰입하는 정면승부를 벌이기도 한다. 아니면 아예 많은 것을 포기하고 시간이 흘러가기만 기다리며 그저 참는다는 사람들도 꽤 있다. 하지만 눈 감고 귀 막으며 인고의 시간을 보낸다고 해서 정년이 보장되는 것도 아니다.

놀랍게도 정년퇴직 확률이 1000분의 4밖에 되지 않는다. 1천 명 중에서 단 4명만이 정년으로 퇴직을 맞이할 수 있는 시대에 살고 있는 것이다. 그나마 공무원이나 공공기관에 근무하는 직원들을 빼면 그 숫자는 더 줄어든다. 이처럼 온전히 한 군데에서 버틸 수 있는 확률은 로또의 확률이나 다름없다. 불안한 자신의 입지를 생각한다면, 느긋하게 자리에 앉아 있을 수만은 없다. 당장이라도 자리에서 벌떡 일어나 뛰어야 한다. 변화의 방향에 맞춰, 변화의 속도보다 더 빠르게 달려야지만 살아남을 수 있다.

변화의 방향과 속도를 알기 위해서는 단지 마음가짐만으로는 부족하다. 냉철한 분석이 이뤄져야 하는데, 가장 좋은 방법은 최근 3년간의 변화를 따져보는 것이다. '경영 환경의 변화', '고객의 변화' 등 변화와 관련한 항목을 만들어서 최근 3년에서 5년 전의 상황과 요즘의 상황을 비교하는 것이다.

변화와 관련한 항목을 분석해보면, 미래의 변화도 짐작할 수 있다. 경쟁사의 실적과 역량, 시장의 변화, 제품 구매의 기준 등이 어떻게 바뀌었는지 살펴보면 앞으로의 변화를 유추해볼 수 있다. 그리고 고객도 감성적 구매에서 이해관계와 실리 등의 구매로 바뀐다는 등 미묘한 변화를 감지하여 미래를 예측할 수 있다.

환경의 변화는 여전히 속도가 줄어들지 않고 폭도 넓어지고 있다. 구조조정은 이제 특별한 시기에만 하는 게 아니라 상시적인 기업 경영의 활동으로 이루어지고 있다. 더군다나 고성장의 신화는 막을 내린 지 오래됐고, 저성장의 기조를 넘어 마이너스 성장의 시대로 접어들었다. 이러한 환경의 변화는 결국 개인의 태도의 변화를 요구한다. 이 태도의 변화는 스스로에게 두 가지의 질문을 던진다.

첫째, 조직과 상사, 주변 동료 등이 나에게 무엇을 요구하고 기대하는가?

둘째, 나의 경쟁력은 무엇인가?

이 질문에 대한 답은 변화의 흐름을 분석한 뒤에 반드시 구해야 하는 것이다. 그래야 변화에 적응하고 살아남을 수 있는 카멜레온의 생존능력을 터득할뿐더러 핵심리더의 역량까지 갖추게 된다.

루저들의 리더는
루저인가 리더인가

 미친 듯 깜빡거리는 형광등이 거슬려 아예 스위치를 꺼버렸더니 오후가 되면서 사무실엔 어둠이 짙게 내려앉았다. 영업지원 TFT로 옮긴지 사흘이 지났지만 이렇다 할 업무지시가 없어 안전방은 슬슬 마음이 불안해지기 시작했다. 소문처럼 이렇게 그냥 두어보다 고장 난 형광등처럼 폐기처분 되는 것은 아닌지 걱정이 된 것이다.

 "젠장! 일을 하라는 거야, 마라는 거야!"

 10분이 멀다하고 소리를 질러대는 한성갈 때문에 안전방은 짜증이 머리끝까지 차올랐다.

 "앗싸! 미션 클리어! 만렙까지 고고!"

사무실의 무거운 분위기 따윈 자신과는 무관한 일인 양 휴대폰에 머리를 박고 게임에 열중하는 나태한, 두 손으로 머리를 쥐어뜯으며 깊은 생각에 빠진 고민중. 세 사람의 모습을 번갈아 바라보던 안전방의 입에선 한숨이 새어나왔다.

"안 팀장님이 윗선을 한 번 만나보셔야 하는 거 아니에요? 마냥 이렇게 기다리고만 있어요?"

영업지원 TFT로 오며 안전방은 그렇게 바라던 팀장의 직함을 얻었다. 그럼에도 기쁘기는커녕 마음은 더욱 무겁기만 했다. 권한을 준만큼 책임도 지라는 의미일테니 각양각색의 문제점들을 지닌 세 개의 폭탄을 어깨에 짊어지고 있는 꼴이었다.

"오전에 영업본부장님 만나러 갔는데 얼굴도 못 봤어. 비서 통해서 그냥 기다리고 있으라고만 전해 들었어."

그때였다. 안전방의 컴퓨터 모니터에 사내 메신저가 떴다. 영업본부장의 비서였다.

💬 본부장님 지시 사항입니다. 영업지원 TFT 전원 내일 새벽 6시까지 물류팀으로 출근해서 물류팀 상차 작업을 도우세요.

"뭣! 나한테 물류팀 상차 작업을 도우라고!"

안전방이 갑자기 책상을 내려치며 소리를 지르자 한성갈과 나태한, 고민중이 긴장한 표정으로 쳐다봤다.

"무, 무슨 일이에요?"

고민중이 안전방의 컴퓨터 모니터를 살피며 물었다. 안전방은 대답

대신 모니터를 가리켰다.

"헐…. 새벽 6시까지 출근하라고요? 그 시각에 지하철은 다니려나?"

"새벽 6시고 저녁 6시고 간에 도대체 왜 우리한테 물류팀 일을 도우라는 거야? 내 참 어이가 없어서!"

새벽 출근을 걱정하는 나태한과는 달리 한성갈은 자신에게 그런 힘들고 험한 일이 맡겨진 것에 대해 강한 불만을 드러냈다.

"사표 쓰라는 거죠."

"서, 설마요….."

사표라는 말에 나태한은 들고 있던 휴대폰을 내려놓으며 심각한 표정을 지었다.

"이대로 밀려날 순 없어. 다들 내일 새벽 6시, 아니 5시 50분까지 물류팀 사무실로 출근하세요."

웅성거리는 팀원들의 말을 단번에 잘라내며 안전방이 위엄 있는 목소리로 말했다.

"밥은 먹고 와야겠죠?"

고민중이 조심스레 물었다.

"당연하지! 하루 종일 뺑뺑이 돌리려면 밥심으로라도 버텨야지!"

나태한이 더 이상 고민할 필요 없다는 듯 다시 휴대폰을 집어들며 대답했다.

"젠장! 어쩌다 내 꼴이 이렇게 됐지?"

한성갈이 분함을 참지 못해 버럭 소리를 내지르자 나태한은 "없던 애도 떨어지겠다"며 짜증을 냈다. 둘의 목소리가 점점 높아지자 고민중은 머리를 벅벅 긁어대며 온몸으로 괴로워했다. 순간, 안전방의 입에선 탄성에 가까운 한숨이 터져 나왔다. 당장이라도 이 어두컴컴한 루저들의 소굴에서 벗어나고 싶었다. 하지만 현실은 사무실 밖으로 나가는 것조차 쉽지 않았다. 자신의 뒤통수에 달라붙은 루저 딱지의 무게가 그를 휴게실조차 마음껏 가지 못하게 억누르고 있었다.

●●●●●●●

💬 본부장님 지시 사항입니다. 영업지원 TFT 전원 내일 정시 출근해서 기획3팀의 촬영 모델로 지원하세요.

새벽 6시에 물류팀으로 출근해 점심시간 한 시간을 빼곤 온몸에서 쉰내가 날 정도로 땀을 쏟아내며 일을 했다. 9월의 늦더위에 취한 것인지, 일을 마치고도 한 시간 넘게 얼이 빠져 있었다. 후들거리는 다리를 끌며 겨우 사무실에 복귀하니 내일의 업무지시가 도착해 있다. 안전방은 모니터를 바라보며 순간 웃어야 할지 울어야 할지를 생각했다.

"뭐에요? 또 뭘 하래요?"

눈치 빠른 고민중이 잽싸게 안전방의 모니터를 살폈다. 예상대로 업무지시가 적혀 있었다.

"헐~ 내일은 정시 출근해서 기획3팀의 촬영 모델로 지원하라는데요."

"아, 난 몰라. 나 내일 월차 쓸래요. 피곤해 죽겠는데 또 일을 해요?"

나태한은 고개를 세차게 흔들며 아예 의자에 늘어져 버렸다.

"정말 내가 욕을 안 하려야 안 할 수가 없군. 이놈의 회사는 직원을 무슨 무쇠 로봇으로 안다니까!"

"푸읍! 그건 아니죠. 오늘 보니 물류팀 직원들은 늘 이런 일을 하는 모양이던데 우리가 너무 오버하는 거죠."

한성갈이 에어컨 바람에 코를 박으며 콧김을 뿜어내자 고민중이 피식 웃으며 말했다. 새겨들으니 틀린 말은 아니었다. 하지만 가만히 듣고만 있을 한성갈이 아니었다.

"뭐얏! 그 사람들은 원래부터 몸으로 일하려고 들어온 것이고 나는 머리, 즉 브레인이 되기 위해 이 회사에 왔다고!"

"더 이상 그런 건 중요하지 않아요."

흥분하는 한성갈과는 달리 안전방은 차분하고 낮은 목소리로 말했다.

"그럼 뭐가 중요하지?"

직급으로 따지자면 안전방이 위였지만 나이는 한성갈이 두 살 더 많았다. 그래서인지 예의를 차리며 경어를 쓰는 안전방과는 달리 한성갈은 여전히 반말로 대꾸했다.

"음, 중요한 것은 살아남는 것이겠죠."

안전방 대신 고민중이 대답했다.

"아! 우리끼리 옥신각신 해봤자 답도 안 나오고 전 그냥 퇴근이나 할래요. 근무시간은 채웠으니 퇴근해도 되죠?"

나태한은 가방을 움켜쥐며 자리에서 일어났다. 틀린 말은 아니니

58

아무도 그를 붙잡지 않았다.

"참, 그런데 내일 기획3팀은 뭘 판대요? 안마의자 이런 거면 좋은데."

사무실 문을 나서려다 말고 나태한이 물었다. 그러자 고민중이 얼른 일정표를 살폈다.

"헐, 대박! 윗몸일으키기 운동기구에요!"

"뭣!"

"젠장!"

고민중의 말 한 마디에 사무실 여기저기서 짜증 섞인 괴성이 터져 나왔다.

"아니, 우리 몸매에 윗몸일으키기 운동기구 모델이 가당키나 해요? 그거 왕자 복근 있는 사람들이나 하는 거 아니에요?"

고민중은 불룩하게 튀어나온 나태한의 배와 근육은커녕 지방층조차 찾아보기 힘든 자신의 비쩍 마른 배를 내려다보며 도무지 이해가 되지 않는다는 표정을 지었다.

"역발상이겠지."

한참을 말이 없던 안전방이 모든 것을 포기한 듯 무심히 대답했다.

"네?"

"윗몸일으키기 운동이 필요한 일반인들을 모델로 보여주며 단순히 복근을 만들기 위한 운동이 아닌 건강을 위한 운동이어야 함을 어필하겠다는 거지."

정말 모르는 것인지, 모르는 척 하는 것인지 알 수 없지만 안전방은 남은 힘을 쥐어짜내 겨우 고민중의 질문에 대답을 해줬다.

"아, 정말 그렇겠네요. 역시 팀장님이세요."

고민중이 엄지까지 치켜들며 안전방을 추앙했지만 안전방은 그저 무심히 고개를 돌릴 뿐이었다. 루저들에게 인정받는 것이 뭐 그리 대단할까. 한심하기 그지없는 자신의 모습을 안전방은 쉰내 나는 티셔츠만큼이나 훌훌 벗어던지고 싶었다.

나우루 공화국의 교훈

•••••

세상에서 가장 부유한 나라 중의
하나였던 나우루 공화국. 면적이 고작 울릉도의 3분의 1밖에 되지 않
는 이 작은 나라는 인구가 1만 2천 명에 불과하다. 남태평양의 작은
섬나라인 나우루 공화국은 신이 선사한 선물 덕분에 풍요로운 국가
가 되었다. 신이 이 작은 나라에 준 선물은 다름 아닌 새똥이다.

바닷새의 똥이 산호초 위에 수천 년 동안 퇴적돼 만들어진 인광석
燐光石은 고급 비료의 원료로 사용된다. 그런데 워낙 희귀한 자원이라
섬 전체가 인광석으로 이루어진 나우루 공화국은 말 그대로 돈방석
에 앉은 셈이었다. 1980년에는 1인당 국민소득이 2만 달러였다. 당
시 미국의 1인당 국민소득이 1만 달러를 겨우 넘길 정도였으니 어마
어마한 부자나라였던 것이다.

물고기를 낚고 과일을 따며 느긋한 남태평양의 원주민처럼 살던 나우루 공화국 국민들은 더 이상 일을 하지 않아도 됐다. 국가에서 교육비와 병원비를 대주고 집까지 마련해주니 일할 필요가 없었다. 세금도 공짜, 집안일도 남아도는 돈으로 외국인 이민자를 고용해서 해결했으니 지상낙원이 따로 없었다.

영원할 것만 같았던 행복과 부는 차츰 모래성이 무너지듯 이상한 조짐을 보였다. 더 이상 일을 하지 않아도 된 국민들은 비만과 당뇨병에 시달릴 정도로 무기력해졌다. 전체 인구의 90%가 비만이고, 50%가 당뇨라는 믿기지 않는 일이 벌어진 것이다. 움직이는 것조차 귀찮아진 국민들은 점점 게으르고 나태해진 생활습관에서 헤어나지 못했다.

돈다발로 침대를 만들어도 이상할 게 없어 보이던 나우루 공화국은 점차 몰락의 길로 들어서고 있었다. 무엇보다 그들이 굳건하게 믿고 있던 돈줄이 말라갔다. 무분별하게 인광석을 채굴하는 바람에 자원은 고갈됐고, 국고는 바닥났다. 인광석 수출이 위기를 맞게 될 경우를 대비한 준비나 계획은 전무했다. 인광석 수출량이 대폭 줄어들자 호구지책으로 벌인 일이 전 세계의 은밀한 검은 돈을 세탁해주고 테러리스트들의 피신처를 제공하는 것이었다. 하지만 이마저도 9.11테러 이후 미국이 불법적인 자금 세탁을 근절하겠다고 나우루 공화국 은행의 거래를 막아버리는 바람에 파산 지경에 이르게 됐다.

고가의 자동차가 기름 넣을 돈이 없어 거리 곳곳에 방치된 나우루 공화국의 을씨년스러운 광경은 한 가지 교훈을 진하게 남겼다. 한 치 앞도 못 보고 오늘의 쾌락에 미래를 팔아먹지 말라는 것이다. 최고의 스펙으로 회사에 들어온 것도 한철 봄날 벚꽃에 불과하다. 스펙만 믿고 오만하고 안일하게 굴다가 한순간에 나락으로 떨어지고 무능력자로 낙인찍힐 수 있다. 세상에 영원한 것이란 없다. 오늘의 1등이 미래의 꼴찌가, 오늘의 꼴찌가 미래의 1등이 될 수 있다는 것을.

Chapter 2

류테크
(流-tech)

흐름을 감지하고
스스로 변화하라

직장인 뿐만 아니라 취업준비생이나 자영업자의 고군분투도 자연의 생존경쟁과 매우 비슷하다. 적자생존의 논리가 그대로 적용되는 셈인데, 적자생존의 전제가 변화에 대한 태도이다. 변화를 읽을 줄 알고, 또 기꺼이 받아들여 적응은 물론이고 자신에게 유리하도록 만들어야 하는 것이다.

그들이 아는 것을
나는 왜 몰랐을까

"안 되겠어요. 저 사표 낼게요."

점심식사를 마치고 돌아온 고민중이 책상 서랍에서 하얀 봉투를 꺼내 안전방 앞으로 다가왔다. 안전방을 포함한 영업지원 TFT 모두는 하루하루가 불안했다. 하지만 고민중만은 별 걱정을 하지 않았다. 평소에도 워낙 고민이 많은 탓에 그 판단 또한 느리거나 어영부영 뒤로 미루던 인물이었기에 별다른 신경을 쓰지 않았다. 그런데 느닷없이 그가 가장 먼저 사표 이야기를 꺼낸 것이다.

"잘 생각했어! 이놈의 회사 나도 조만간 때려치울 거야. 다이아몬드를 모셔다 놓고 벽돌로 쓰려고 하잖아."

한성갈이 격양된 목소리로 회사 험담을 하며 고민중을 부추겼다.

"도대체 왜지?"

사표를 빤히 내려다보며 안전방이 물었다.

"힘들어요!"

고민중 답지 않은 꽤나 심플하고 명쾌한 답이었다.

"우리 커피나 한 잔 할까?"

안전방의 말에 고민중이 천천히 고개를 끄덕였다. 불쑥 사표를 내밀긴 했지만 회사를 그만두는 것에 대해선 여전히 고민중이었다.

"요즘 다들 왜 저렇게 원두커피를 즐기죠? 자판기 커피의 10배 이상으로 가격이 비쌀 텐데."

자판기 커피를 마시기 위해 휴게실을 찾은 고민중이 주위를 두리번거리며 물었다. 그러고 보니 너도 나도 손에 테이크아웃 원두커피를 들고 있었다. 안전방은 구내식당의 밥값과 맞먹는 가격의 커피를 아무렇지도 않게 들고 있는 사람들이 한심하게 느껴졌다. 차라리 그 돈으로 술을 마시면 이해가 될 것도 같았다.

"다 허세지 뭐. 비싼 커피 마시면 자기도 비싼 사람이 된 것 같은 착각을 하는 거지."

"그런 의미에서 우린 꿋꿋하게 자판기 커피를 애용하죠 뭐, 헤헤."

모은 두 손을 다소곳이 내밀며 고민중이 안전방에게 말했다. 커피를 뽑게 동전을 달라는 것이다. 그때였다. 기획2팀의 고수남과 소신해가 테이크아웃 원두커피를 들고 휴게실로 들어왔다.

"두 사람도 비싼 원두커피를 마시는군. 요즘은 자판기 커피를 마시면 미개인처럼 느껴질 정도라니까. 쩝."

안전방이 고민중에게 동전을 건네며 입을 삐죽거렸다.

"과장님, 이거 5층 테라스 카페에서 그냥 주는 커피잖아요. 호호."

"테라스 카페? 그게 뭔데요?"

소신해의 말에 고민중이 궁금한 듯 물었다.

"우리 회사 건물 5층의 테라스에 카페가 생겼잖아요. 그거 생긴 지두 달이 다 돼 가는데 아직 모르세요? 회사 직원들에게 원두커피를 공짜로 주잖아요."

"모르긴 왜 몰라. 나도 알아. 단지 내 입맛에 안 맞을 뿐이라고. 흠흠."

안전방은 고민중에게 얼른 휴게실에서 나가자며 헛기침을 해댔다. 다행히 신호를 감지한 고민중이 안전방에게 받은 동전을 슬쩍 호주머니에 집어넣으며 휴게실을 나섰다.

"도대체 어디에 있다는 거야?"

고민중과 함께 5층으로 올라온 안전방은 복도 여기저기를 오가며 테라스 카페를 찾았다. 하지만 워낙 넓은 건물이라 그런지 쉽게 눈에 띄지 않았다.

"앗! 저기인 거 같은데요?"

고민중이 도서관 옆으로 뚫린 좁은 복도를 가리키며 소리쳤다. 원두커피를 손에 든 사람들이 그 길을 통해 나오는 것을 보니 맞는 것 같았다.

"저 사람들은 여기 카페가 있다는 것을 어떻게 알았을까요?"

"그러게. 저 사람들이 다 아는 것을 나는 왜 까마득히 모르고 있었을까?"

사실 어느 날부턴가 사람들은 너도나도 손에 원두커피를 들고 다녔다. 심지어 항상 자판기커피만을 고집하던 기획1팀의 왕소금 과장도 원두커피를 마셨다. 한 번쯤은 이상하게 생각하고 물어봤어야 하는데 안전방은 그럴 의지도 관심도 없었다.

"하긴, 내가 5층에 올 일이 뭐가 있겠어."

그러고 보니 유수홈쇼핑 회사 건물 5층은 도서관, 헬스장, 어학실습실 등 자기계발과 관련된 시설이 모여 있는 곳이었다. 안전방은 신입 시절 자료를 찾기 위해 도서관을 몇 번 들른 이후론 도통 이곳을 찾지 않았었다.

"점심시간인데도 도서관을 찾는 사람이 꽤 많네요."

고민중이 도서관의 통유리 너머로 안을 살피며 말했다.

"쳇! 다들 왜 저렇게 열심이지? 이직시험이라도 준비하나?"

안전방은 황금 같은 점심시간에 도서관을 찾아 책을 읽는 사람들이 이해가 가지 않는다며 못마땅한 표정을 지었다.

"오! 생각보다 근사한데요."

도서관 옆으로 이어진 복도 끝에는 테라스로 향하는 작은 유리문이 있었다. 문을 열고나온 두 사람은 눈앞에 펼쳐진 풍광에 입이 떡 벌어졌다. 테이크아웃 커피를 만드는 작은 부스만 덩그러니 있을 것이라던 예상과는 달리 테라스 카페는 잘 가꿔진 부잣집 정원처럼 아름다운 꽃과 나무로 둘러싸여 있었다. 그리고 넓게 깔린 잔디 위에는 10

여 개의 야외 테이블이 놓여있었는데, 점심시간이라 그런지 둘러앉아 담소를 나누거나 책을 읽고 있는 직원들이 많았다.

"들어가 볼까요?"

고민중이 카페를 가리키며 안전방에게 물었다. 안전방은 대답 대신 카페의 유리문을 열고 안으로 성큼 들어갔다. 이왕 온 김에 공짜 커피 맛은 봐야 할 것 같았다.

소박하면서도 현대적인 감각을 잘 살린 카페 내부에는 음료를 제조하는 공간과 테이크아웃 음료를 기다리는 테이블 몇 개가 따로 놓여 있었다.

"어서 오십시오!"

중후한 목소리와 함께 등장한 사람은 60대 초반 정도로 보이는 노신사였다. 짙은 회색의 수트를 깔끔하게 차려입은 그는 안전방을 보더니 눈이 동그래져서는 반갑게 인사를 했다.

"오! 안전방 팀장님을 드디어 뵙게 되는군요. 하하하!"

"네? 저를 어떻게?"

안전방은 노신사의 갑작스런 말에 당황하여 눈이 동그래졌다.

"하하! 유수홈쇼핑 창사 이래 최고의 성적으로 입사한 안전방 팀장님을 모른다는 것은 말이 안 되죠."

"오! 우리 팀장님이 정말 그렇게 대단한 분이셨어요?"

"그럼요. 안 팀장님이 입사할 때 회사에서 기대가 엄청났죠."

두 사람의 대화에 안전방의 얼굴에는 흐뭇한 미소가 흘렀다. 이미 몇 년 전 이야기이긴 하지만 노신사의 말은 사실이었다.

"참! 사장님, 여기 커피가 정말 공짜 맞아요?"

"네, 유수홈쇼핑 직원들에겐 커피가 무료로 제공된답니다. 참, 그리고 저는 이곳의 운영을 맡고 있는 유 사장이라고 합니다."

유 사장은 커피를 제외한 다른 음료들은 유료로 판매되는데, 수익금이 모두 소년소녀가장에게 장학금으로 전달되니 자주 들러달라는 말을 덧붙였다.

"네, 그렇게 할게요. 그나저나 저희도 커피 주세요. 점심시간이 다 끝나가네요."

안전방이 휴대폰으로 시간을 확인하며 유 사장에게 말했다.

"저는 따뜻한 아메리카노 주세요. 팀장님도 같은 걸로 드실 거죠?"

고민중은 공짜 커피를 마실 생각에 신이 나서 얼른 주문을 했다. 유 사장은 흐뭇한 미소를 지으며 커피를 만들기 위해 카페 한쪽에 마련된 미니 주방으로 향했다.

"연세도 많으신데 그냥 편히 쉬시지 왜 아직도 일을 하세요?"

안전방은 선뜻 이해가 가지 않는다며 물었다.

"내 나이가 어때서요? 나 이래봬도 아직 일흔도 안 됐습니다. 요즘은 60대도 30대 못지않은 청춘이랍니다. 하하."

유 사장이 두 사람에게 커피를 건네며 호탕하게 웃었다.

"그 연세면 연금도 나오지 않나요? 아껴서 살면 연금으로도 충분하실 텐데."

"먹고만 살려면 그럴 수도 있겠지요. 그런데 앞으로 30년을 자신을 위해 아무런 투자도 하지 못한 채 최소한의 소비만을 하며 산다면 끔찍하지 않을까요?"

"그건 그렇지만…."

"그리고 내가 일을 하는 건 꼭 돈 때문만은 아니에요. 평균 수명 100세 시대가 왔다지 않습니까. 숫자의 함정에 빠져 멀쩡한 육신을 온실 속에 가둬둘 순 없죠."

유 사장은 30년이 넘는 긴 세월을 탑골공원이나 전전하며 비둘기 모이나 줄 수는 없는 일 아니냐며 허허거렸다.

"그건 루저들의 비겁한 변명이죠. 늙어서까지 일하고 싶은 사람이 누가 있겠어요. 안 그래? 고민중 씨."

"에잇, 일할 수 있을 때까진 일을 해야죠. 그건 그렇고, 사장님 바리스타 자격증도 있으시네요."

안전방의 말이 다소 과격하게 들렸는지 고민중이 옆구리를 찌르며 눈치를 줬다. 그러고는 얼른 화제를 다른 곳으로 돌렸다.

"이곳에서 카페를 하기 위해 작년부터 준비해서 올 봄에 자격증을 땄답니다."

"그 연세에 바리스타 자격증까지 따려면 고생 깨나 하셨겠어요."

카운터 뒤쪽 벽에 걸린 유 사장의 바리스타자격증을 힐끔거리며 안전방이 말했다.

"21세기 문맹이 안 되려면 열심히 배워야죠."

"21세기 문맹이요?"

"과거에는 읽지도 쓰지도 못하는 사람을 문맹이라고 했다면 요즘은 배우려하지 않는 사람을 두고 문맹이라고 한다더군요."

유 사장은 바리스타 자격증에 이어 제과제빵사 자격증도 공부하고 있다며 은근히 자랑을 했다.

"어휴, 다 늙어서 공부는 무슨."

안전방은 생각만으로도 스트레스가 쌓인다며 고개를 내저었다.

"하하! 안전방 팀장님께 지금 필요한 게 바로 '류테크流-teck'군요."

"'류테크'요?"

안전방은 유 사장의 말에 황당하다는 표정을 지었다.

"네. '류테크'는 변화와 트렌드를 인식하고 자신만의 대응 방안을 마련하여 실행하는 기술이에요. 새로운 변화와 트렌드에 대응하려면, 흐름을 감지할 수 있는 능력과 변화와 트렌드를 통해 기회를 창출하는 빠른 대응 능력을 갖춰야 하죠."

"아, 그렇다 치죠. 그런데 그게 사장님이 바리스타 자격증을 따고 제과제빵사 자격증을 공부를 하는 거랑 무슨 관련이 있죠?"

"음, 인간의 평균 수명이 늘어난 만큼 은퇴 이후에도 소득을 창출할 수 있는 방법이 필요해요. 나는 그 방법으로 커피와 빵을 선택한 거죠."

"쩝, 당최 뭔 말인지."

"아무튼 안전방 팀장님, 우리 자주 봅시다. 함께 나눠야 할 이야기가 많은 듯하네요."

다른 직원들이 커피를 주문하러 들어오자 유 사장은 미소를 지으며 안전방에게 잘 가라는 인사를 했다.

세상에
영원한 것이란 없다

• • • • •

　　　　　　　　　　"워크맨, 코닥 필름, 노키아 휴대
폰, 윈도우폰, 브래태니커 사전"

　구시대의 유물처럼 찾아보기조차 힘든 이것들은 한때 세상을 호령
하거나 없어서는 안 되는 것들이었다. 《브래태니커》사전만 해도 지
식의 보고로 존재감을 뽐냈다. 그런데 지금은 어떤가. 두툼한 사전을
여러 권이나 집과 사무실에 두지 않아도 된다. 손바닥만한 스마트폰
만 있으면 언제 어디서라도 내가 궁금해하는 지식을 찾아볼 수 있다.

　세상에서 영원한 것이란 없다. 로마제국의 위용은 이끼가 낀 유적
지와 웅장한 스크린 속에서나 볼 수 있다. 현대 문명의 뿌리라 할 수
있는 그리스는 부도 직전까지 몰려 유럽을 비롯해 전 세계의 두통거
리로 전락했다. 세계 4대 문명의 발상지는 지금의 뿌리이고 기원이지

만, 정작 그 지역의 현실은 분쟁과 파괴, 그리고 어쩌면 퇴보의 길을 걷는 듯하다.

이집트 문명과 메소포타미아 문명이 발생한 지역은 더 이상 세계 문명의 중심지라 부를 수 없는 현실이다. 메소포타미아는 지금의 이라크 지역이다. 이라크는 분쟁과 테러의 급물살에 휩쓸려 문명 발전은커녕 문명 파괴가 일어나고 있는 중이다. 이집트도 군부와 종교, 시민 등 각각의 세력들이 대립하면서 문명 발상지가 무색하리만큼 어지럽다. 황하 문명과 인도 문명의 발상지는 오랜 침체기를 겪다가 이제야 기지개를 펴고 있지만, 이 또한 언제 떨어질지 모르는 불안한 외줄타기와 다를 게 없다. 급성장의 궤도에서 급하락의 궤도로 옮겨 탄 듯한 중국 경제에 전 세계가 주목하고 있다.

문명의 발상지였음에도 진보와 변화의 흐름이 멈추거나 고인 물이 되는 순간, 전성기의 문명은 과거 유적지로만 남을 뿐이다. 중국만 보더라도, 봉건제에서 근대로 넘어가는 순간에 변화를 거부했고, 결국 한줌 되지도 않는 외국의 군함에 무릎을 꿇어야 했다. 새로운 시대와 문명의 전환에 대응하지 못한 결과였던 것이다.

기업도 변화와 멈춤의 경계에서 운명이 결정되기 일쑤다. 절대 망하지 않으리라 여겼던 기업들이 발자취만 남긴 채 소멸한 경우가 얼마나 많은가. 세상에서 가장 똑똑한 엘리트들이 모인 집단이라 할 수 있는 일류 기업이 한순간에 역사의 뒤안길로 사라져버렸다. 흔히 코닥이나 노키아 등의 몰락은 자본이나 노동력, 기술 등 전통적인 경영 자산의 위기가 아니었다. 그들의 뼈아픈 실수는 바람이 불어오는데 단순한 나비의 날갯짓으로만 여겼던 둔감한 대응이었다.

다윈의 진화론이 기업 경영에서도 화두가 되는 이유는 바로 '적응' 때문이다. 주변 환경의 변화에 얼마나 잘 적응하느냐가 생사를 가른다. 롤러코스터가 아예 밖으로 튀어나와 어느 곳으로 튈지 모를 만큼 빠른 속도의 변화에 적응할 수 있는 기업 조직과 프로세스, 그리고 비즈니스 모델의 유연성이 기업의 운명을 결정하고 있다. 그렇다면 기업에 속한 개인, 또는 동네에서 자영업을 하는 사람이라도 변화에 무감해서는 살아남을 수 없다.

게리 하멜이나 앨빈 토플러와 같은 석학들은 일찌감치 변화가 기업의 운명에 미치는 영향을 강조했다. 특히 앨빈 토플러는 "21세기의 문맹자는 읽고 쓸 줄 모르는 사람이 아니라 학습learn하지 않고, 폐기학습unlearn하지 않고, 재학습relearn하는 능력이 없는 사람이다"라고 경고했다.

배우는 것뿐만 아니라 변화에 맞지 않는 이론이라면 과감히 포기하는 폐기학습은 변화를 배우는 것만큼이나 중요하다. 이 말은 철옹성처럼 무장된 자신의 고정관념을 스스로 깨뜨릴 줄 알아야 한다는 것이다. 그래야 고인 웅덩이에서 벗어나 변화의 흐름을 받아들일 틈을 만들 수 있다.

생물학자인 윅스켈은 이 세상에 존재하는 모든 생명체는 다양한 생존방식을 가지고 있지만, 하나의 공통적인 원리가 있다고 했다. 그 원리는 '감지 체계'와 '대응 체계'의 조화로 주변 환경에 대응하고 적응하는 것이다. 즉, 환경의 변화를 빠르고 정확하게 알아내는 '감지 체계'와 변화에 발 빠르게 대응하는 '대응 체계'의 발달이 생존을 보장한다는 것이다.

취업준비생이나 자영업자의 고군분투도 자연의 생존경쟁과 매우 비슷하다. 적자생존의 논리가 그대로 적용되는 셈인데, 적자생존의 전제가 변화에 대한 태도이다. 변화를 읽을 줄 알고, 또 기꺼이 받아들여 적응은 물론이고 자신에게 유리하도록 만들어야 하는 것이다. 영원한 것은 없고, 성공의 영원한 지속도 없다면 촉을 세워 늘 변화를 감지하고 대응해야 한다.

그대는 프로인가, 포로인가?

테라스 카페 야외 테이블에 앉은 안전방은 말없이 하늘을 올려다보았다. 영업지원 TFT에 들어온 이후 처음으로 삶이란 어쩌면 고통의 순간을 이어가는 것이 아닌가라는 생각이 들었다. 기획1팀의 촬영 지원을 지시받으며 판매상품이 연어라는 것에 쾌재를 불렀었다. 평소 연어 킬러라고 불릴 만큼 좋아하지만 만만한 가격이 아닌데다 아내가 생선류를 그다지 좋아하지 않아 자주 먹지 못했었다. 그런데 연어를 맘껏 먹을 수 있다, 그것도 공짜로!

행복한 상상은 촬영이 시작된 지 5분여 만에 무참히 깨져버렸다. 안전방이 맛있게 먹는 장면이 화면에 잡힐 때마다 주문이 폭주하니

카메라가 수시로 그를 향했다. 그렇게 30여 분 동안을 연어를 먹어대
니 이젠 연어 냄새만 맡아도 구역질이 날 만큼 고통스러웠다. 먹기
싫은 것도 억지로 먹어야 하고, 눈물이 나올 만큼 고통스런 순간조차
웃어야 하는 현실에 안전방은 책상 속 깊이 넣어둔 사표를 다시 떠올
렸다.

"아메리카노 연하게. 맞죠?"

유 사장이 커피를 내려놓으며 안전방의 테이블에 앉았다. 점심시간
이 지난 뒤라 테라스 카페가 한산했다.

"에휴, 오늘은 커피 마실 배도 남아있지 않네요."

연신 트림을 해대며 안전방이 대답했다.

"점심을 맛있게 드셨나 보네요?"

"맛있기는요. 먹는 것이 고통이란 것을 오늘 처음으로 깨달았어
요."

안전방은 촬영 내도록 쉴 새 없이 연어를 먹어야 했던 이야기를 하
며 다시 얼굴을 구겼다.

"말이 좋아 영업지원이지 이건 뭐 완전히 노가다 수준이에요. 촬영
용 소품을 나르고, 식품을 팔 때는 계속 먹어야 하고, 어떨 땐 스튜디
오 뒷정리까지 해야 한다니까요. 나 같은 고급 인력을 이토록 하잖게
대접하다니!"

안전방은 유수홈쇼핑의 암울한 미래가 눈에 훤히 보인다며 혀를 찼
다. 안전방의 모습을 걱정스런 표정으로 쳐다보던 유 사장이 낮은 목
소리로 물었다.

"그대는 프로인가요? 포로인가요?"

"그게 무슨 말이죠?"

유 사장의 뜬금없는 질문에 안전방은 눈꼬리를 올리며 신경질적이게 물었다.

"나만의 핵심역량을 갖춘 프로페셔널이 되지 않으면 결국엔 누군가의 명령과 지시를 따르는 포로가 될 수밖에 없답니다."

"쳇! 프로나 포로나 회사에서 월급 받으며 일하기는 매한가지죠. 내가 회사 사장이 아닌 이상 잘났건 못났건 우리 모두 포로라고요."

안전방은 프로니 포로니 하며 말장난을 하는 것조차 귀찮다는 듯 짜증스럽게 대답했다.

"안 팀장님은 회사에 무엇을 팔고 있죠?"

"배불러 죽겠는데 왜 자꾸 엉뚱한 질문을 하세요? 사장님, 심심하세요?"

"회사가 안 과장님에게 꼬박꼬박 월급을 줄 때는 안 과장님이 뭔가 그만한 것을 내놓기 때문이잖아요. 안 그래요?"

"나는 나를, 아니 내 노동력을 팔고 있죠. 축 처진 연어를 아주 신선한 것인 양 맛있게 먹어주고 돌아온 이 터질 듯한 배가 안 보이세요?"

안전방은 배를 쑥 내밀며 귀찮다는 듯이 대답을 했다.

"아르바이트 모델을 쓰면 안 과장님 월급의 절반만 줘도 될 거잖아요."

"내 말이 그 말이에요. 우리 회사 사장이 그래서 멍청하단 거예요. 나 같은 고급 인력에게 그런 하찮은 3D 업무를 맡기다니 말이에요. 우리 사장이 회사 일에 전혀 관심이 없어서 전문경영인을 부사장으로 모셔왔다고 하던데, 제 재산이 아니니 아까운 줄 모르고 대충하는 거겠죠."

안전방은 적재적소에 인재를 활용하지 못하는 유수홈쇼핑 경영진의 무능력에 새삼 혀를 내둘렀다.

"안 과장님의 핵심역량은 뭐죠?"

"핵심역량? sky 졸업, 높은 토익 점수, 입사시험 수석. 뭐 그 정도?"

유 사장의 도발적인 질문이 점점 심기를 불편하게 했지만 안전방은 공짜커피 값이라 여기며 대충 대답을 했다.

"그건 그저 이 회사를 오기 위한 스펙에 불과하죠. 핵심역량이란 성과의 차이를 가르는 능력을 뜻하는 거잖아요. 일을 잘할 수 있는 잠재능력이나 당장 무슨 일을 맡겨도 해낼 수 있는 수행능력 등이 성과의 차이를 가르지 않나요?"

"글쎄요, 사장님 말씀 듣고 보니 제겐 딱히 이렇다 할 건 없는 것 같네요."

"핵심역량은 지능이나 성격, 가치관, 스킬, 자세와 지식, 도덕성 등으로도 알아볼 수 있죠. 이런 것들이 남들보다 뛰어나면 핵심역량이 뛰어나 알아서 잘할 것이라는 믿음이 생기죠. 이런 핵심역량을 가진 인재들이 기업의 운명을 좌지우지하는 거예요."

유 사장은 무한경쟁의 시대에서 기업이 살아남으려면 성과의 차이를 가르는 핵심역량을 갖춘 인재를 필요로 하는 것은 너무나 당연한 것이라는 말도 덧붙였다.

"에이, 그건 회사가 너무 욕심을 부리는 거죠. 우리 회사 직원들 중에 핵심역량을 가진 사람이 몇이나 될 것 같아요?"

"그런 건 중요하지 않아요. 다른 사람들을 핑계 삼으며 그 뒤에 숨으려고 하지 말아요. 안 과장님은 회사가 자신을 버릴 거라는 생각은 안 해봤나요?"

"말도 안 돼요. sky 출신에, 토익 고득점자인 나를 회사가 버려요? 게다가 나 이 회사 들어올 때 수석이었어요. 사장이 미치지 않고서는 나 같은 인재를 버릴 수가 없죠, 암요."

말은 그렇게 했지만 기획업무에서 밀려난 이후 한시도 머릿속을 떠나지 않던 불안감이었다.

"과연 그럴까요? 그대는 오늘 하루, 어느 누구도 대체할 수 없는 일을 했나요?"

"그건 아니지만…. 그래도 난 아직 안전해요. 한성갈, 나태한, 고민중 그 인간들도 무사한데 내가 왜?"

"판단은 회사가 하는 것이랍니다."

유 사장의 말은 짧고 단호했다.

"그야 그렇지만…."

"나만의 핵심역량을 만들어 온리 원이 되지 않는 이상 결국 회사와의 갑을 관계를 깰 수 없답니다."

"나만의 핵심역량을 만들면 내가 갑이 될 수도 있다는 말씀인가요?"

"당연하죠. 나만의 핵심역량으로 온리 원이 된다면 회사는 결코 그대를 버릴 수 없어요. 오히려 그대가 떠나갈까 전전긍긍하게 되겠죠."

"음, 생각만으로도 신나는 일이군요."

안전방은 기획본부장이 자신의 눈치를 보며 굽실거리는 모습을 상상하며 만족스런 미소를 지었다.

"자기 자신에게 명령하지 않는 사람은 결국 다른 이의 명령을 듣게 돼 있어요. 다른 이의 명령을 듣는 포로가 될 것인지, 그 누구도 내게 명령할 수 없는 프로가 될 것인지는 본인의 몫이죠."

"포로가 될 것인가, 프로가 될 것인가. 그것이 문제로다!"

안전방은 자리에서 벌떡 일어나 마치 연극의 한 장면처럼 멋지게 대사를 읊조렸다. 하지만 현실을 외면해보려는 그의 마음과는 달리 마음은 점점 무거워져만 갔다.

포로 or 프로?
그것이 문제로다!

•••••

　　　　　　　　한 조직에서 자신의 존재감을 드러
내는 것은 여간 어려운 일이 아니다. 수많은 동료들과 선후배 사이에
서 자신의 능력치를 인정받기 위해 숱한 노력을 기울여도 군계일학
群鷄一鶴은커녕 성냥갑 속에 무수한 성냥 중의 하나로 취급받을지도 모
른다.

　새벽 별을 보고 출근해서 하루 종일 한 눈 팔지 않고 자리에 붙어
앉아 일하다가 막차를 타고 집으로 오는 성실한 삶만으로는 존재감
을 뽐낼 수 없다. 기업이나 주변의 상사들이 개인의 능력치를 판단하
는 것은 성과 창출에 관한 것이다. 성과를 만들어 낼 수 있느냐가 개
인의 존재감을 인정하는 잣대가 된다.

　성과 창출의 열쇠는 핵심역량Core competence이다. 남들과 차별화된

핵심역량을 가지고 성과를 창출하는 기업은 시장의 리더로 인정받고, 사람은 인재로 인정받는다. 애플은 혁신의 아이콘이다. 구글은 개척자의 이미지가 강하다. 이런 기업들은 차별화된 핵심역량을 갖추고 있으면서 변화에 적응할뿐더러 변화를 주도하고 있다.

애플과 구글은 각각 혁신과 개척자라는 핵심역량의 가치를 확장하며 사업 영역을 넓히고 있다. 애플은 혁신이라는 핵심역량으로 디지털 생태계를 만들어 내고 주도하는 중이다. 아이팟, 아이폰, 맥북, 앱 스토어 등 그들은 지금껏 사람들이 보지 못한 새로운 디지털 문화를 만들어 냈다. 구글도 검색업체의 울타리에서 벗어나 구글 글라스, 무인자동차, 헬스 케어 등 다양한 분야에서 시장을 개척하고 있다. 구글은 후발주자로 검색시장에 뛰어들었지만, 검색시장을 평정한 이후에는 더 이상 후발주자라는 소리를 듣지 않게 됐다. 남들이 쉽게 뛰어들지 못하는 시장에 과감히 배를 띄워 대항해의 모험을 주저하지 않는다.

이 두 기업은 '문어발식 사업 확장', 즉 풍부한 자본력으로 돈이 된다면 마구 뛰어드는 양상과 사뭇 다르다. 그들의 핵심역량으로 새로운 시장을 개척하고 비즈니스 생태계를 만들어 키우는 것이다. 그래서 다른 기업들이 쉽사리 따라붙지 못한다.

소니를 비롯해 여러 기업들은 애플이나 구글 못지않은 자본과 기술력을 가지고 있다. 그러나 애플과 구글이 가지고 있는 핵심역량을 갖추지 못했기 때문에 추월하지 못하는 것이다. 애플과 구글이 당장의 보유자산보다 기업의 브랜드 가치를 더 많이 인정받는 이유 역시 이러한 핵심역량 때문이다.

샐러리맨, 혹은 취업을 준비하는 사람은 자신의 경쟁력을 보여줘야 한다. 이 세상에서 하나뿐인 '나'라는 브랜드를 어필해야 존재감을 드러낼 수 있다. 그 브랜드는 핵심역량을 갖춘 프로페셔널의 면모여야 한다. 자신의 브랜드를 가지지 못한 사람은 다른 사람의 지시나 영향력에 놓여 있는 포로의 신세에 불과하다.

뭘 그렇게 열심히 살아?

　구내식당에서 대충 저녁을 해결하고 늦은 퇴근을 준비하고 있을 때 아내로부터 전화가 왔다. 입덧이 누그러질 기미가 보이지 않는다며 친정에 좀 더 머물겠다고 했다. 서운한 마음이 컸지만 안전방은 걱정 말라며 아내를 안심시켰다. 한직으로 밀려난 것을 알면 아내도 속상해 할 것이 분명하기에 차라리 좀 더 늦게 돌아오는 편이 낫겠다는 생각이 들었다.

　번잡한 시간을 피한 덕분에 다행히 지하철 출입구 쪽 벽에 몸을 기댈 수 있었다. 창문에 비친 자신의 모습을 멍하니 바라보던 안전방은 문득, 최근 5층 테라스 카페를 들락거리며 의도치 않게 보게 된 불편한 장면들이 떠올랐다. 점심시간을 활용하여 책을 읽거나 외국어를 배우는 등 자기계발을 하는 사람들, 그리고 퇴근 후에도 운동을 하거나 책을 빌려가는 사람이 적지 않았다. 심지어 온 몸과 마음을 불태워야 하는 황금 같은 금요일 저녁에도 도서관에서 책을 읽는 이들이 있었다. 그들의 시각에서 보면 자신은 오만한 루저가 분명했다.

'쳇! 그렇게 아등바등 노력한다고 해서 회사가 알아주기라도 하나?'

안전방은 혼잣말을 하며 입을 삐죽였다. 결국 회사는 개미처럼 꾸준히 노력하는 사람보다는 기발한 아이디어로 대박을 내는 사람의 손을 들어주기 마련이다. 그리고 그 기발함이 사라지면 언제든 폐기 처분할 준비가 되어 있다. 자신처럼 말이다.

"어, 저 녀석 구준한 아니야?"

빈자리를 찾느라 두리번거리던 안전방이 구준한을 발견하곤 호기심 가득한 눈길로 쳐다봤다. 구준한은 제 몸집의 두 배 가까이나 되는 넉넉한 덩치를 가진 여자와 함께 있었는데, 옷차림이나 생김새로 봐선 인도인이 분명했다.

"어휴, 저 입 찢어지는 것 좀 봐. 아주 좋아 죽네, 죽어."

신입 시절 구준한을 보며 안전방은 종종 우월감을 느끼곤 했다. 자신과 확연히 비교되는 소박한 스펙도 스펙이지만, 작고 왜소한 체격에 검은 뿔테 안경까지 걸친 모습은 영원한 모테솔로를 인정하는 것 같아 안쓰럽기까지 했다. 안전방은 구준한과 여자를 번갈아 쳐다보며 흐뭇한 미소를 지었다. 지금은 비록 구준한에게 뒤쳐져 있지만 모든 면에서 자신이 훨씬 우월하다는 것을 확인한 듯해 뿌듯하기까지 했다.

"엇, 기획2팀 용사들이 여기 다 계셨네."

다음날 점심을 먹은 뒤 커피를 마시기 위해 테라스 카페에 들른 안전방은 기획2팀 팀원들을 발견하곤 인사를 건넸다.

"과장님 혼자 오셨어요? 이리로 오세요."

배려심이 깊은 기획2팀 막내가 안전방에게 손짓을 했다.

"그, 그럴까?"

평소 같으면 바쁘다며 자리를 피했겠지만 오늘은 왠지 그들 속에 끼어 지난 저녁 자신이 목격한 장면에 대해 슬쩍 흘려주어야 할 것만 같았다.

"참, 구 팀장이 인도 여자를 사귀나봐? 어제 퇴근길에 지하철에서 우연히 목격했는데 보통 사이가 아닌 것 같았어. 인도에 파견 갔다가 아예 데리고 온 건가?"

"어머, 그래요? 근데 예뻐요? 나보다?"

소신해가 갑자기 정색을 하고 물었다. 골드미스 딱지를 떼기 위해 그동안 구준한에게 나름의 정성을 기울이고 있었던 터라 저도 모르게 눈꼬리가 올라갔다.

"그냥 몸매는 과하게 넉넉하고 얼굴은 지나치게 소박하게 생겼더라고. 그래서 그런지 구 팀장이랑 아주 잘 어울렸어. 하하."

"누구? 누가 나하고 잘 어울려?"

인기척도 없이 나타난 구준한이 안전방의 어깨에 손을 올리며 물었다.

"어? 어, 그게 어제⋯."

구준한의 갑작스런 등장에 당황한 안전방이 말을 더듬었다. 그리고는 커피를 챙겨들곤 서둘러 자리에서 일어났다.

"참, 다들 인사하세요. 여긴 인도 요리 연구가 릴라 씨에요."

구준한의 말에 고개를 돌려 쳐다보니 어제 저녁 지하철에서 보았던 인도 여자가 서 있었다.

'뭐야, 애인이 아니었어?'

안전방은 대충 고개만 까딱하고는 서둘러 걸음을 옮겼다. 당사자가 없는 데서 뒷말을 한 것이 민망스럽기도 했지만, 무엇보다도 그곳은 자신이 있을 곳이 아닌 것 같았다. 5년간 몸담았던 기획2팀에서 떠난 지 이제 겨우 한 달여가 지났지만 왠지 그들과는 다른 세상으로 떠밀려온 느낌을 지울 수가 없었다.

"어, 가시게요?"

기획2팀 막내가 안전방의 뒤를 따르며 물었다.

"응, 사무실에 가서 낮잠이나 좀 자려고. 근데 너는 어디 가?"

"아, 릴라 씨 음료 좀 갖다 드리려고요."

"응, 근데 인도 요리 연구가가 왜 우리 회사에 왔어?"

안전방이 릴라를 힐끔거리며 물었다.

"우리 팀의 이번 기획 아이템이 인도 즉석식품인데요, 릴라 씨가 개발과 제작에 자문을 맡아주시기로 했어요."

"응? 우리 회사는 그냥 판매 중개만 하는 곳인데 왜 상품을 개발하고 제작해?"

"소식 못 들으셨어요. 기획팀엔 업무지시가 다 내려왔는데."

기획2팀 막내는 유수홈쇼핑이 이번 분기부터 자체 상품의 개발과 제작에 들어가기로 했다면서 기획2팀은 팀장인 구준한의 주도로 인도 즉석식품을 개발하고 있다고 했다.

"그리고 이건 아직은 기밀사항인데요, 구 팀장님은 인도 즉석식품으로 국내 시장뿐만 아니라 인도 시장에 역진출할 계획을 갖고 있어요."

"쳇! 다들 뭘 그리 열심히 하는지. 그냥 적당히 하면서 중간만 가면 모두가 편하잖아. 너무 잘하려는 것도 병이야, 병!"

기획2팀 막내가 음료를 가지고 돌아가자 안전방은 구준한을 쏘아보며 비아냥거렸다.

"하하! 정글의 왕인 사자도 굶어죽지 않기 위해 죽을힘을 다해 뛰는데 우리도 그 정도 노력은 해야 직장에서 살아남을 수 있죠."

구준한과 기획2팀 팀원들을 바라보며 유 사장이 흐뭇한 표정으로 말했다.

"정글의 왕인 사자가 왜 죽을힘을 다해 뛰어요? 그냥 가만히 있어도 먹을 게 지천에 깔렸는데."

안전방은 황당하다는 표정으로 유 사장을 쳐다봤다.

"아프리카에선 가젤이 이른 아침에 눈을 뜨자마자 죽을힘을 다해 뛰기 시작한답니다. 사자에게 잡아먹히지 않기 위해서죠."

"그야 당연하죠. 살려면 젖 먹던 힘까지 짜내서 도망가야죠."

"그런데 아프리카에선 사자도 아침부터 온힘을 다해 뛰어야 한답니다. 사자는 가젤을 앞지르지 못하면 굶어 죽는다는 사실을 알고 있기 때문이죠. 잡기 위해, 혹은 잡히지 않기 위해 온힘을 다해 뛰지 않으면 결국엔 죽는 것은 마찬가지랍니다."

"쳇! 회사가 무슨 정글도 아니고 뭘 그렇게 죽기 살기로 뛰어요? 가젤이야 그렇다 쳐도 설마 정글의 왕인 사자가 뛰지 않는다고 굶어죽기야 하겠어요?"

안전방은 여전히 믿기지 않는다는 표정으로 유 사장의 말을 반박했다.

"사자의 생존율이 얼마나 될 것 같아요? 그리고 전체 사자 중에 굶어죽는 사자가 얼마나 될 것 같아요?"

"정확하게야 알 수 없지만 맹수 중의 맹수라 불리는 사자가 굶어죽는 경우가 그리 많을까요?"

"사자의 생존율은 대략 10%에 지나지 않는다고 해요. 그리고 전체 사자 중 굶어죽는 사자는 70%나 되고요."

유 사장은 사자가 이른 아침부터 죽을힘을 다해 달려도 먹이사냥에 성공할 확률은 20~30%에 불과하다는 말도 덧붙였다.

"서, 설마요…."

"믿기 어렵겠지만 사실이에요. 그리고 더 놀라운 것은 살아남은 사자들은 그렇지 못한 사자들에 비해 마무리에서 차이가 난다고 해요. 그들은 사냥에 성공했다고 자만하지 않고, 실패했다고 좌절하지 않죠. 항상 처음처럼 온힘을 다해 다시 시작한다고 해요."

"쩝, 사자의 삶도 꽤나 피곤한 삶이군요. 매일 죽을힘을 다해 사냥을 해야 한다니."

"사자의 이야기는 비단 그들만의 이야기가 아니에요. 우리 인간도 자신의 능력과는 무관하게 모두 최선을 다해 뛰어야만 생존할 수 있답니다. 박지성 선수나 발레리나 강수진 씨만 하더라도 이미 최고의 자리에 올랐지만 그 누구보다도 열심히 연습을 하잖아요."

유 사장은 축구선수 박지성과 발레리나 강수진의 발에 얽힌 이야기를 해주며 그들의 고통과 인내의 시간, 그리고 지금 이 순간까지도 멈추지 않는 그들의 땀에 대한 이야기를 들려줬다.

"난 사실 그것도 이해가 잘 안 돼요. 뛰어난 재능과 피나는 연습으로 그 정도 위치에 올랐으면 이젠 대충 해도 되지 않나요?"

"최선을 다한 연습을 멈추는 순간 그들은 최고의 자리에서 물러나게 되겠죠. 어디 그뿐인가요. 급기야는 축구화나 발레슈즈를 벗어야 하는 날이 오게 될 겁니다. 축구나 발레를 할 수 없다는 것은 더 이상 그 세계에서 생존할 수 없다는 의미이니 그들은 살기 위해 지금 이순간도 최선을 다한 노력을 하는 것이겠죠. 그런데 직장인이라고 해서 그들과 다를까요? 결국 최선을 다한 노력으로 자기경영에 성공한 사람만이 살아남게 된답니다."

유 사장은 다시 기획2팀을 바라보며 흐뭇한 미소를 지었다.

"자기경영이라…. 하긴, 영업지원 TFT라는 정체불명의 자리에 가보니 그저 잘리지 않는다고 해서 살아있는 것은 아니란 걸 알겠더라고요. 산다는 거, 참 어렵네요."

안전방은 저도 모르게 한숨이 터졌다. 유 사장의 말을 들으니 생존을 한다는 것이 단순히 숨만 붙이고 있는 것은 아니라는 생각이 들었다. 사냥의 의욕을 잃은 사자가 기다리는 것은 죽음뿐이라는 사실이 불현듯 안전방을 불안하게 만들었다.

당신의 발은 지금
어떤 모습인가?

● ● ● ● ●

　　　　　　　　　변화의 흐름을 읽을 줄 아는 것만
으로는 스스로의 변화를 꾀할 수 없다. 지금도 서점이나 인터넷을 들
여다보면, 변화의 흐름을 예측하는 무수한 정보가 쏟아져 나오고 있
다. 그런데 모든 사람이 그 변화의 흐름에 따라 움직이지 않는다. 넘
쳐나는 정보 덕분에 인풋은 충분하지만 정작 그것을 내 것으로 만들
려는 '노력'이 따르지 않으니 별다른 아웃풋이 없는 것이다.

　변화의 흐름에 맞춰 자신의 발걸음도 함께 옮겨야 한다. 그리고 목
적지까지의 험난한 여정을 각오하고 발에 물집이 터지고 온몸에 상
처를 입는 고행의 길을 견뎌야 한다. '1만 시간의 법칙', '천재는 1%
의 영감과 99%의 땀으로 이루어진다' 등이 뜻하는 것은 노력의 절대
치를 말한다.

"나는 발레의 테크닉은 두 번째 문제라고 생각합니다. 가장 중요한 것은 어떤 장르의 예술을 하든 자기 자신과의 싸움에서 지지 않는 인내심을 기르는 것이라고 생각합니다."

우아한 몸놀림에 눈과 마음을 빼앗긴 사람들은 정작 발레리나 강수진의 발은 보지 못한다. 아름다운 선율에 맞춰 무대를 휘젓는 그녀의 몸짓과는 달리 구부러지고 굳은살이 배인 그녀의 발은 흉하기만 하다. 그러나 그 흉한 발이 그녀를 세계적인 발레리나로 만들었다.

하루 평균 연습시간이 무려 10시간이고, 250여 켤레의 토슈즈를 닳게 만든 그녀의 노력이 빚어낸 존재감은 대단하다. 아름다운 춤과 흉한 발이라는 묘한 앙상블이 이뤄낸 그녀의 존재감은 강수진을 독보적인 발레리나로 거듭나게 했다.

2002년 월드컵의 영광과 유럽 축구에서 한국인의 위상을 드높였던 박지성의 발도 못나기는 매한가지다. 박지성은 또래 선수들보다 체격도 왜소해서 고등학교를 졸업할 무렵에 대학이나 프로축구팀에서 외면당했다. 뛰어난 실력을 갖춘 것도 아니었기 때문에 선발이 되지 못하다가 겨우 명지대학교에 축구선수로 입학할 수 있었다. 그때부터 그는 최고의 선수가 되기 위해 땀을 흘렸다. 그리고 일본 진출, 월드컵 신화, 유럽리그 진출 등의 신화를 써내려갔다.

우직한 소처럼 무조건 열심히 하는 것은 더 이상 미덕이 아니라고 하지만, 성과를 바란다면 그에 걸맞은 노력과 수련의 과정은 반드시 필요하다. 갑작스레 로또 복권의 당첨처럼 이루어지는 요행 따위에 기대지 않는 게 좋다.

에이브러햄 링컨이 "나무를 베는 데 8시간이 주어진다면, 도끼의 날을 가는 데 6시간을 쓰겠다"라고 말한 이유도 준비되지 않은 재능이나 능력은 무딘 날이 될 수 있다는 경고였다. 도끼가 나무를 벨 수 있다는 원초적인 특성을 가졌다고 해도 날을 갈지 않으면 소용이 없지 않는가. 내게 많은 정보와 뛰어난 재능이 있다고 하더라도 갈고 닦지 않으면 장롱 속의 금송아지에 불과하다.

지금 이 순간, 자신의 발모양이 어떤지, 내 손은 무엇을 하고 있는지, 내 입은 어떤 말을 하는지, 또 내 마음의 각오와 꿈은 무엇인지 스스로 돌아보자. 주위 사람들에게 미래에 대한 예측과 관련된 정보를 전하고 변화의 필요성을 설파하지만 정작 자신은 아무런 노력도 하지 않는 스피커가 아닌지 말이다.

세상은 새로운 것을 원한다

"사장님, 아직도 필름 카메라를 쓰세요?"

퇴근길에 테라스 카페에 들른 안전방은 낡은 필름 카메라를 손질하고 있는 유 사장을 보며 신기한 듯 물었다.

"요즘 누가 이런 걸 써요. 그냥 기념으로 갖고 있는 거지."

"하긴, 디지털 카메라가 등장한 이후론 필름 카메라는 그림자조차 보기가 힘드네요. 게다가 휴대폰 안에 카메라가 떡하니 자리잡으니 디지털 카메라도 잘 안 쓰게 되더라고요."

안전방은 그간 유 사장과 이런저런 대화를 나누며 자신이 변화에 둔감했다는 것을 깨닫게 되었다. 더군다나 상품의 경우 예전과 비교할 때 유행의 주기가 너무 짧아 위협감까지 느껴질 정도였다.

"변화는 위기일 수도 있지만 생각하기에 따라선 기회이기도 하죠."

"변화를 잘 활용하라는 말씀 같은데, 제가 워낙 둔해서 변화를 감지하는 게 힘들어요. 에효."

"변화를 빨리 감지하려면 무엇보다도 늘 주위에 관심을 두어야 한답니다."

유 사장은 날마다 보는 사람이라도 그에게 관심이 없으면 헤어스타일이나 옷차림이 달라져도 모르고 넘어가기 일쑤라며 결국엔 관심을 얼마나 갖느냐에 따라 크고 작은 변화를 감지할 수 있는 것이라고 했다.

"관심이라…. 옙! 지금 이 순간부터 주위의 일들에 관심을 가져봐죠."

"하하! 관심을 가진다고 해서 결코 손해 보는 일은 없을 겁니다."

"그러게요. 하하하!"

이상했다. 유 사장과의 만남이 잦아질수록 왠지 모르게 그의 말 하나하나에 귀를 기울이게 된다. 안전방은 그런 자신의 모습이 신기하게 느껴져 피식 웃음이 새어나왔다.

"우리를 둘러싼 환경의 변화를 감지하지 못하거나 거부하면 결국 그 변화의 소용돌이 안에서 맥없이 무너지게 된답니다."

유 사장은 세계 최초로 디지털 카메라를 개발한 코닥이 결국엔 몰락의 길을 걷게 된 이유도 변화를 거부한 탓이라며, 변화를 감지하고 나아가 변화를 이끌어야만 살아남을 수 있음을 강조했다.

"에효, 이미 한직으로 물러난 제가 변화를 감지한들 그것을 활용할 일이 뭐가 있을까요."

"이번에 우리 회사에서 창사 20주년 기념으로 기획 아이디어를 공
모하는 건 알고 있죠?"

"엇! 금시초문인데요. 그런 일이 있어요?"

유 사장의 말에 안전방은 자세까지 고쳐 앉았다. 사내 통신망을 통
해 이미 공고된 사실이었지만 안전방은 가뭄에 콩 나듯 접속을 하니
알 턱이 없다.

"담당 업무나 직급 상관없이 유수홈쇼핑 직원이면 모두 응모가 가
능하대요. 게다가 당선된 아이디어는 제안자가 직접 기획을 총괄할
수 있는 권한까지 준다고 하니 안 과장님에게 더없이 좋은 기회죠."

"음, 그렇다면 이번 일에 제 사활을 걸겠어요. 사실 영업지원 TFT
로 밀려난 뒤 하루에도 몇 번씩이나 퇴사를 생각해요. 그런데 한편으
론 정말 내 능력이 이것 밖에 안 되는 것은 아닌지 두렵기도 해요."

안전방은 대책 없는 자만심과 알 수 없는 두려움을 모두 떨쳐 내기
위해서라도 이번 기회에 자신을 제대로 평가해보고 싶다는 마음이
들었다.

"뭐가 이렇게 많아?"

안전방은 말이 나온 김에 스마트폰을 꺼내 '홈쇼핑 대박 상품'을 검
색했다. 화장품, 의류, 식품, 운동기구 등 예상 외로 너무 많은 상품들
이 소개되니 오히려 혼란만 더해지는 것 같았다.

"사장님, 뭐 좋은 아이디어 없으세요? 꽁꽁 감춰둔 아이디어 있으시면 저한테 푸세요. 헤헤."

"하하! 그런 고급 아이디어를 함부로 줄 순 없죠. 다만 힌트를 드린다면, 제아무리 기발한 상품이라도 고객이 그것을 원하지 않으면 아무 소용이 없어요. 그래서 무엇보다 중요한 것은 고객의 니즈를 정확히 파악하는 것이에요."

유 사장은 고객의 니즈를 파악하기 위해서는 우리를 둘러싼 환경의 변화를 파악하고 그 흐름을 감지해야 한다는 말을 덧붙였다.

"음, 웰빙이라는 고객의 니즈를 충족시켜주기 위해 아웃도어룩의 판매를 기획했지만 취향의 변화를 제대로 감지하지 못해 쪽박을 찾던 일이 떠오르는군요. 쩝!"

안전방은 쪽박의 쓰라린 경험이 떠올라 씁쓸하게 웃었다.

"한편, 비슷하거나 같은 것이라도 포장을 다르게 하면 전혀 새로운 것이 된답니다. 실제로 일본의 한 농부가 태풍에도 꿋꿋하게 살아남은 사과에 '합격사과'라는 이름을 붙여 판매했는데, 10배나 비싼 가격이지만 없어서 못 팔 정도로 대박을 터뜨렸죠."

"와, 10배나요? 고객은 사과가 아닌 합격 부적을 산 것이군요."

"여느 사과와 다를 바 없는 사과이지만 그것에 '합격사과'라는 스토리를 담아 고객의 니즈를 충족시켜 준 것이죠."

"음, 고객의 니즈를 파악하라, 변화의 흐름을 감지하라, 긍정적인 스토리로 새롭게 포장하라!"

안전방은 가방에서 수첩을 꺼내 유 사장의 가르침을 메모했다. 사각거리는 볼펜 소리와 함께 이리저리 번져가던 생각들이 한곳으로 모여드는 느낌이 들었다.

"하하하! 다음부턴 안 과장님께 수업료를 받아야겠어요. 과장님 때문에 황금 같은 금요일 저녁을 회사에서 보내고 있군요."

"오! 사장님도 불금을 즐기세요? 다시 봐야겠어요. 헤헤."

"매주 금요일 저녁이면 아이들이 집으로 찾아온답니다. 집사람이 떠난 이후론 혼자 먹는 저녁이 곤욕인데 그나마 아이들이 손주들까지 데리고 찾아주니 황금보다 더 귀한 금요일 저녁이죠. 하하."

"아, 그러시군요. 저도 아내가 입덧 때문에 처갓집에 가 있어서 혼자 밥 먹을 때가 많아요."

안전방은 혼자 먹는 밥이 서럽기도 하지만 뭘 해 먹어야 할지 고민하는 것이 더 귀찮은 일이라며 한숨을 내쉬었다.

"혼자일 때 더 잘 챙겨 먹어야 해요. 영양의 균형이 깨지면 건강을 잃는 것은 한 순간이니까요."

"에효, 비록 혼자 먹는 밥상이지만 제대로 챙겨 먹자 싶어서 장이라도 봐올라치면 반도 못 먹고 상해서 버리게 되니. 그나저나 독신자를 위한 맞춤형 요리 재료는 어디 안 파나요?"

"글쎄요, 안 팔면 만들면 되죠. 그게 우리 일이잖아요. 이번 기회에 안 과장님이 한 번 만들어 보세요."

"에잇, 요리에 '요'자도 모르는 제가 어떻게 그걸…."

"하하하! 궁하면 통하는 법이죠. 아무튼 주말 잘 보내시고 월요일에 또 봅시다."

유 사장이 테이블을 정리하며 안전방에게 인사를 건넸다.

"이런, 제가 생각도 없이 사장님의 귀한 금요일을 뺏고 있었군요.

가족분들과 즐거운 시간 보내세요. 월요일에 뵐게요."

안전방은 허리를 깊게 숙여 인사를 하고는 서둘러 테라스 카페를 빠져나왔다. 힘겨웠던 일주일이 지나가고 다시 짧은 휴식의 시간을 맞는다. 아내가 처갓집으로 내려간 이후 처음으로 주말 약속을 잡지 않았다. 언젠가 유 사장이 그랬다. 어제와 다르지 않은 오늘은 오늘과 다르지 않은 내일을 맞게 한다고. 지하철을 기다리며 안전방은 도서관에서 빌린 책 한 권을 꺼내들었다. 내일은 오늘과는 다르기를 기대하면서.

스토리가
새로운 가치를 만든다

● ● ● ● ●

　　　　　　　　　　　　사람들은 늘 새로운 것을 갈망한
다. 특히 경쟁이 벌어지는 곳에서는 새로움이라는 무기를 들어 자신
을 차별화하고 유리한 고지를 선점하려 한다. 장사를 하는 사람은
다른 가게에 없는 새로운 아이템으로 손님들의 이목을 끌려 하고,
직장인은 새로운 기획을 제출하여 자신의 존재감을 드러내려 애를
쓴다. 취업을 앞둔 사람도 흔한 자기소개서나 스펙 같은 도토리 키
재기식의 경쟁에서 벗어나려 뭔가 새로운 매력을 어필하려고 머리를
싸맨다.

　기발하고 창의적인 것을 만들어 내려니 막막할 수도 있겠지만 변례
창신變例創新이라는 사자성어처럼 새로운 것은 이전 것의 변용일 뿐 완
전히 새로운 가치를 만들어 내는 것은 거의 없다. 어쩌면 더 이상 완

전한 무에서 유를 창조하는 것은 불가능할지도 모른다. 미국의 컬럼비아 대학의 경영대학원 교수인 윌리엄 더간은 "애플의 스티브 잡스와 마이크로소프트의 빌 게이츠가 새로운 뭔가를 발명한 것은 전혀 없다. 그들의 아이디어는 모두 훔친 것이다. 밖으로 나가 끊임없이 뭔가를 찾고 최선의 것을 발견하면 그것을 가져와서 새롭게 조합했을 뿐이다. 그것이 그들이 한 창조다"라고 했다.

이처럼 우리가 천재라고 부르는 사람들도 실제로 조물주의 창조능력을 가진 게 아니라 여러 가지의 조합을 통해 새로운 가치를 만드는 데 탁월했다는 것이다. 물론 이전의 아이디어들을 조합해 새로운 가치를 만들어 냈다고 해서 모두 환영받고 성공을 거두는 것은 아니다. 소위 말하는 대박을 터뜨리기 위해서는 조건이 필요하다.

먼저 고객의 니즈를 충족시켜야 한다. 제아무리 기발하고 새로운 것이라도 사람들이 그것을 원하지 않는다면 아무 소용이 없다. 그리고 고객의 니즈를 반영한 것을 개발해 냈다면 스토리를 담아야 한다. 앞서 말했듯이 새로운 것이라고 해서 결코 완전히 새로운 것은 되지 못한다. 즉, 조금 다른 무언가는 될 수 있겠지만 반드시 그것이어야 하는 유일무이唯一無二한 것은 될 수 없다.

한편, 스토리를 담을 때는 무섭고 슬픈 부정의 스토리보다는 낭만적이고 희망적인 긍정의 스토리가 훨씬 효과적이다. 일본의 한 농부가 개발한 '합격사과'는 긍정의 스토리가 지닌 힘을 잘 보여주는 사례이다. 일본의 아오모리 현은 사과 재배지로 유명한 곳이다. 그런데 지난 1991년에 태풍이 연달아 덮치는 바람에 수확해야 할 사과의 90%를 잃고 말았다. 모두가 낙담해 있을 때 한 농부가 나섰다. 그는 남아

있는 10%의 사과로 수익을 올릴 수 있는 방법이 있을 것이라며 마을 사람들을 다독였다.

그 농부는 남아있는 10%의 성한 사과를 바라보며 궁리하던 중에 거센 비바람과 태풍에도 끝내 살아남은 행운의 사과라는 것을 새삼 떠올렸다. 태풍에도 살아남은 행운의 사과들은 가을 햇살에 탐스럽게 영글어갔다.

대학 입시철이 되자 그 농부는 수확한 사과를 들고 판매에 나섰다. 그가 판 사과는 다른 사과보다 10배가 넘은 비싼 가격이었다. 그러나 판매를 시작하자마자 금세 사과는 다 팔리고 말았다. 그 사과의 이름은 '합격사과'였다. 모진 태풍에도 살아남은 사과이니 수험생들도 이 사과를 먹으면 시험에 떨어지지 않고 붙을 것이라는 말에 너도나도 산 것이다.

절망을 희망으로 바꿀 수 있었던 것은 긍정의 마인드와 더불어 스토리를 덧입혀 새로운 가치를 만들어낸 덕분이다. 태풍 피해에 낙담하지 않고 긍정적으로 생각했더라도 '합격사과'라는 스토리를 떠올리지 못했더라면 그해 농사는 적자를 면치 못했을 것이다. 스토리를 결합한 덕분에 평범한 사과가 합격을 기원하는 상징이라는 새로운 가치를 창출해냈다.

Chapter 3

인테크
(人-tech)

함께 가야
멀리 간다

업무능력은 학창 시절처럼 혼자서 열심히 책을 보고 공부하는 것으로 키울 수 없다. 직장이나 사업, 심지어 취업을 준비하는 사람에게 중요한 것은 정보이다. 소중하고 차별적인 정보를 통해 각각의 기회를 포착할 수 있는데, 이 정보는 주로 사람들로부터 만들어지고 전달이 이루어진다.

사람이 답이다

베란다에 가지런하게 널린 빨래들을 바라보며 안전방은 흐뭇한 미소를 지었다. 평소 같으면 해가 중천에 뜰 때까지 늘어져 있었겠지만 오늘은 달랐다. 알람소리에 벌떡 일어나 청소기를 돌리고 내친김에 미뤄뒀던 빨래까지 해결해 버렸다. 일찍부터 부지런을 떤 덕분에 배에선 꼬르륵 소리가 났지만 안전방은 귀찮은 듯 소파에 드러누워 텔레비전 리모컨을 집어들었다.

"이얏, 맛있겠다!"

아내가 처갓집으로 내려간 이후론 집에서 먹는 밥은 늘 배달 음식이나 인스턴트 식품 위주다. 그래서인지 텔레비전을 틀면 요리 프로에 채널이 고정된다. 특히 단순한 재료로 간단하게 요리하는 음식들을 보면 신기하기도 하고 가끔은 도전의식도 생겨난다. 하지만 혼자 먹는 밥에 이것저것 식재료를 쌓아두기가 부담스러워 이내 포기하고 만다.

"아, 나도 집밥 먹고 싶다."

텔레비전을 보다 말고 안전방은 뭔가 대담한 결심을 한 듯 메모지를 꺼내 메모를 하기 시작했다.

"파, 양파, 두부, 달걀, 돼지고기 다진 것, 버섯, 무, 생강, 다진 마늘, 햄, 꽁치….."

필요한 식재료를 적으니 메모지 한 장이 훌쩍 넘어갔다.

"에잇, 하루 한 끼 집밥 먹자고 이것들을 다 사야 돼? 게다가 반도 못 쓰고 상해서 버리게 될 게 뻔한데."

이럴 땐 함께 나눠 먹을 가족이 있었으면 좋겠다는 생각에 처량한 마음이 더 커진다.

"독신자를 위한 맞춤형 집밥 재료를 파는 데 어디 없나?"

내친김에 휴대폰으로 검색을 해보지만 안타깝게도 그런 곳은 없다.

"이번 기회에 안 과장님이 한번 만들어 보세요."

문득 지난 저녁 유 사장이 했던 말이 떠올랐다.

"정말 내가 한번 만들어봐?"

안전방은 노트북을 켜서 떠오르는 아이디어들을 정리해 나갔다. 우선, 요리 프로그램이나 요리책, 블로그 등을 통해 단순한 재료로 간단하게 할 수 있는 요리를 선별하고, 각 요리에 필요한 재료들을 메모한 뒤 1인 분 기준으로 재료를 소분하면 된다. 만능간장이나 찌개된장처럼 두고 먹을 수 있는 것은 적절한 분량으로 나눈 뒤 판매하면 좋을 것 같았다.

대략적인 아이디어들을 메모한 뒤 안전방은 인터넷 서점에서 요리책을 주문했다. 그리고 블로그를 뒤지며 간단하지만 입맛을 당길 수 있는 요리들을 검색해 스크랩을 했다.

"어유, 맛있는 요리들을 보니 점점 더 배가 고파지네."

안전방은 축 처진 몸을 끌고 냉장고로 향했다. 아내가 해준 밑반찬들은 거의 바닥을 드러내고 있었고, 곰팡이가 스멀스멀 올라오기 시작하는 된장찌개와 시어빠진 김치가 전부였다. 아쉬운 대로 김치와 밑반찬을 꺼내고 즉석밥을 데워 시장기부터 달랬다.

"내가 살기 위해서라도 이번 아이디어는 꼭 상품화하고 말겠어!"

설거지까지 마친 안전방은 다시 책상 앞에 앉았다. 두 달 가까운 독신 생활의 경험을 바탕으로 자신이 먹고 싶은 집밥 아이템들을 적어나갔다.

"김치찌개, 된장찌개, 북어국, 두부조림, 파스타, 생선구이, 두루치기, 콩나물 무침, 잡채…."

생각만으로도 행복한지 안전방은 메모를 하다 말고 침을 꿀꺽 삼켰다.

"어때요? 제 아이디어."

점심시간에 테라스 카페를 찾은 안전방은 유 사장에게 기획 아이템에 대한 자신의 아이디어를 들려줬다.

"오! 좋은 아이디어네요. 그거 출시되면 당장 나부터 단골이 되겠어요. 하하하!"

유 사장은 그렇잖아도 동네 반찬가게라도 들러 반찬을 사야할지 고민이었다며 좋아했다.

"사실 반찬가게 음식들이 대부분 짜더라고요."

"쉽게 상하지 않게 하기 위해서 그럴 거예요."

"게다가 퇴근해서 가면 반찬 종류도 많이 없고, 신선도도 떨어지고."

안전방은 그 무엇보다도 남자 혼자 반찬을 사러 가는 것이 청승맞게 보일까봐 은근 걱정도 된다고 했다.

"원하는 시간에 원하는 요리의 재료를 소분해서 배달해주면 집에서 직접 만든 건강하고 신선한 음식을 먹을 수 있는 거죠. 우리 같은 독신자들에겐 말 그대로 안성맞춤이죠. 하하."

"아이디어가 대충 정리가 됐다면 레시피를 제공해줄 사람을 찾는 것이 관건이겠군. 기왕이면 인지도가 높은 사람의 레시피면 사람들이 믿고 구매를 할 텐데."

"그래서 말인데요, 주말 내도록 '황선생 엄마밥상' 프로를 보다가 황 선생의 레시피를 받으면 좋겠다는 생각이 들었어요."

황 선생은 20년 경력의 요리사이자 전국 각지의 유명 대학가에서 '엄마밥상'이라는 이름으로 프랜차이즈 식당을 경영하는 사업가였다. 모든 음식에 인공조미료를 일절 넣지 않을 뿐만 아니라 단 1인분이라도 즉석에서 조리해주어 대학생들 사이에선 마치 엄마가 해준

정성스런 밥상과 같다며 인기가 높았다. 게다가 재료나 요리 과정을 단순화하여 시간과 비용을 절약한 덕분에 가격까지 착했다.

"식당을 다녀간 학생들의 후기를 보니 주말에는 특별요리까지 서비스로 제공된대요."

"하하! 조사를 꽤 많이 했군요. 그런데 그 프로젝트를 혼자 진행할 생각이에요? 황 선생과의 접촉은 물론 재료 공급처 선정하기, 독신자 설문조사 등등 해야 할 일이 꽤 많을 것 같은데."

유 사장은 회사에서 개인은 물론 팀별 기획안도 공모를 하니 팀으로 공모를 하는 것이 어떻겠느냐고 물었다.

"어휴, 그 찌질한 인간들이랑 같이 하라고요? 한 팀이긴 하지만 그들과 나는 차원이 달라요."

안전방은 한성갈과 나태한, 그리고 고민중의 얼굴을 차례로 떠올리며 고개를 내저었다.

"유수홈쇼핑에서 그들을 뽑았다면 분명 그들만의 장점이 있을 겁니다. 한성갈 씨는 성질이 불같은 반면 일에 대한 추진력이 있고, 나태한 씨는 게으르긴 하지만 신의를 소중히 여기죠. 또 고민중 씨의 경우 너무 신중한 것이 흠이지만 그만큼 한번 결정한 것에 대해 끝까지 책임지는 성격이죠."

"우와! 언제 그 인간들 성격까지 다 파악하셨어요? 그 인간들도 나처럼 여기 자주 들락거리는 모양이군요."

안전방은 자신의 팀원들에 대해 장단점을 분명하게 파악하고 있는 유 사장의 통찰력이 놀라웠다.

"하하! '인테크ㅅ-tech'를 잘하면 굳이 내가 움직이지 않아도 나의 인맥들이 알아서 정보를 가져다주죠."

"'인테크'요?"

"사람 인ㅅ과 테크놀로지technology의 합성어인데, 사람과 사람 사이, 즉 관계의 기술이죠. 비즈니스에서 사람을 빼놓고는 성공을 기대할 수 없잖아요? 예전에는 기술이나 자본과 같은 물적 자본이나 뛰어난 인재처럼 인적 자본을 갖추는 게 성공의 관건이었죠. 그러나 지금은 '관계'를 잘 활용하는 사회적 자본이 성공을 좌우하는 시대에요. 개인과 개인, 개인과 조직, 조직과 조직 등의 관계가 만들어 내는 경쟁력이 중요하죠. 이런 관계를 풀어가는 게 바로 사람이잖아요? 그래서 '인테크'가 중요하다는 것입니다."

"그렇다면 '인테크'는 나 같은 직장인보다는 사업하는 사람들에게 더 유용하겠군요."

안전방은 몇 년 동안 연락도 없던 친구가 얼마 전 새롭게 창업을 했다며 문자를 보내왔던 일을 떠올리며 피식 웃었다.

"직장인에게도 '인테크'는 아주 중요하답니다. 직장인의 평가요소 중 업무능력만큼이나 중요하게 여겨지는 것이 바로 인간관계이니까요."

"하긴, 제아무리 업무능력이 뛰어나도 사람들과의 관계가 좋지 않은 사람은 왠지 꺼려지죠."

안전방은 유 사장의 이야기에 고개를 끄덕였다. 그러고는 어떻게 하면 '인테크'를 잘할 수 있는지 물었다.

"'인테크'를 잘하려면 동료나 친구 등과 좋은 관계를 유지하는 것은 물론이고 서로 도움을 주고받을 수 있는 관계로 발전해야 한답니다."

유 사장은 좋은 인맥들은 서로 살아있는 정보를 주고받기도 하고, 발상의 전환을 제공해주기도 하며, 서로의 인맥을 소개나 알선해주기도 하는 등 다양한 영역에서 도움이 된다며 '인테크'의 필요성을 강조했다.

"그나저나 그 인간들이 이번 기획에 도움이 될까요?"

안전방은 TFT 루저들의 모습을 떠올리며 여전히 못마땅한 표정을 지었다.

"그럼요. 아프리카 속담에 '혼자 가면 빨리 가지만 함께 가면 멀리 간다'는 말이 있어요. 나와 함께 가는 동료는 내가 지치지 않도록 힘을 준답니다. 그것만으로도 그들과 함께 갈 이유가 있는 것이죠."

"말씀 듣고 보니 그렇긴 하네요. 기획만 한다면 몰라도 제작과 판매까지 책임지려면 나 혼자로는 힘들겠죠."

안전방은 어떻게든 이번 아이템을 성공시켜 영업지원 TFT를 탈출하고 싶었다. 그러려면 유 사장의 말처럼 팀원들의 도움이 필요했다.

왜 사람인가?

• • • • •

　　　　　　　　스티브 잡스는 과연 혼자서 그 모
든 성공을 이루었을까? 독불장군으로 유명했던 스티브 잡스였지만,
조나단 아이브, 팀 쿡 등 그와 손잡은 사람들이 없었다면 애플의 신화
는 쓰기 어려웠을 테다.

　뛰어난 스펙과 능력을 가진 사람이라고 해서 늘 성공을 하는 것은
아니다. 실제로 기업의 인사 담당자들은 입사지원서에 적혀 있는 숫
자만으로 인재를 선별하지 않으려 한다. 회사에 들어와 동료와 호흡
을 잘 맞출 수 있을지도 중요하게 여긴다. 인사평가를 할 때도 성과
창출을 기준으로 삼되, 성과 창출의 과정에서 협업을 얼마나 잘하는
지를 따져본다. 개인의 능력으로 창출할 수 있는 성과는 한계가 있기
때문이다.

굳이 협업과 조직 내에서의 인간관계를 강조하지 않아도 많은 직장인들이 관계를 중요하게 생각하고 있다. 한 조사에 따르면, 직장인의 평가요소와 관심사 그리고 평소에 소중히 생각하는 것 중에서 인간관계가 두 번째로 높았다. 업무 능력이 1위였고, 인간관계, 학벌이나 배경, 돈, 승진, 건강, 가정 순이었다고 한다. 업무 능력이 아무리 뛰어나도 인간관계가 뒷받침되지 않으면 좋은 평가를 받지 못한다는 뜻이기도 하다.

업무능력도 학창 시절처럼 혼자서 열심히 책을 보고 공부하는 것으로는 키울 수 없다. 직장이나 사업, 심지어 취업을 준비하는 사람에게 중요한 것은 정보이다. 소중하고 차별적인 정보를 통해 각각의 기회를 포착할 수 있는데, 이 정보는 주로 사람들로부터 만들어지고 전달이 이루어진다.

인간관계, 즉 대인관계의 중요성은 생생하게 살아있는 정보뿐만 아니라 고정관념이나 선입견과 편견을 깰 수 있는 자극의 계기가 될 수 있다. 또는 관행에 사로잡혀 있다가 발상의 전환을 꾀할 수도 있다. 지난 2002년 우리나라 축구대표팀의 월드컵 신화는 히딩크를 통해 발상의 전환을 한 덕분이었다. 새로운 훈련방식뿐만 아니라 시합 중에는 위계질서를 따지지 말고 서로 반말을 하며 이름을 부르게 하여 소통과 호흡을 맞추게 했던 것은 그동안 상상조차 하지 못했던 일이었다. 히딩크라는 사람을 통해 국가대표 선수들은 발상의 전환으로 더욱 높은 경기력을 가질 수 있었다.

대인관계는 개인적인 브레인을 두는 효과도 있다. 내가 잘 알지 못하는 분야나 지식에 대해 조언을 구할 수 있다. 그리고 담당업무의 효과적인 완수에도 도움이 된다. 그뿐만 아니다. 필요한 인력을 소개받을 수 있고, 자신의 영향력을 확대하는 데 활용할 수도 있다. 또한 위급한 상황이나 도움이 필요할 때도 믿음직한 사람이 있다는 게 얼마나 다행스러운가.

미국 클린턴 행정부에서 노동부 장관을 역임했던 경제학자 로버트 라이시는 "당신의 가장 소중한 재산은 금융자산이 아니다. 당신의 가장 소중한 재산은 일터에 있는 당신이 일하는 곳의 사람들이고, 그들의 머릿속에 들어있는 내용들과 협동할 줄 아는 능력이다"라고 했다. 인간관계를 통해 얻을 수 있는 가장 큰 수확은 새로운 기회를 만나는 것이다. 새로운 비즈니스 제안이나 기발한 아이디어를 주고받는 최고의 정보 창고는 다름 아닌 사람이다. 지금 내 주변에는 돈보다 더 소중한 사람이 누가 있는지 한번 살펴보자.

생각을 바꾸면 마음도 바뀐다

"어, 내 친구가 '엄마밥상' 본점에서 매니저를 해요."

안전방의 설명을 듣고 있던 나태한이 자신의 베프가 황 선생의 조카인데, '엄마밥상' 본점에서 매니저 일을 하고 있다고 했다.

"그래? 정말이야? 그럼 그 친구가 우리에게 황 선생을 소개시켜줄 수 있을까?"

안전방은 기대에 찬 목소리로 물었다. 막무가내로 덤비는 것보단 뭐라도 비빌 언덕이 있는 것이 일을 성사시키기에 훨씬 수월하다. 공식적인 기획 같으면 회사 차원에서 황 선생과의 만남을 추진할 수 있겠지만 사내 공모전이다 보니 사적인 경로로 접근하는 수밖에 없었다. 그런데 별다른 기대조차 하지 않았던 나태한이 큰 역할을 해줄 것 같았다.

"아휴 당연히 되죠. 나랑 그 친구는 초딩 때부터 '의리'로 똘똘 뭉친 관계이니 안 되도 되게 만들어줄 겁니다."

나태한은 뭔가 자신이 팀에 기여할 만한 일이 생겨서인지 평소와는 달리 무척이나 활기차 보였다.

"말 나온 김에 지금 당장 가보자고!"

유 사장 말처럼 한성갈의 추진력은 대단했다. 안전방의 설명이 채 끝나기도 전에 현장부터 살펴보자며 자리에서 벌떡 일어났다.

"지금요?"

고민중이 어리둥절한 표정으로 물었다.

"기다릴 게 뭐 있어? 영업 중인 가게이니 불쑥 찾아가는 것이 그리 실례는 아닐 테고, 다 같이 가서 음식도 골고루 먹어보면서 맛도 평가해봐야지. 소문보다 맛이 별로면 계획을 수정해야 할 테니 이런 일은 액션이 중요하다고."

듣고 보니 틀린 말은 아니었다. 신선한 재료를 착한 가격에 소분해서 판매하는 것도 좋지만 음식은 뭐니 뭐니 해도 맛이 아니던가.

"그래, 퇴근 시간도 지났으니 오늘 저녁은 다 같이 엄마밥상에서 먹죠. 내가 쏠게요."

"와! 팀장님 덕분에 오늘 저녁은 제대로 된 집밥 먹게 생겼네요. 그것도 공짜로, 헤헤."

고민중은 입꼬리가 귀까지 올라간 채 주섬주섬 가방부터 챙겨들었다.

"넌 신혼인데 와이프한테 밥도 못 얻어먹어?"

"신혼이면 뭐 해요? 내 님은 맞벌이 하느라 저보다 더 늦게 퇴근해요. 사실 집밥은 독신자도 필요하겠지만 나 같은 맞벌이 부부들도 간절하다고요."

"오홋! 그것도 좋은 아이디어인데?"

고민중과 나태한이 주고받는 말을 가만히 듣고 있던 안전방이 뭔가 좋은 아이디어가 떠올랐다며 수첩을 꺼내 메모를 했다. 안전방은 메인 고객인 독신자를 위해 1인분씩만 소분해서 팔기보다는 아예 판매의 최소 단위를 1인분으로 하고 2인분, 3인분 등 사람 수를 선택하게 하면 맞벌이 가정 등을 서브 고객으로 확보할 수 있겠다며 좋아했다.

"음, 이거 정말 제대로인데요?"

"그러게, 완전 기대 이상이야!"

"오천 원으로 이렇게 맛있고 푸짐한 밥상을 받을 수 있다니! 나 매일 여기 와서 밥 먹을래."

나태한의 친구 신의남이 근무하는 엄마밥상 본점에 온 TFT 팀원들은 서로의 음식을 번갈아 맛보며 감탄을 연발했다.

"맛있게 드셨어요?"

나태한에게 대강의 사연을 들은 신의남은 TFT 팀원들에게로 와서 꾸벅 인사를 했다. 그러고는 자신의 의견을 차분히 이야기했다.

"제 생각엔 여러분들이 직접 황 선생님께 부탁을 하시는 것이 더 나을 듯해요. 그게 더 진정성 있게 다가갈 것 같아요. 황 선생님은 주말마다 본점에서 고객들에게 직접 요리를 해주시니 그 모습도 지켜보시고 말씀도 나누시면 좋을 것 같아요."

신의남의 말에 따르면 황 선생은 주중에는 본사와 연구실에서 업무를 보다가 매주 주말엔 본점에서 손님들에게 직접 요리를 해주면서 진솔한 이야기를 나눈다고 했다.

"황 선생님의 일정에 차질이 가지 않는 선에서 제가 미리 약속을 잡아둘게요."

"아휴, 그렇게만 해주셔도 정말 감사하죠."

"나 너만 믿는다. 하하!"

나태한은 베프 신의남의 듬직한 모습을 지켜보며 저도 모르게 어깨에 힘이 들어갔다. 천성이 게으르고 나태한 탓도 있지만 유수홈쇼핑에 들어온 이후 이렇다 할 역할을 못해왔던 터라 점점 의기소침해져 갔다. 그런데 영업지원 TFT가 새롭게 기획하는 아이템에서 자신에게 중요한 역할이 맡겨지자 의욕이 마구 샘솟았다. 나태한은 그런 자신의 모습이 신기하고 반가웠다.

커피를 마시려다 말고 안전방은 갑자기 못 볼 것이라도 본 양 얼굴을 구겼다. 유 사장은 안전방의 시선이 향한 곳을 쳐다보았다. 기획2팀의 구준한 팀장이 팀원들과 함께 이야기를 나누고 있었다.

"저 녀석만 보면 이유도 없이 기분이 나빠진단 말이야."

"누구요?"

고민중이 눈을 동그랗게 뜨곤 물었다.

"있어. 유수홈쇼핑 일은 죄다 자기가 하는 줄 아는 인간!"

"혹시 기획2팀의 구 팀장님한테 하는 말씀이세요?"

안전방의 눈길을 좇던 나태한이 황당하다는 듯 물었다. 자신이 아는 한 구준한을 험담하는 사람은 안전방이 유일했다. 구준한은 탁월한 기획력, 세심한 준비성은 물론 결정된 사안에 대해 추진력 있게 진행하기로 유명했다. 게다가 성과는 늘 팀원들에게로 양보하니 팀원들과의 관계도 좋았고, 다른 팀에서 도움을 요청해 오면 자신의 일처럼 성심껏 도와주니 모두가 그를 좋아했다.

"혹시 질투하시는 거예요?"

"뭐얏! 내가 뭐가 모자라서 저 녀석을 질투해!"

나태한의 도발적인 질문에 안전방이 버럭 소리를 질렀다.

"딱히 뭘 하지 않아도 미운 사람은 있는 법이지."

"맞아요, 맞아!"

안전방은 한성갈이 모처럼 자신의 편을 들어주니 기분이 좋아졌다.

"사람들 중엔 입사 동기나 동료들을 경쟁자로 생각해서 시기하고 질투하곤 하는데 결국 손해를 보고 상처를 입는 것은 자기 자신이죠."

네 사람의 대화를 가만히 듣고만 있던 유 사장이 조용히 입을 열었다. 유 사장은 시기나 질투, 미움과 같은 부정적인 감정은 결국 자기 자신을 피폐하게 만든다며 안전방에게 생각을 달리할 것을 조언했다.

"생각을 달리하라고요?"

"생각이 바뀌면 마음도 바뀐답니다. 구준한 팀장을 경쟁자로 생각할 것이 아니라 내게 도움을 주는 인적자원, 즉 협력자로 생각해보세요. 그러면 그를 대하는 마음과 태도도 바뀔뿐더러 정말 필요한 순간

도움을 받을 수도 있답니다."

"에고, 저 녀석에게 도움을 받느니 차라리…."

안전방은 생각도 하기 싫다는 듯 고개를 내저었다.

"그대가 반드시 이루고 싶은 일이 있는데 만약 구 팀장의 도움이 꼭 필요한 상황이라면 어쩌겠습니까? 그의 도움을 받는 것이 싫어서 포기할 건가요?"

"그건 아니지만…."

"동료는 링 위에서 맞서 싸우는 적이 아닙니다. 함께 적을 물리치고 승리로 이끌어나갈 협력자랍니다."

"맞아요. 우리처럼요, 헤헤."

고민중이 유 사장의 말에 박수까지 치며 동의를 표했다.

"지난번에도 말했듯이 성공을 바란다면 인적자원을 충분히 활용하세요. 그러기 위해서는 좋은 인간관계는 필수입니다."

유 사장은 세상의 그 어떤 성공도 온전히 혼자 이룬 것은 없다며, 성공과 발전을 위해서는 동료와 경쟁하기보다는 협력하는 구도를 만드는 것이 중요함을 강조했다.

인맥을 기회의 금맥으로 만들어라

● ● ● ● ●

　　　　　　　　　　성공의 관문은 바늘구멍만큼이나 좁다. 함께 일하는 동료들과 지나가고 싶어도 좁은 관문은 쉽게 통과를 허락하지 않는다. 직위가 올라갈수록 자리의 숫자는 한정되어 있다. 신입사원 때 술잔을 기울이며 동료를 넘어 뜻을 같이 하는 동지의식을 가졌던 동기는 어느덧 경쟁자가 되어 밀어내야 하는 관계가 되고 만다.

　사회는 전쟁터이자 정글의 야생적 경쟁이 일어나는 곳이라고 한다. 치열한 경쟁만이 난무할 뿐, '손에 손 잡고'라는 생각은 순진한 발상이라고 비꼬기도 한다. 그런데 과연 그럴까? 동료를 경쟁자로만 여기고 제쳐야 될 대상으로 규정하는 것이 도움이 될까? 물론 직장에서는 승진 경쟁을 비롯해 수많은 경쟁이 일어난다. 장사를 하는 사람도, 취업을 준비하는 사람도 경쟁에서 자유롭지 못하다. 경쟁을 뚫고 살아남아야 하는 처지는 월급쟁이뿐 아니라 가게 사장님과 취업준비생도 마찬가지다.

동료와의 경쟁은 치킨게임이 아니다. 사실 경쟁이라 해도 날선 대립만이 전개되는 경쟁은 거의 없다. 직장에서의 경쟁은 각자가 승부를 가리듯 대결을 벌이기보다 협업을 하면서 선의의 경쟁을 하는 경우가 대부분이다. 따라서 제쳐야 할 경쟁자로만 동료를 바라보는 것은 득보다 실이 더 많다. 지나친 경쟁의식은 자칫 협업을 망치고 함께 창출해야 할 성과마저 무너뜨릴 수도 있다. 성과를 창출하지 못한 경쟁에서는 승자가 없다. 모두가 패자이다.

자영업도 다를 게 없다. 한 지역에 커피숍이 있으면 독점영업을 할 것처럼 보이지만, 실제로는 여러 커피숍이 모여 있어야 장사가 더 잘된다는 연구결과도 있다. 취업경쟁도 나 홀로 취업을 준비하는 것보다 함께 모여 스터디를 하는 게 더 효과적이라고 한다. 이와 같이 동료, 혹은 잠재적 경쟁자도 협력자로 여기는 게 좋다. 도움을 주고받는 관계로 발전시켜 조직의 발전과 더불어 개인의 발전까지 도모하는 지혜를 발휘하면, 인맥은 거품이 아니라 기회의 금맥으로 바뀌게 될 것이다.

인맥을 기회의 금맥으로 바꿔야 한다는 것은 대부분 동의한다. 한 채용전문업체에 따르면, '사회생활을 하기 위해 인맥이 필요한가?'라는 질문에 97%가 '그렇다'라고 대답했다. 그런데 정작 인맥을 제대로 관리하는 사람은 30%에 불과하다고 한다. 중요성은 잘 알고 있지만, 어떻게 해야 할지 모르거나 자신의 성격 탓으로 소중한 인맥을 관리하지 못한다는 것이다.

인맥을 관리한다는 것은 단순히 안부를 묻고 연락을 하는 것만을 의미하지는 않는다. 사람과 사람과의 관계가 탄탄해지기 위해서는 정성을 기울이는 관리가 필요하다. 꽃을 피우기 위해 적절한 물과 햇빛, 그리고 양분을 주며 정성을 기울이듯 사람간의 관계도 그러하다.

또한 인맥은 서로가 생산적이어야 한다. 승자독식의 경쟁으로 점철된 인맥보다 모두가 승자가 되는 성과를 창출하는 관계로서의 인맥이어야 하는 것이다. 경영학의 대가 피터 드러커는 "생산적이라는 것이야말로 올바른 인간관계에 대한 단 하나의 타당한 정의이다"라고 했다. SNS에 수백, 수천 명의 거품 인맥보다 비록 소수일지라도 함께 성과를 만들어낼 수 있는 진정성眞情性, Truthfulness 있는 관계를 만들어야 한다.

귀가 아닌 마음으로 들어라

주말 대학가의 풍경은 화려하다 못해 눈이 부셨다. 주말이면 부모님이 계신 고향으로 내려가던 10여 년 전 그때와는 달리 아르바이트를 하느라, 취업 준비를 하느라 학생들은 학교 주위를 떠나지 못하고 있었다. 반짝이는 네온사인보다 더 강렬한 빛을 내며 청춘들이 분주히 길을 찾고 있었다.

안타까운 마음도 잠시, 시간과 공간만 옮겨졌을 뿐 어쩌면 자신도 아직 길을 찾지 못해 헤매는 신세라는 생각에 안전방의 입에선 피식 웃음이 새어나왔다. 그나마 다행인 것은 최근 들어 반드시 이루고 싶은 뭔가가 생겼다는 것이다. 영업지원 TFT의 탈출이 되었든, 싱글 아닌 싱글남의 초라한 식탁의 탈출이 되었든, 이번 기획만큼은 반드시 성공시키고 싶었다.

"팀장님, 여기에요!"

"아니, 왜 다들?"

토요일 저녁 시간이라 팀원 전체를 불러내는 것이 미안해 안전방은 나태한에게만 잠시 나와 달라 부탁했었다. 그런데 나태한은 물론 한 성갈, 고민중까지 모두 나와 안전방을 기다리고 있었다.

"오늘은 불고기백반을 한번 먹어봐야겠어."

네 사람은 지난 번 메뉴와 겹치지 않게 하여 서로 다른 음식을 주문했다. 그러곤 다른 테이블의 손님들이 주문하는 음식도 눈여겨봤다.

"와! 황 선생이다."

그때였다. 7시가 되자 가게 중앙에 마련된 간이 주방에 앞치마를 두른 황 선생과 메인 셰프가 등장했다. 소문대로 주말 특별요리를 직접 만들어줄 모양이었다. 주말 특별요리는 지난 일주일 간 이곳을 찾는 손님들에게 주말에 먹고 싶은 요리에 대해 미리 설문조사를 한 후 가장 많은 표를 받은 요리를 만들어 각 테이블에 서비스로 제공된다. 물론 손님이 원하지 않는 경우에는 제공하지 않지만 그런 경우는 거의 없다.

이번 주 특별요리는 '매콤한 콩나물 불고기'였다. 아내가 자주 해주던 요리라 안전방은 은근 기대가 됐다. 널찍한 철판 앞에 서서 미리 준비된 재료들을 볶고 있는 두 셰프의 모습을 카메라에 담기 위해 손님들은 너도나도 휴대폰을 챙겨들었다.

"우와! 저런 거 우리도 방송에 담으면 좋겠네."

한성갈은 이번 기획이 통과되면 황 선생이 방송에서 직접 요리하는 장면을 넣으면 좋겠다고 했다. 안전방은 팀원들이 제안하는 깨알 같은 아이디어들을 하나도 놓치지 않고 메모했다.

요리를 끝낸 황 선생은 각 테이블을 돌며 손님들과 친근하게 인사를 나누었는데, 그 모습을 찬찬히 살펴보니 황 선생은 손님 가까이 몸을 숙여 그들의 이야기를 듣고 있었다. 얼굴에 미소를 잃지 않으면서도 신중하게 고객의 이야기를 경청하는 그의 모습이 무척이나 인상적이었다.

"아휴, 많이 기다리셨죠? 우리 매니저에게 말씀 전해 들었습니다."

9시가 지나 식사 손님이 제법 빠져나가자 황 선생이 안전방의 테이블로 왔다. 안전방은 미리 준비해온 기획서를 보여주며 차분히 설명을 해나갔다. 다행히 황 선생은 안전방의 말에 연신 고개를 끄덕이며 우호적인 태도를 표현했다.

"좋은 아이템 같아요. 특히 재료의 배달을 고객이 원하는 날짜와 시간에 해준다는 것이 큰 장점으로 작용할 것 같아요"

황 선생은 식품은 신선도의 유지가 가장 중요한데, 독신자들의 경우 늦은 저녁 시간이나 주말 외엔 택배를 받을 여건이 되지 않으니 맞춤형 배송이 필요함을 강조했다.

"다행히 저희 회사가 자체 배송 시스템이 갖추어져 있어서 그 부분은 염려 안 하셔도 됩니다."

"네. 그렇다면 이번 기획 아이템이 선택되어 제작과 판매까지 이어진다면 제 레시피는 물론이고 필요하시다면 재료를 공급해주는 업체까지 연결시켜드리겠습니다."

"정말 감사합니다."

안전방은 진심으로 감사의 말을 전했다. 일이 순조롭게 성사된 것도 감사했지만 무엇보다도 자신의 이야기에 차분히 귀 기울여주는 황 선생의 태도에 큰 감명을 받은 하루였다.

"정말 성공하는 사람은 뭐가 달라도 다른 것 같아요."

아침 일찍 테라스 카페를 찾은 안전방은 유 사장에게 황 선생과의 만남에 대한 이야기를 전하며 황 선생을 칭찬했다.

"미팅이 끝난 이후에 그분이 고객들과 직원들을 대하는 모습을 유심히 관찰했는데 무엇보다도 상대의 이야기에 귀 기울여주며 함께 공감하는 모습이 무척이나 인상적이었어요."

"핵심리더가 되기 위해선 상대의 말을 경청하는 태도가 필수적이죠. 내가 좀 조사를 해보니 그분이 프랜차이즈 사업가로 성공한 것 역시 그런 경청의 태도 때문이라고 해요."

유 사장의 이야기에 따르면, 황 선생은 스무 살 무렵부터 요리와 인연을 맺었다. 10년 동안 한 가게에서 주방보조로 일하며 어깨 너머로 요리를 배웠고, 성실함과 실력을 인정받아 주방장까지 될 수 있었다. 그리고 나서 어느 정도 자본금이 모이자 독립을 해서 자신의 가게를 차렸다.

황 선생의 식당은 음식의 신선도나 맛도 뛰어났지만 무엇보다 손님들과의 관계가 좋기로 소문이 나있었다. 마치 일본의 유명한 만화이

자 영화와 드라마로도 제작된 〈심야식당〉의 주인공처럼 편하게 손님들과 음식과 관련한 대화를 나누는 광경을 종종 볼 수 있었다. 이 과정에서 떠오른 아이디어가 바로 '엄마밥상'과 '1인 메뉴'였다.

타지에 나와 식당밥을 전전하는 사람들은 화려한 요리보다는 엄마가 해주는 정성스런 집밥을 그리워했다. 황 선생은 손님들과의 대화를 통해 '엄마가 만들어주는 그리운 고향집 밥'이라는 콘셉트를 떠올렸다. 그리고 나 홀로 식당을 찾는 1인 고객을 위해 모든 요리의 최소 단위를 1인분으로 설정하기로 했다. 황 선생은 곧바로 메뉴 개발을 시작했고, 마침내 혼자서 밥을 먹으러 오는 학생들과 직장인들을 겨냥한 '엄마밥상'이라는 메뉴를 완성했다.

"그때 내놓은 메뉴가 대박이 났어요. 별다른 홍보를 하지 않았는데도 입소문을 타고 사람들이 찾아왔죠."

황 선생의 '엄마밥상'이 성공하자 직원뿐만 아니라 곳곳에서 분점을 내자고 제안했다. 우후죽순으로 생기는 프랜차이즈가 자칫 음식의 완성도를 떨어뜨릴까봐 걱정했던 황 선생은 선뜻 나서지 못했다. 많은 돈을 주겠다고 나선 프랜차이즈 전문업체의 제안도 거절했다.

"황 선생은 프랜차이즈를 하는 것 자체가 싫었던 것은 아니었다고 합니다. 다만, 사람들을 위해 정성스레 만든 음식이 비즈니스 논리 때문에 질이 떨어지는 게 아닌지 걱정을 했죠."

"그래서 어떻게 하셨나요?"

"황 선생은 '엄마밥상'을 만들 때처럼 사람들의 목소리에 귀를 기울이기로 했죠. 다양한 프랜차이즈 전문가와 사업가 등을 만났고, 직원들과 손님들로부터도 프랜차이즈를 했을 때 각자의 입장에서 원하는 게 뭔지도 열심히 들었다고 합니다."

황 선생은 천천히, 그러나 다양한 사람들을 만나면서 들은 이야기를 정리해서 프랜차이즈 사업을 시작했다. 메뉴 배송과 관리, 영업, 서비스 마인드 등 까다롭고 엄격한 조건을 내걸어 손님들이 만족할 수 있는 프랜차이즈가 될 수 있도록 만반의 준비를 하고 시작해서 성공한 것이다.

"결국 사람들의 조언을 귀담아 들은 덕분에 식당 사장에서 성공한 사업가로 성장할 수 있었던 거군요."

"경청은 긍정적인 인간관계를 위한 중요한 팁 중 하나랍니다. 상대에 대한 이해는 물론이고 고급 정보 역시 경청의 태도로 얻을 수 있는 효과 중 하나이죠."

안전방은 유 사장의 말에 고개를 끄덕였다. 안전방은 평소 그다지 느긋하지 못한 성격 탓에 상대의 이야기에 귀 기울이기보다는 말허리를 자르고 들어가기 일쑤였다. 그런 과정에서 오해가 생기기도 하고 다툼이 벌어지기도 해 후회를 한 적이 한두 번이 아니었다.

"하루 종일 옥상에서 커피나 만드는 내가 어떻게 회사 돌아가는 사정을 직원들보다 더 잘 알겠어요? 결국 그대처럼 내게 와서 이런저런 이야기를 전하는 사람들이 있고, 내가 그들의 이야기를 경청하기 때문이죠."

"매번 느끼는 거지만 유 사장님 이야기를 듣다보면 나도 모르게 그 속으로 빨려 들어가는 느낌이에요. 상대의 이야기도 잘 경청하시지만 그 만큼 화술도 뛰어나신 것 같아요."

언제부턴가 안전방은 뭔가 의논할 일이 있으면 제일 먼저 유 사장을 찾았다. 그가 자신의 이야기를 잘 들어주는 이유도 있지만 맞춤형 조언을 통해 자신의 마음을 움직이게 하는 강한 힘이 느껴졌기 때문이다.

"25년 간 미국의 유명 토크쇼를 진행했던 래리 킹은 '유창한 화법은 해박한 지식에 있지 않고 상대방의 말에 경청하는 자세에 있다'고 했어요. 상대의 말을 경청하면 자연스레 상대를 이해하고 공감하게 되며, 그런 공감이 바탕이 된 대화가 결국엔 상대의 마음까지 움직이게 하는 최고의 화술인 것이죠."

"음, 그것도 '인테크'의 중요한 기술 중 하나이겠군요."

안전방은 메모까지 해가며 점점 더 유 사장의 가르침에 빠져들고 있었다.

듣고 또 듣고
끝까지 들어라

● ● ● ● ●

　　　　　　　래리 킹의 'CNN Larry King Live
Show'는 전 세계에서 가장 오랫동안 진행된 토크쇼로 기네스북에
올랐다. 그야말로 래리 킹은 토크쇼 진행자들 사이에 전설적인 존재
였다. 보통 토크쇼 진행자라고 한다면, 유창한 말재주가 먼저 떠오른
다. 래리 킹도 말솜씨로는 누구와 견줘도 뒤지지 않는 사람이었다. 그
런데 그가 토크쇼의 인기비결 중 하나로 '말하는 것보다 듣는 것'의
중요성을 꼽았다고 한다. 그리고 그의 프로그램에 나온 수많은 화법
의 달인들도 세치 혀의 위력보다 상대방의 말을 주의 깊게 듣는 귀를
더 중요하게 여기는 자세를 갖췄다는 것이다.

　래리 킹은 유창한 화법의 비결이 남들보다 더 뛰어나고 해박한 지
식보다 상대방의 말을 경청하는 자세에 달렸다고 했다. 화법의 달인

이라면, 누구나 다 고개를 끄덕이는 주장이다. 그를 비롯해 수많은 화법의 달인이 중요하게 강조하는 '경청'은 리더의 커뮤니케이션 덕목 중에서도 가장 우선순위에 놓여 있다.

리더십도 경청으로부터 시작하여 관계를 맺는 과정이라고 할 수 있다. 'LEADER'의 첫 글자에 굳이 의미를 붙여보자면, 'Listen', 'Empathy', 'Admiration', 'Describe', 'Energy', 'Relationship' 등으로 나눌 수 있다. 경청, 공감, 존중, 사실묘사, 열정, 관계 등의 의미가 리더의 커뮤니케이션 공식인 셈이다.

경청은 상대방의 말을 묵묵히 듣는다는 소극적인 행위가 아니다. 공감과 존중 등으로 상대방과 친밀한 유대 관계를 맺는 것이다. 마치 가족과도 같은 관계를 맺을 수 있는 'FAMILY' 경청 기법은 'Friendly', 'Attention', 'Me, too', 'I interest', 'Look', 'You are centered' 등으로 이루어진다.

먼저 'Friendly'는 우호적이고 긍정적인 감정을 가지는 것이다. 상대방의 말에 색안경을 끼고 바라보는 게 아니라 긍정적인 시각으로 본다. 적절한 미소와 고개를 끄덕이며 어두운 이야기조차도 함께 코드를 맞춰주며 공감을 나타낸다.

'Attention'은 상대방의 이야기에 집중하는 것이다. 이때 상체를 다소 숙이는 게 집중하는 데 도움이 될뿐더러 상대방도 자신의 이야기에 집중해준다고 여기게 된다.

'Me, too'는 강한 긍정으로 보여주는 것이다. 맞장구를 치고 "나도 그래"라며 머리를 끄덕이는 것만으로도 상대방이 느끼는 친밀감과 유대감은 급속도로 상승할 것이다.

'I interest'는 관심과 흥미를 나타내는 것이다. 상대방의 말 중에서 중요한 의미를 나타내는 말을 반복하며 적절하게 질문을 던진다면, 굳이 내가 공감한다는 말을 하지 않더라도 공감의 관계로 받아들일 것이다.

'Look'은 대화를 나눌 때 상대방의 눈을 바라보며 대화하라는 것이다. 눈을 바라보면 상대방의 표정이나 제스처를 읽을 수 있다. 똑같은 단어를 쓰더라도 눈빛이나 얼굴 근육의 움직임만으로도 그 의미는 달라질 수 있다. 그래서 미간이나 인중을 보는 것이 좋다. 또 눈을 바라보며 대화를 나누는 것은 신뢰하고 있다는 느낌을 주는 효과도 있다.

'You are centered'의 의미는 내가 아니라 상대방이 대화의 중심이라는 느낌을 가지게 한다는 것이다. 화자, 즉 말하는 상대방을 중심에 두고 듣는다면 완벽하게 경청을 할 수 있다.

FAMILY 경청은 한 마디로 공감의 경청이다. 따라서 묵묵히 듣고만 있는 것보다 공감을 하고 있다는 의미를 표현하는 경청을 해야 한다. 예컨대 '아', '네', '음', '어' 등의 적절한 추임새를 넣는 것이다. 듣고 또 듣고, 끝까지 듣더라도 무심한 표정으로 아무런 리액션이 없거나 '영혼 없는 리액션'의 남발은 경청은커녕 되레 성의 없고 가식적인 캐릭터로 인식될 수 있다.

칭찬은 돌부처도 웃게 한다

"이봐, 고민중 씨. 황 선생님 요리 동영상 제작은 마무리가 다 됐어?"

"그게, 70% 정도는 촬영이 됐는데 나머지는 아직…."

"그래서 언제 마무리 된다는 말이얏!"

안전방의 날카로운 목소리가 사무실에 쩌렁쩌렁하게 울려 퍼졌다.

"그, 그게 회사 스튜디오가 비는 시간에만 촬영을 해야 하니 황 선생님 일정과 맞추는 것이 생각처럼 쉽지가 않네요."

"그게 바로 당신의 능력이야! 어떻게든 일정을 맞춰서 얼른 얼른 촬영 마무리 하라고!"

고민중을 향하던 안전방의 짜증스런 얼굴이 이번에는 어김없이 나태한을 향했다.

"나태한 씨는 재료 공급업체랑 단가 조율하는 것 끝났어?"

"그게, 업체에서 자꾸 고집을 피우네요. 공급량이 얼마나 될지 보장할 수 없는 상황에선 무조건 단가부터 낮춰줄 순 없다며….."

"이런!"

창사 20주년 기념 기획 아이디어 공모전에서 1등을 한 덕분에 영업지원 TFT는 지금까지 해왔던 온갖 허드렛일에서 벗어날 수 있었다. 대신 한 달이라는 시간 동안 '엄마밥상'을 완벽하게 상품화 해내야 했다. 약속된 날짜가 일주일 앞으로 다가오자 안전방은 팀원들을 닦달하는 것으로 초조함을 달래고 있었다.

"우리 팀장, 완전 짜증나! 나도 나름 노력하고 있는데 저렇게 소리부터 질러대니 일할 맛은커녕 회사 출근하는 것도 스트레스야."

"그러게요. 난 지난밤 꿈에까지 팀장이 나타나서 소리를 버럭 질러대는 바람에 얼마나 놀랐는데요."

안전방이 사무실을 나가자마자 기다렸다는 듯 너도나도 짜증 섞인 불만을 토해냈다. 안전방 덕분에 없던 의욕이 불끈 생겨난 것은 사실이지만 이번 프로젝트를 성공시켜 자신들 이름 뒤에 붙은 루저의 꼬리표를 떼어낸다면 다시는 그와 한 팀으로 엮이고 싶지 않은 것이 솔직한 심정이었다.

"어휴, 하는 꼴들을 보고 있자니 짜증이 나서 미쳐버리겠네!"

유 사장이 건네는 얼음물을 단숨에 들이킨 후 안전방이 버럭 소리를 질렀다. 그동안 안전방이 카페에 들러 이런저런 이야기를 쏟아낸 탓에 대강의 스토리를 알고 있는 유 사장은 따뜻한 커피가 아닌 얼음물을 건네며 그의 속부터 달래줬다.

"정말 그들이 무능력하다고 생각해요? 내가 보기엔 그들은 이전과 비교할 때 아주 큰 변화와 발전을 이룬 것 같은데."

"알아요, 나도 안다고요. 그런데 사람 마음이 잘하면 더 잘하기를 바라게 되잖아요. 그들이 노력한다는 건 충분히 아는데 기왕이면 멋들어진 성과를 만들어낼 수 있게 조금 더 잘해 주면 안 되나요?"

안전방은 열심히 노력하며 잘 따라와 주는 팀원들에 대한 고마움과는 별개로 그들에 대한 아쉬움과 안타까움도 있음을 이야기했다.

"그렇다면 방법을 달리 하는 건 어떨까요?"

"방법을 달리 하다니요?"

"음, 칭찬은 고래도 춤추게 한다는 말 들어봤죠? 진정성 있는 칭찬은 인간관계를 부드럽게 만드는 윤활유 역할을 해줄 뿐만 아니라 더 잘하고자 하는 의욕을 불러일으켜 준답니다. 지금의 박지성 선수를 만들어낸 것 역시 히딩크 감독의 칭찬 한 마디라고 하잖아요."

유 사장은 2002년 월드컵 당시 다리를 다쳐 출전을 못해 의기소침해 하는 박지성 선수에게 히딩크 감독이 "박지성 씨는 정신력이 훌륭하다. 그런 정신력이면 반드시 훌륭한 선수가 될 수 있을 것이다"라고 칭찬한 이야기를 들려줬다.

"우리 팀원들에게도 칭찬이 효과를 발휘할까요? 가뜩이나 이번 공모전에서 큰 역할을 했다고 기고만장한데 칭찬까지 하면….”

말은 그렇게 했지만 안전방도 유 사장의 말이 일리가 있다는 생각이 들었다.

“사실은 제가 다른 사람을 칭찬하는 것에 그다지 익숙하지 않아서….”

“칭찬의 힘에 대해 인정은 하지만 정작 칭찬을 활용하지 못하는 가장 큰 이유가, 칭찬하는 방법을 잘 모르기 때문이라고 합니다. 하지만 ‘난 몰라서 못해’가 아니라 모르면 배워야 한다는 게 내 생각입니다.”

“아, 당연하죠! 모르면 배워야죠!”

안전방의 적극적인 호응에 유 사장은 만족스런 미소를 보이며 말을 이어갔다.

“사실 감동을 주는 칭찬법은 따로 있어요. 그 요령을 잘 익혀두면 ‘인테크’에 큰 도움이 된답니다.”

안전방은 유 사장의 가르침을 꼼꼼히 메모하며 당장 활용해봐야겠다며 웃었다.

“여기 계셨군요.”

“어, 왜? 나 찾았어?”

“촬영팀한테 내일 1시부터 6시까지 촬영하기로 약속 받아냈어요. 황 선생님도 시간 내주시기로 했고요.”

안전방을 찾아 테라스 카페까지 올라온 고민중이 어려운 시험 문제를 풀어낸 듯 득의양양한 표정으로 말했다. 안전방은 때를 놓치지 않고 유 사장의 가르침을 실천했다.

“거 봐. 난 고민중 씨가 해낼 줄 알았어. 민중 씨는 신중한 만큼 일에 대한 책임감이 남다르잖아. 게다가 당신 목소리엔 은근히 카리스마가 있어서 상대가 쉽게 거절을 못하지."

"헤헤, 저한테 그런 면이 있었나요?"

고민중은 느닷없는 칭찬에 쑥스러운 듯 머리를 긁적였다.

"뭐 기분 좋은 일이 있나 봐요?"

유 사장은 고민중에게 시원한 아이스커피를 건네며 물었다.

"아, 이 친구 덕분에 황 선생 동영상 촬영이 무사히 마무리 될 것 같아서요. 우리 회사 촬영팀들이 여간 까칠한 게 아닌데 오늘 이 친구가 묵직한 목소리로 한 번에 약속을 잡아냈잖아요. 하하."

"오! 능력 있는 동료와 함께 일하는 것만큼 든든한 일은 없죠. 안 팀장님은 좋으시겠습니다."

"아휴, 당연히 좋죠."

유 사장의 조언대로 칭찬의 힘은 대단했다. 고민중은 언제 그랬냐는 듯이 얼굴 가득 웃음을 머금고는 내일 있을 촬영의 콘티를 점검해야겠다며 사무실로 향했다. 자신을 인정해주는 칭찬의 말 한 마디에 스스로 열정을 끌어올린 것이다. 안전방은 혼자가 아닌 팀원 모두가 함께 루저의 꼬리표를 떼고 당당히 설 수 있는 방법을 찾은 것 같아 흐뭇하기만 했다.

칭찬을 아끼지 마라

● ● ● ● ●

　　　　　　　《칭찬은 고래도 춤추게 한다》는 흥미로운 책이 오래전에 출간된 바 있다. 사람과 말이 통하지 않는 고래에게도 칭찬이 통하는데, 사람 사이에 칭찬이 효과를 내는 것은 당연하지 않겠는가. 그런데 칭찬에 유독 인색한 사람들이 있다. 이런 사람들을 살펴보면, 주위에 속내를 털어놓을 만큼의 인간관계가 보이지 않는 경우가 많다.

　하기야 칭찬보다 매번 짜증 어린 말투와 잔뜩 찡그린 얼굴을 보이는 사람에게 속내를 털어놓고 싶겠는가. 의기투합하여 일을 함께 하고 싶은 마음도 금세 사라질 테다. 굳이 칭찬에 인색하지 않아도 어색해하거나 서툴러서 표현을 하지 못하는 사람들도 많다. 이 또한 사람과 사람 사이의 간격을 좁히는 데 방해가 된다.

누군들 칭찬이 좋다는 것쯤은 모르겠는가. 그럼에도 칭찬이 서투른 이유는 칭찬을 하고 싶어도 정작 칭찬의 방법을 모르기 때문인 경우가 많다. 또 칭찬의 말을 건넬라치면 왠지 어색하고 쑥스러워서 머뭇거린다. 그나마 이런 경우는 칭찬의 필요성을 느끼는 것이라 낫다. 아예 상대방에 대한 기대가 너무 크거나 필요성을 느끼지 못한다는 사람들도 은근히 많다. 이처럼 이런저런 이유로 관계 형성에 도움을 주는 것임에도 불구하고 칭찬의 소리는 잘 들리지 않는다.

칭찬의 효과는 고래를 춤추게 하고 한 사람의 인생을 바꿔놓을 만큼 크다. 축구선수 박지성은 왜소한 체격과 그저 그런 실력으로 프로에 지명 받지 못했다가 어렵사리 대학에 진학한 뒤에 뒤늦게 빛을 볼 수 있었다. 2002년 월드컵 국가대표팀으로 선발된 박지성은 애초에 별 다른 기대를 하지 않았다. 쟁쟁한 선배들을 보며 한 경기만이라도 뛰었으면 좋겠다는 바람을 품을 정도였다고 한다. 그러나 그는 히딩크의 칭찬 한 마디 덕분에 월드컵 신화의 주역이 됐고, 한국을 대표하는 선수로 우뚝 설 수 있었다.

히딩크 감독은 어쩌면 국가대표 선수 중에서 고만고만한 후보 선수로 보였을 박지성에게 정신력이 훌륭하고, 그런 정신력이면 반드시 훌륭한 선수가 될 수 있을 것이라고 말했다고 한다. 박지성은 히딩크 감독의 칭찬 한 마디를 월드컵 경기 내내 떠올리며 시합에 뛰었다고 했다.

감동을 주는 칭찬은 인간의 능력을 120% 발휘할 수 있도록 해준다. 그저 '잘했어'라고 말해주는 것보다 감동을 느낄 수 있는 칭찬을 해주면, 상대방은 내가 기대했던 것보다 더 큰 능력을 발휘할 수도 있다. 다음은 감동을 주는 7가지의 칭찬 방법이다.

감동을 주는 칭찬 방법

- 막연하게 하지 말고 구체적으로 칭찬하라.
- 본인도 몰랐던 장점을 찾아 칭찬하라.
- 공개적으로 하거나 제3자에게 전달하라.
- 차별화된 방식으로 칭찬하라.
- 결과뿐 아니라 과정을 칭찬하라.
- 예상밖의 상황에서 칭찬하라.
- 다양한 방식을 찾아보라.

칭찬이 유용한 커뮤니케이션 수단이 되기 위해서는 칭찬을 하되, 상대가 자신이 칭찬을 받고 있다는 것을 확실히 알게 해야 한다. 그래야 감동이 따른다. 위의 7가지 칭찬 방법은 상대방이 관심을 받고 있고, 존재감을 제대로 인정받는다는 것을 느끼게 한다. 그만큼 상대방은 나와의 관계를 더 긍정적으로 생각하고, 자신의 역할에 더욱 충실해진다. 이제 옆에 있는 사람의 장점을 찾아 진심 어린 칭찬을 한 마디 건네 보자. 형식적이지 않고 진실이 담긴 칭찬이 어떤 힘을 발휘하는지 바로 느낄 수 있을 것이다.

거미줄로 완성한 대박

칭찬의 힘에 놀란 것은 안전방만이 아니었다. 영업지원 TFT는 칭찬이 주는 묘한 에너지에 매료되어 저도 모르게 한 걸음씩 전진하고 있었다. 그들은 안전방의 느닷없는 칭찬 세례가 부담스럽기도 했지만 평소 칭찬을 비롯한 긍정의 언어에 굶주렸던 탓에 은근히 기다리고 즐기는 단계까지 되었다. 그것이 진실이든, 다소 과장된 것이든 상관없었다. 적어도 그렇게라도 자신들은 인정해주고 신경 써주는 안전방의 노력이 반갑고 고마웠다.

"드디어 결전의 그날이 하루 앞으로 다가왔습니다. 우리는 최선을 다했으니 이제 그 결과는 하늘의 뜻에 맡깁시다. 하하!"

기획부터 상품의 제작과 생산, 요리 동영상 촬영 등 모든 준비 과정이 끝나자 안전방은 홀가분한 표정으로 팀원들을 바라보았다.

"내일 방송에서 실수만 하지 않으면 기본 판매 수량은 채울 것 같은데⋯."

"아! 그런데 말입니다. 갑자기 든 생각인데, 우리가 조금만 더 노력해본다면 결과가 더 좋아지지 않을까요?"

언젠가부터 안전방에게 높임말을 쓰기 시작한 한성갈이 이번에도 특유의 추진력을 보이며 조금 더 노력해볼 것을 제안했다.

"어떤 노력이요? 할 게 있다면 더 해야죠."

"내 친구가 〈싱글만세〉라는 온라인 커뮤니티의 운영자인데, 그 친구에게 우리 방송을 카페에 홍보해 달라고 부탁하면 어떨까요?"

"엇! 그 카페 싱글들 사이엔 정말 유명해요. 한 과장님 친구 분이 진짜 그 카페 운영자예요?"

나태한은 1년 전 지금의 여친을 만나 싱글을 탈출하기 전까지 자신도 그 카페 회원이었다며 무척이나 반가워했다. 그의 말에 따르면 〈싱글만세〉는 회원이 100만 명이 넘는 인기 카페로 요리나 세탁, 청소 등 각종 살림 정보는 물론이고 쇼핑이나 취미, 맛집 등에 관련된 다양한 정보를 공유하는 곳이라고 했다.

"그래요? 회원수가 100만이 넘으면 꽤 영향력 있는 커뮤니티인데, 그런 데서 도움을 받을 수 있으면 정말 좋죠."

〈황선생 엄마밥상〉의 방송은 내일 하루로 예정돼 있지만 홈페이지를 통해서 통신판매를 준비해 두었기에 싱글들의 커뮤니티에 홍보를 하는 것은 지속적인 판매에 큰 도움이 되는 일이었다.

"아, 그럼 내가 지금 바로 연락해서 오늘 저녁에 약속 잡을게요."

한성갈은 말이 끝나자마자 친구에게 전화를 걸어 대강의 이야기를 한 후 약속을 잡았다.

"그래, 그리고 너 나올 때 카페 스텝들도 좀 데리고 나와. 왜긴! 그 친구들이 활동하는 다른 커뮤니티에서도 홍보를 해야지!"

어깨에 잔뜩 힘이 들어간 한성갈은 척하면 척하고 알아들어야 하지 않느냐며 전화기 너머 친구에게 버럭 성질을 냈다.

"어휴, 저 성질…."

안전방은 혹시라도 일을 망치게 될까봐 내심 가슴을 졸였다. 하지만 다행히 한성갈의 휴대폰에선 친구의 껄껄거리는 호탕한 웃음소리가 들려왔다.

"그래, 그래. 나중에 보자고 친구!"

자신을 바라보는 팀원들의 반짝이는 눈빛을 즐기며 한성갈은 만족스런 미소를 지었다.

"이러고 있을 게 아니라 우리도 인맥을 총 동원해서 홍보를 해보자고요."

기대하지 않았던 한성갈이 큰 역할을 해준 데 이어 이번에는 고민중이 한껏 격양된 목소리로 말했다.

"그래, 좋은 생각이야. 어차피 내일 방송 전까지 우리가 할 일은 없으니 홍보에 주력하는 게 좋겠군."

안전방이 흐뭇한 표정으로 대답했다. 모두가 열심히 뛰어준 덕분에 차질 없이 준비가 된 것도 감사한데 마지막 힘까지 짜내 더 노력해보자고 하니 든든하기까지 했다.

💬 걱정 마. 내가 우리 직원들에게 홍보해줄게~
💬 대박 기원! 동창들한테 단체 문자 날려준다!
💬 나 같은 맞벌이 부부에게도 반가운 소식이네요! 내가 활동하는 〈맞짱!〉 카페에 홍보해줄게요~

"이야! 한 명한테 말하니 수십 명이 자동으로 연결되네요."
"그러게 말이야. 그동안 마누라 눈치 보면서까지 동호회 활동을 했던 게 이럴 때 힘을 발휘하네."
"그러게요. 꼬박꼬박 나가던 동창회비가 내심 아까웠는데 이럴 때 큰 도움을 받는 것 보니 역시 인맥은 꾸준히 관리하는 게 맞는 것 같아요."

정말 그랬다. 개개인의 호응과 응원도 고마웠지만 무엇보다도 한 명의 친구 뒤에 연결된 또 다른 인맥들의 힘이 신기하고 감사했다.

"인간은 상호관계로 묶어지는 매듭이요, 거미줄이며, 그물이다."

안전방은 어린왕자의 한 구절을 떠올렸다. 사람과 사람의 관계는 복잡하고 미묘해서 그만큼 힘들고 어렵기도 하지만 정성을 기울이며 잘 관리한다면 큰 힘이 된다는 것을 새삼 느끼게 되었다.

"참, 내일 방송 끝나고 나서 도움을 줬던 모든 사람들에게 감사의 인사 전하는 것 잊지 마세요."

안전방은 며칠 전 유 사장에게서 들은 말을 떠올리며 각자의 인맥들에게 진정성이 담긴 감사의 인사를 전할 것을 당부했다.

"대박만 난다면 밥도 사고 술도 사죠, 뭐. 헤헤."

고민중은 기획 아이템 공모에서 1등을 했으니 상금도 나올 테고, 판매까지 대박치면 인센티브도 나올 테니 한 턱이 아니라 두 턱도 쏜다며 너스레를 떨었다.

"그건 아니지. 설령 우리가 기대하는 것만큼의 결과가 나오지 않더라도 마음 써주고 애 써준 데 대한 감사한 마음은 꼭 전해야 하는 거야."

"넵! 명심하겠습니다. 하하하!"

안전방은 인간관계의 기본은 진정성에 있기에 결과와 상관없이 도움을 준 데 대한 감사한 마음을 가져야 하며, 상대에게 그 마음을 전하는 것도 필요함을 강조했다.

인맥을 만드는 방법

• • • • •

　　　　　　　　　스마트폰과 SNS 주소록에 빼곡하게 담긴 연락처가 모두 나의 인맥이라 할 수 있을까? 수북하게 쌓인 명함을 정리하면서 어떤 기준으로 휴지통에 들어갈 명함과 명함첩에 들어갈 명함을 구분하는 것일까?

　이름 석 자를 알고 있다고 해서 나의 인맥이라 할 수 없다. 앞서 인맥은 기회의 금맥이고, 피터 드러커의 말대로 '생산적'인 것이라 했다. 인맥은 기회와 성공의 네트워크여야 한다. 네트워크는 단순하게 선으로 이어져 있는 게 아니다.

　네트워크의 구성은 치밀한 설계로 이루어져 있고, 컨트롤 센터가 있다. 인맥도 마찬가지이다. 단순하게 명단을 나열하는 식으로 네트워킹을 하려면 차라리 관련 명부나 갖다 놓는 게 낫다. 선의 연결을 어떻게 할지, 컨트롤 센터, 즉 길게 돌아가지 않고 관계의 사통팔달을 관장할 수 있는 허브 공략이 중요하다.

허브는 인터넷 포털처럼 일종의 관문이다. 이곳을 통해 정보를 얻고 또 정보를 내보낸다. 정보가 있는 곳을 일일이 찾아 나서지 않고 이곳에서 검색을 하여 필요한 맞춤 정보를 얻는다. 인맥을 단순히 길게 이어진 선으로만 생각하면, 특정 정보나 도움을 필요로 할 때마다 매번 찾아 나서야 하는 수고로움을 피할 수 없다. 그러나 허브가 된다면, 나를 통해 인적 네트워크를 구축하고 활용하기 때문에 정보의 창구 역할과 존재감을 인정받을 수 있다.

내가 허브가 될 수 없다면, 적어도 허브라 할 수 있는 사람을 찾아야 한다. 허브를 찾았다면 과감하게 자신을 소개하고 허브가 하는 비즈니스에 대해 질문을 던져보자. 허브로 인정받을 정도의 사람이 말하는 비즈니스 견해는 남다를 수밖에 없다. 앞서 허브는 정보가 오가는 곳이라고 했다. 즉 허브의 존재감을 가진 사람은 정보를 틀어쥐고 있는 사람인 것이다.

허브를 만나 자신을 소개하고 비즈니스 이야기를 나눌 때, 당연히 허브는 당신의 존재를 궁금해 할 것이다. 수많은 명함 중에 하나로 전락하기 싫다면 자신이 하는 일을 소개하되, 전문가로서의 존재감을 드러낼 수 있어야 한다. 존재감을 인식할 만한 가치를 지니고 있음을 보여주라는 것이다. 수많은 사람들과 구분될 수 있는 날카로운 질문과 대화의 가치를 느낄 수 있도록 호감과 신뢰를 만들어야 한다.

허브에게 인적 네트워크를 구축하는 성의를 보이려면, 형식적으로 명함을 건네며 인사를 하기 전에 먼저 명함을 요청하는 게 좋다. 더구나 명함도 나누지 않고 헤어질 때는 더욱 더 명함을 요청하여 스쳐 지나가는 인연으로 생각하지 않는다는 의도를 넌지시 보여준다.

내가 만난 사람들을 혼자 독점하려 하지 말고 타인에게 적극적으로 소개해주는 것도 중요하다. 어차피 이래저래 거미줄 같은 네트워크에서 내 소개가 없더라도 알게 될 사이이다. 그렇다면 속 좁게 혼자 인맥을 독차지한다는 이미지보다 풍부한 인맥을 일궈가는 사람으로 보이는 게 낫다.

또한 한 번 맺은 인맥을 꾸준히 관리하려면, 상대방이 나를 잊지 않도록 주기적으로 뭔가를 발송하는 것도 좋은 방법이다. 나만의 뉴스레터를 만들거나 안부 인사를 담은 소소한 정보를 보내는 것도 괜찮다. 상대방으로 하여금 자신이 소중한 대접을 받는다는 느낌을 주는 것이다.

인맥, 즉 인적 네트워크에서 허브가 된다는 것은 쉽게 말해서 마당발이 되는 것이다. 나를 통해서 웬만한 정보나 도움을 받을 수 있는 마당발로 존재감을 보여줘야 한다. 그렇게 하려면 무작정 인맥의 숫자를 늘리는 것보다 허브로서의 거미줄 같은 인적 네트워크를 구축해야 한다.

미국의 자동차 판매왕으로 이름을 떨쳤던 조 지라드는 "사람은 평균 250명을 중요하게 알고 지낸다"고 했다. 전설적인 판매왕이었다면, 분명 250명보다 훨씬 더 많은 사람을 알았을 테다. 그러나 그는 그 모든 사람을 일일이 선으로 연결해서 관리하는 것이 아니라 250명이라는 핵심적인 숫자를 통해 허브의 역할을 수행한 것이다.

인적 네트워크에도 파레토 법칙이 적용된다고 한다. 8:2의 법칙,

즉 1000명을 알아도 나에게 중요한 인맥은 200명이고, 200명의 인맥을 통해 나머지 800명의 인맥을 관리할 수 있다는 것이다. 이 또한 인적 네트워크의 허브와 다를 게 없다. 지금이라도 별 의미 없이 주소록이나 명함첩에 있는 사람들을 허브의 관점에서, 그리고 8:2의 관점으로 구분하고 효율적인 인적 네트워크를 구축해보자.

Chapter 4
심테크
(心-tech)
마음밭부터
다스려라

나눔은 타인을 위한 자기희생만을 뜻하는 게 아니라 나 자신을 위한 지혜라고 한다. 내가 가진 것을 나누어줄 때, 뺄셈의 법칙이 아니라 덧셈, 나아가 곱셈의 풍요로운 보답으로 되돌아온다. 진정한 리더가 되고 싶고, 공동체에서 뿌리를 내릴 수 있는 자영업, 혹은 한 조직의 일원이 되고자 하는 사람들은 작은 것이라도 함께 나눌 줄 아는 성숙한 의식도 갖춰야 한다.

내 마음에 스톱 버튼을 눌러라

"기획F팀?"

안전방을 비롯한 팀원들은 그들에게 새롭게 주어진 이름에 대해 의아하다 못해 불쾌한 기분까지 들었다.

"이해가 안 되네. 이게 기획 아이템 공모에서 1등을 하고 판매까지 대박을 친 우리에게 회사가 주는 상이란 말이지?"

한성갈이 콧김을 세차게 뿜어내며 불만을 표현했다.

"그러게요. 우리 회사가 기획6팀까지 있으니 우리를 새로운 기획팀으로 인정한다면 당연히 기획7팀이 돼야 하는 거 아니에요?"

"게다가 사무실도 기존에 쓰던 곳을 그대로 쓰라고? 이건 우릴 정식 기획팀으로 인정하지 않겠다는 말과 같잖아!"

"제 생각도 한 과장님과 같아요. 팀장님, 이거 위에다 정식으로 항의해야 하는 거 아니에요?"

팀원들의 입에서 쉴 새 없이 터져 나오는 불만들을 뒤로 하고 안전방은 말없이 5층 테라스 카페로 향했다. '명칭이 뭐 그리 중요할까, 사무실이 뭐 그리 중요할까'라며 스스로를 다독여보지만 그 안에 담긴 의미가 결국 '너희들을 인정하지 못한다'임을 알기에 지난 한 달간의 노력이 허무하게 느껴졌다.

"축하드려요. 대박을 터뜨리셨다고요. 이제야 우리 안 과장님의 진면목이 나오는 건가요?"

"그러게요. 이제 우리 팀도 바짝 긴장해야겠는 걸요. 하하하!"

테라스 카페로 나가는 문을 열자 마침 커피를 들고 나오던 기획2팀의 소신해와 고수남이 안전방을 보며 아는 체를 했다.

"자네들은 자네들 일이나 신경 써."

잔뜩 불편했던 마음을 엉뚱한 곳에 풀어내며 안전방은 거칠게 걸음을 옮겼다. 밤잠까지 설쳐가며 노력한 끝에 대박이라는 감사한 결실을 얻어냈지만 지난날의 구겨진 이미지를 쇄신하기엔 턱없이 부족한 성과였다. 괜한 자격지심에 그들의 축하인사조차 비아냥거림으로 들려왔다.

"아니, 왜 저래?"

"뭐 기분 안 좋은 일이 있었나보죠."

그들의 수군거림에 안전방은 뒤통수가 따끔거렸지만 뒤돌아보지 않았다. 고개를 돌리는 순간 다시 주워 담지 못할 뾰족한 말들이 자신의 입에서 터져 나올 것만 같았다.

"축하 인사를 건네는 사람들에게 왜 그렇게 짜증을 내요?"

안전방의 모습을 가만히 지켜보던 유 사장이 의아한 표정으로 물었다.

"소식 들으셨어요? 기획 아이템 1등도 모자라 전 상품 매진에 홈페이지 판매까지 줄을 잇는데 우리 팀은 기획F팀이라는 요상한 이름을 얻었어요. 게다가 사무실도 다른 기획팀의 반도 안 되는 이전 사무실 그대로고요."

안전방은 상황이 이러니 축하 인사가 곧이곧대로 들리겠느냐며 한숨을 내쉬었다.

"회사의 결정이 못마땅할 수도 있겠지만 회사가 그런 결정을 했을 때는 분명 이유가 있을 거예요."

"무슨 이유요? 아! 우리가 미덥지 않다?"

"꼭 그런 건 아니겠지요."

"그런 게 아니라면 왜 우리에게 그렇게 야박하죠? 사무실은 그렇다 쳐도 기획7팀이란 이름이 그렇게 아깝나요?"

안전방은 그간 켜켜이 쌓여왔던 울분을 토해내려는 듯 유 사장에게 따져 물었다.

"때론 겉으로 드러나는 것만이 전부가 아닐 때도 있어요. 왜 그렇게 성급하게 답을 찾으려 하죠?"

유 사장은 안전방을 진정시키며 조금 더 여유로워졌으면 좋겠다는 말을 덧붙였다.

"정상에 올랐다고 해서 그것이 영원히 내 자리이던가요? 누가 더 빨리 정상에 오르느냐는 중요하지 않아요. 누가 더 오래 정상을 지킬 수 있느냐가 중요한 거죠. 그러기 위해서는 차근차근, 자신의 실력을 키우며 올라가야죠."

"결국 사장님 말씀은, 우리 팀이 아직 실력으로 인정받기엔 부족하다는 의미인거죠?"

평소 도움이 될 만한 이런저런 조언과 정보를 주는 유 사장이었지만 오늘만큼은 그의 지적이 무척이나 거슬렸다.

"그건 나 혼자만의 생각이라기보다는 유수홈쇼핑 직원들의 생각일 수 있어요. 그들이 고개를 갸웃하며 그대들을 바라보길 원해요? 아님 그들이 고개를 끄덕이며 그대들을 바라보길 원해요?"

"그야 당연히⋯."

"그럼 서두르지 말고 천천히 올라가요. 모두에게 인정받으면서 당당하게 올라가세요."

유 사장은 얼음이 가득 담긴 차가운 물잔을 안전방에게 건네며 다시 차분한 목소리로 말했다.

"사장님 말씀이 옳아요. 그런데 기대가 너무 커서 그런지 회사에 대해 서운한 마음이 드는 것은 어쩔 수 없네요. 오죽하면 제가 사직서를 다시 꺼내들었을까요."

"외부의 자극에 대해 어떻게 반응하느냐는 사람마다 차이가 있어요. 그런데 반응을 하기 전에 잠시 멈추고 충분히 생각한 다음에 선택을 해도 늦지 않아요. 특히 부정적인 감정이 들 때는 일단 내 마음에 스톱 버튼을 누르는 거예요."

"스톱 버튼이요?"

"네. 내 마음이 부정적인 생각을 증폭시키지 못하도록 '그만!'이라고 외치는 거죠."

유 사장은 실제로 자신도 그 방법으로 많은 도움을 봤다며, 한 번의 외침으로 멈춰지지 않는다면 부정적인 생각이 멈출 때까지 반복적으로 스톱 버튼을 누르는 것도 좋은 방법이라고 했다.

"그렇게 마음을 차분하게 만든 후 여러 각도에서 문제를 바라보며 최대한 긍정적인 결론을 유도해 내는 것이 자신에게 도움이 된답니다."

"후, 어렵군요."

유 사장의 말에 동의하지만 그것이 말이나 생각처럼 쉽다면 얼마나 좋겠는가. 안전방은 다시 낮은 한숨을 내쉬었다.

"하하! 세상에서 가장 어려운 일이 내 마음밭을 잘 다스리는 일이라잖아요. 그래서 필요한 것이 다름 아닌 '심테크心-tech'랍니다."

"'심테크'요? 마음을 다스리는 기술 같은 건가요?"

"그렇다고 볼 수 있죠. '심테크', 즉 마음을 다스릴 줄 아는 사람이 결국 사람을 다스릴 줄 알고, 또 일을 다스릴 수 있죠."

"하, 마음을 다스리려고 어디 산 속이라도 들어가 수행을 할 수도 없고…."

안전방의 입에선 저도 모르게 헛웃음이 새어나왔다.

"고요한 산에 들어가 수행하면 좋죠. 그런데 직장인들이 아무 때나

산 속에 들어가 수행하는 게 쉽지가 않죠. 그래서 일상에서 늘 자신의 마음을 조절할 수 있어야 해요."

"마음을 다스린다는 게 어디 쉽나요? 심란한 마음을 달래려 술이나 한 잔 하는 게 우리 월급쟁이 인생인데."

"안 과장님은 마음이 뭐라고 생각해요?"

"네?"

안전방은 유 사장의 뜬금없는 질문에 당황했다. '마음이 마음이지'라는 말이 목구멍까지 올라왔지만, 쉽게 내뱉을 수가 없었다.

"마음을 단순히 감정의 변화로 이해하지 말고 그 개념이 무엇인지 알아야 하지 않을까요? 마음은 단순히 희로애락을 느끼는 '감정'을 넘어 평소 나의 생각과 가치관을 포함한 개념이랍니다."

"생각과 가치관이라…."

"마음이 흔들린다는 것은 감정의 요동뿐만 아니라 내 생각과 가치관이 흔들린다는 거예요. 그릇이 흔들리면 그 안의 물은 어떻게 될까요? 이리저리 마구 출렁이다 다 넘쳐버리겠죠. 물이 다 넘쳐 텅 빈 그릇이 되고 마는 거죠. 그래서 평정심을 찾는다는 것은 내 생각과 가치관을 올곧게 지키라는 것과 다를 게 없답니다."

유 사장의 설명에도 안전방은 회의적인 표정을 거두지 않았다. 마음이란 것이 그렇게 생각대로 다스려질 수 있는 순순한 것이었다면 세상은 지금보다 훨씬 아름다워졌을 것이다.

"그나저나 안 팀장님, 오늘 저녁에 약속 있어요?"

"아뇨, 별다른 약속은 없는데, 왜요?"

"그럼 나하고 데이트나 할까요?"

"헉! 데이트요? 남자 둘이서 무슨 데이트를?"

데이트라는 말에 안전방은 손발이 오글거린다며 피식 웃었다.

"데이트가 뭐 별 건가요? 좋은 사람이랑 맛있는 음식 먹으면서 좋은 얘기 나누면 그게 데이트지."

"아, 그야 그렇지만…."

말은 그렇게 했지만 안전방도 유 사장과 더 많은 이야기를 나눠보고 싶었다. 차분하고 부드러운 목소리로 자신의 생각을 조목조목 이야기하는 모습을 보고 있자면 저도 모르게 고개가 끄덕여질 때가 한두 번이 아니다.

"하하! 우린 나중에 보는 걸로 하고 어서 가서 팀원들 마음이나 다독여주세요."

유 사장은 특별 선물이라며 아이스티 넉 잔을 건네주었다. 그러고는 오른 손을 번쩍 치켜들며 힘내라는 응원의 메시지를 보냈다.

내 마음속의
스톱 버튼을 활용하라

● ● ● ● ●

한 번 내뱉은 말은 다시 주워 담지
못한다. '열 받은 김에' 마구 엉켜버린 감정을 고스란히 드러내는 바
람에 낭패를 보기도 한다. 대부분의 사람들은 외부의 자극이나 말과
행동에 즉각 반응을 보일 때가 많다. 툭 건들면 톡 터지는 꽃망울처럼
자신의 속내를 불쑥 드러낸다.

호랑이는 눈앞의 먹잇감이 나타났을 때 무턱대고 덤벼들지 않는다.
입맛을 돋우는 후각의 자극에도 불구하고 언제 어떻게 먹잇감을 낚
아챌지 숨고르기를 한 뒤에 반응한다. 사람도 자극과 반응 사이의 중
간 단계가 있다. 나치 독일의 박해를 받아 죽음의 수용소 생활에서 살
아남았던 빅터 프랭클은 "자극과 반응 사이에는 어떤 공간이 존재한
다. 그 공간에 자신의 반응을 선택하는 우리의 힘이 존재한다. 우리의

반응에는 성장과 자유가 있다"고 했다. 그가 죽음이 만연하던 수용소에서 견뎌낼 수 있었던 것은 자극과 반응 사이에 있는 '선택의 공간에서 발휘하는 힘' 덕분이었으리라.

빅터 프랭클이 수용소에서 겪어야만 했던 숱한 외부의 자극은 삶의 희망을 앗아가기에 충분했다. 그러나 매번 절망을 느끼게 하는 자극에 일일이 절망의 반응을 보이기보다 희망을 부여잡는 선택을 했다. 매일 배급되는 물은 하루치 마실 물로도 부족했지만, 절반만 마시고 나머지 물로 세수를 했다. 깨진 유리조각으로 면도를 하고 스스로를 관리했다. 그가 전쟁이 끝난 뒤에 쓴 《죽음의 수용소에서》라는 책 제목처럼 살아서 나갈 수 있는 희망보다 죽음이 더 가까웠던 그곳에서 그의 선택은 품위를 지키는 삶이었다.

자극과 반응 사이의 선택을 하지 못하는 사람은 전략적일 수가 없다. 그리고 미리 막을 수 있는 실수도 저지르기 일쑤다. 자신의 행동이나 말이 어떤 후폭풍을 일으킬지, 또 미리 앞을 내다보는 포석을 어떻게 둬야 할지 모르는 사람이 전략적일 리가 없지 않는가. 실수를 저지르는 것도 자극에 곧장 반응을 하니 미리 막을 여유가 없어서 생긴다고 볼 수 있다. 회사 생활을 하는 동안 얼마나 많은 자극을 받겠는가? 장사를 하는 동안에도 늘 웃고만 있을 수 없다. 취업 면접을 보러 갈 때도 면접관으로부터 자극적인 질문에 현명한 대답을 해야만 한다. 이렇듯 사람은 직업이나 환경에 상관없이 자극에 노출되어 있고, 자극에 따른 반응을 보인다. 매순간이 자극과 반응의 연속인 셈이다. 그렇다면 남들보다 존재감을 돋보이고 인정을 받으려면 자극과 반응 사이의 선택이 남달라야 하지 않을까?

자극과 반응 사이의 공간, 즉 '선택의 자유'를 거치는 훈련을 해야 한다. 어떤 자극에 대해서 반응을 보이기 전에 잠깐 멈춰 생각을 하고 난 뒤 선택을 하여 반응을 보여야 한다. 리더라면 더욱 더 '자극, 선택, 반응'이라는 과정이 몸에 배어 있어야 하는 것이다. 세 번을 생각한 뒤에 행동을 하라는 삼사이행三思而行도 자극과 선택, 그리고 반응의 의미와 다를 게 없다. 자신의 마음을 먼저 다스리고 말이나 행동을 하는 게 필요하다. 당장의 갈등에 욱하기보다 한 번 더 생각하고 자신의 말과 행동을 선택한다면, 갈등과 문제 해결의 과정에서 불필요한 감정의 소모도 줄일 수 있다. 마음을 다스린다는 것은 무작정 평정심을 되찾는 게 아니다. 고요한 평정심의 수행만큼이나 자극과 반응 사이의 선택을 발휘하는 지혜도 필요하다.

마음먹기 나름, 생각하기 나름

작고 다부진 체격의 유 사장은 60대 중반이라는 나이가 믿기지 않을 정도로 걸음이 빠르고 힘이 있었다. 20여분 그의 뒤를 쫓다보니 안전방의 이마엔 어느새 땀이 송골송골 맺혀 있었다.

"여기에요."

유 사장이 안내한 곳은 기와집을 개조해서 만든 아담하고 정갈한 식당이었다.

"〈보약한첩〉? 여기 식당 맞아요? 아님 한의원인가?"

안전방은 기와집 대문 한쪽에 붙은 나무간판을 보며 고개를 갸웃거렸다.

"하하. 식당 맞아요. 내 단골집이랍니다."

"조금 특별한 식당 같은데요?"

직원의 안내에 따라 유 사장이 미리 예약해 둔 별채로 향하며 안전방은 연신 주위를 두리번거렸다.

"그렇게 느껴져요? 특별한 식당이긴 하죠. 직접 먹어보면 알겠지만, 이곳의 음식들은 인공조미료를 전혀 쓰지 않고 약초와 효소로 맛을 내요. 그리고 염분을 최소화한 저염식 식사가 나와요."

"아, 그래서 보약이라는 표현을 쓴 것이군요."

"그 정도론 보약이라고 할 수 없죠. 이 집이 특별한 이유는 고객의 건강상태에 맞춘 맞춤형 식사가 제공되기 때문이에요."

유 사장의 설명에 따르면, 〈보약한첩〉 식당은 간이나 위, 신장, 당뇨, 아토피 피부염 등 특정 질환을 앓는 사람들에게 도움이 되는 맞춤형 식사가 나와 식이요법을 중요하게 생각하는 환자들 사이에 인기가 높다고 했다.

"우와, 특별하지만 꼭 필요한 곳이군요. 여기 사장님은 어떻게 이런 기발한 생각을 했을까요?"

"사실 여기 조 사장님이 간암 환자에요. 원래는 중학교에서 체육을 가르치던 교사였는데…."

〈보약한첩〉의 조 사장은 평소 친구나 동료들과 어울리는 것을 좋아해서 자연스레 술자리를 즐겼다고 한다. 체육교사를 할 정도로 건강만큼은 자신이 있었던 그가 어느 날 이상 징후를 느껴 병원을 찾았을 때는 이미 간암이 초기 단계를 넘긴 상태였다.

"항암치료의 고통과 심리적 절망감을 견디지 못해 급기야는 한강다리 난간 위에 올라갔다고 해요. 이렇게 살아서 뭐 하겠냐는 생각이 든 것이죠."

"저런!"

"이런, 유 사장님이 또 제 얘기를 하고 계셨군요. 하하하!"

안전방이 유 사장의 이야기에 정신없이 빠져들 즈음 별채의 문이 열리며 음식과 함께 중년의 남자가 들어왔다.

"아이고, 조 사장님이 또 직접 오셨군요."

"우리 유 사장님이 오셨는데 당연히 와서 인사를 드려야죠."

직원이 음식을 테이블 위에 옮겨놓는 동안 두 사람은 반갑게 인사를 나눴다.

"한강다리 위에 가서 어떻게 되셨어요?"

궁금함을 참지 못하고 안전방이 두 사람을 번갈아보며 물었다.

"하하! 어떻게 되긴요. 보시다시피 지금처럼 잘 먹고 잘 살고 있지요. '자살'을 거꾸로 하니 '살자'가 된다는 말처럼 죽으려고 그곳에 갔는데 결국 나는 살기 위해 다리 난간을 꼭 붙잡고 놓지를 못하더라고요. 손을 꽉 쥔 채 살아야 할 이유만 계속 대뇌이고 있는 내 모습이 얼마나 우습던지."

조 사장은 살고 싶다는 자신의 간절한 마음을 들여다본 이후로는 어떻게 하면 살 수 있을까만 생각했다고 한다.

"마음을 바꿔 먹고 나니 참 많은 게 고맙게 다가오더라고요. 아직 암이 말기로 진행되지 않은 것이 고맙고, 뚜벅뚜벅 걸어서 한강다리까지 갈 수 있는 튼튼한 두 다리가 있는 것도 너무나 고마웠어요."

조 사장의 말에 안전방은 고개를 끄덕였다. 같은 현상이라도 마음을 어떻게 먹느냐에 따라 앞으로 벌어질 일들은 사뭇 달라진다. 그날 이후부터 조 사장은 운동과 더불어 식이요법에 정성을 기울였다. 서점을 돌며 간암을 비롯한 주요 질병과 관련된 책을 사 모았고, 식이요법을 비롯한 대부분의 가르침을 하나하나 따르며 실천해 나갔다.

"음식으로 고칠 수 없는 병은 약으로도 고칠 수 없다는 히포크라테스의 말처럼 정말 올바른 음식의 힘은 약보다 세더라고요."

3년간의 꾸준한 실천을 통해 몸과 마음이 건강해진 조 사장은 자신처럼 질병으로 고생하고 절망하는 사람들을 위해 좋은 식사를 대접해주는 일을 하고 싶다는 생각이 들었고, 그것을 곧 실행으로 옮겼다. 그렇게 다시 2년이 흐른 지금, 건강을 유지하는 것은 물론이고 사업적인 성공까지 거둬 조 사장의 얼굴엔 웃음이 떠나지 않았다.

"그런데 주문한 음식을 보니 이 분도 간이 안 좋으신 모양이죠?"

"하하! 요즘 이 젊은이가 스트레스 받는 일이 많은 것 같아서 내가 미리 챙겨주는 것이랍니다."

"스트레스가 건강에 제일 안 좋지요. 돌이켜보면 내 몸에 암 덩어리가 찾아온 것은 술도 술이지만 정신적인 스트레스를 이기지 못한 탓이 큰 것 같아요. 무조건 마음을 편하게 가지세요. 무슨 일이든 마음먹기 나름이고 생각하기 나름이랍니다. 좋은 생각이 좋은 결과를 가져오니까요."

"네. 조 사장님 말씀 들으니 정말 그렇게 해야 할 것 같아요."

자신을 바라보며 연신 흐뭇한 미소를 짓는 유 사장을 보며 안전방은 왜 그가 자신을 이곳으로 데려왔는지 알 것 같았다.

긍정이 성공을 만든다

● ● ● ● ●

"언제나 더 나은 방법은 있기 마련
이다."

토마스 에디슨의 말이다. 위대한 발명왕이라는 호칭의 이면에는
숱한 실패의 자산이 쌓여 있다. 정규 교육을 받지 않고 기차에서 신
문을 팔던 그가 발명왕과 전기 산업의 선구자가 될 수 있었던 것은 당
장의 실패나 낙담에 얽매이지 않고 '언제나 더 나은 방법'을 찾았기
때문이다.

누구나 다 긍정의 힘이 크다는 것쯤은 안다. 괜스레 인상을 찌푸리
고, 인상을 찌푸린 만큼이나 마음도 구김살이 잔뜩 생긴다. 만사가 부
정적이니 성공의 결실을 맛보기가 힘들 수밖에 없다. 부정적인 생각
을 지우려 평정을 찾고 입가에 미소를 지으려 해도 어디 사람 마음이

생각한 대로 되는가? 그러나 에디슨처럼 누군가의 도움이나 복권 당첨과도 같은 요행수보다 스스로 마음먹기에 따라 인생을 개척하는 사람들이 있다.

긍정의 생각과 태도는 사뭇 다른 결과를 낳는다. 윈스턴 처칠은 "태도는 사소한 것이지만, 그것이 만드는 차이는 엄청나다. 즉 어떤 마음가짐을 가지느냐가 어떤 일을 하느냐보다 더 큰 가치를 만들 수 있다"고 했다. 제2차 세계대전 초기에 영국은 풍전등화와 다를 바 없었다. 나치 독일은 파죽지세로 유럽대륙을 점령했고, 해협 건너의 섬나라 영국은 고립무원의 신세였다. 그러나 처칠은 패배의 불운한 기운에 사로잡히기보다 승리의 'V'자를 그리며 전쟁에서 승리를 가져왔다.

긍정의 태도를 가지려면, 가장 먼저 자신이 쓰는 언어부터 바꾸는 게 좋다. 컵에 담긴 절반의 물을 보고 '절반밖에 안 남았다'와 '절반이나 남았다'라는 반응 중에 어떤 게 먼저 떠오르는가? 일이 생각대로 완수되지 않았을 때는 '무모한 짓을 했다'와 '의욕이 너무 앞섰다' 중에서 어떤 말을 하는가? 각각 부정적 사고와 긍정적 사고를 담은 표현인데, 이런 표현은 부지불식간에 튀어나온다. 평소에 어떤 자세와 태도를 가지느냐에 따라 자연스레 나오는 것이다. 똑같은 상황에서 어떤 말을 하느냐가 긍정과 부정의 마음가짐으로 나눠지는 것이다.

긍정은 마음먹기에 달렸다. 예전에 어떤 실험에서 노인들에게 20년 전의 일상으로 돌아가 생활을 하라고 한 적이 있었다. 그러자 실험에 참가한 노인들의 건강이 20년 전의 수준으로 좋아졌다고 한다. 이처럼 마음먹기에 따라 불가능하다고 여겼던 일도 가능으로 바꾸어

놓을 수 있다.

　마음가짐을 긍정으로 바꾸는 것은 '이미 물 건너갔다'고 생각하고 부정적으로 여기게 될 일도 다시 한 번 '기회가 올 것이다'라는 미래의 희망을 품게 한다. 집이 가난했던 것을 세상살이의 많은 경험을 쌓게 한 것으로, 몸이 약했던 것을 운동과 건강에 신경 쓰게 한 것으로, 초등학교도 못 다닌 것을 늘 배움에 목마르게 한 것으로 받아들인 마쓰시타 고노스케처럼 긍정의 마인드가 실패를 자산으로 삼게 한다. 그리고 자신의 단점이 강점을 만드는 불쏘시개로 여겨질 수가 있는 것이다.

그 무엇에도 흔들리지 않는
나만의 관觀, Mind을 가져라

새로운 기획 아이템 준비로 아이디어를 짜내고 있던 기획F팀에게 기획본부장이 느닷없이 다른 일거리를 맡겼다. 기획4팀에서 추진하다 중도에 그만둔 일을 안전방의 팀에게 이어서 해보라고 한 것이다.

"이건 또 무슨 의미야?"

"그러게요. 우리가 단독 기획을 준비하고 있는 상황에서 이렇게 불쑥 다른 일거리를 주면 어쩌자는 건지."

"우릴 만만하게 보는 거죠!"

팀의 명칭과 사무실 문제로 그렇지 않아도 불만이 많은 상황에서 정식 업무가 아닌 다른 팀의 일을 던져주며 추진해보라고 하니 모두들 스멀스멀 화가 솟구친 것이다.

"좋게 생각하자고요. 기획4팀이 중도 포기한 일을 우리에게 준 것은 그만큼 우리의 능력을 믿는다는 의미일 수도 있잖아요."

안전방은 유 사장의 가르침대로 이왕 벌어진 일에 대해서는 최대한 긍정적인 해석을 하기로 했다.

"우리를 믿지 못해서 팀 이름까지 요상한 걸로 줘놓고는 이제 와서 우리를 믿으니 어려운 일을 준다고요? 그건 말이 안 되죠."

한성갈이 안전방의 말을 거칠게 반박했다.

"우리가 잘하면 그들의 의도는 아무런 의미가 없습니다. 그들이 우리를 믿든지 믿지 않든지 우린 그냥 우리 할 일을 해내면 되는 겁니다."

"그게 어디 말처럼 쉽나요. 이렇게 화가 나서 가슴이 벌렁거리는데 일이 손에 잡히겠어요?"

"그러게요. 난 일단 게임이나 한 판 하면서 마음을 진정시켜야겠어요."

고민중이 구시렁대며 사무실을 이리저리 서성이자 나태한은 의자에 비스듬히 기대 스마트폰을 꺼내들고 게임을 시작했다.

"에잇! 더러워서 못해 먹겠네."

한성갈은 소리를 버럭 지르며 아예 문을 박차고 나가버렸다.

"어휴…."

팀원들의 마음을 이해 못하는 것은 아니지만 답답한 마음에 안전방은 연신 한숨만 쏟아냈다. 회사를 그만둘 것이 아니라면 결국 회사의 지시를 따라야 했다. 더군다나 지금은 업무 시간이 아닌가. 안전방은

회사와 팀원들 사이에서 이러지도 저러지도 못하는 자신의 모습이
한심하기까지 했다.

"어휴, 맘에 안 들어! 어떻게 저렇게 한 사람도 빠짐없이 내 속을
뒤집는지 모르겠어요. 기획본부장은 본부장대로 느닷없이 일거리를
던지질 않나, 팀원들은 팀원들대로 성질내고, 나태해지고, 불평불만
만 쏟아내던 예전 모습으로 다시 돌아갔어요."

"그럴수록 안 팀장님이 중심을 잡아야죠. 그게 능력 있는 핵심리더
의 모습이죠."

유 사장은 안전방의 등을 토닥여주며 격려의 말을 건넸다.

"사실 전 요즘 저 스스로 자괴감이 많이 들어요. 기획능력을 떠나
내가 정말 우리 팀을 이끌어갈 능력이 있는지조차 의심스럽다니까
요."

"핵심리더가 되기 위해서는 그 무엇에도 흔들리지 않는 나만의 관
觀을 가져야 한답니다."

"나만의 관이요? 가치관을 말씀하시는 건가요?"

"관이란, 사물이나 현상을 관찰할 때, 그 사람이 보고 생각하는 태
도나 방향을 뜻한답니다. 예컨대 길거리를 떠도는 유기동물들을 보
면 안타까워하고 걱정하는 사람이 있는가 하면, 더럽고 위험하다고
피하는 사람도 있죠. 이처럼 '관'은 개인적이고 주관적일 수밖에 없지
만 인생은 더불어 사는 것이기에 개인적인 가치관은 물론이고 어떤

역할인으로서의 정확한 '관'을 가지고 있어야 합니다."

유 사장은 탁월한 성과를 창출하면서 팀원들과의 관계 또한 원만하게 하기 위해서는 특히 '직업관'과 '인간관' 등을 분명하게 정립해둘 필요가 있다고 강조했다.

"그 무엇에도 흔들리지 않는 나만의 관이라…."

사무실로 돌아가는 복도에서 안전방은 잠시 걸음을 멈추고 유 사장의 가르침을 찬찬히 되새겨보았다. 유수홈쇼핑에 입사하기까진 적어도 '최선을 다해 열심히 살자'라는 나름의 관이 있었다. 그런데 언젠가부터 너무 잘하기 위해 애쓰는 것이 귀찮아졌고, 너무 못해서 욕을 얻어먹는 것도 싫었다. 그저 우르르 떼 지어 가는 무리의 중간쯤에서 무난하고 안전하게 사는 것이 잘 사는 것이라 생각했다.

그러던 어느 날 느닷없이 던져진 질문 하나가 안전방을 뒤흔들었다.

'정말 이대로도 좋은가?'

그리고 오늘, 다시 무엇을 향해 어떻게 나아가야 할지를 분명하게 정립할 필요성을 절감했다. 대답을 찾기에 앞서 그는 팀원들을 아끼는 자신의 마음을 들여다보았다. 그들은 단순한 동료나 부하직원이 아니었다. 그들은 나락으로 떨어진 자신과 함께 손을 부여잡고 이곳까지 함께 올라온 동지들이었다.

"난 그들을 믿어. 그들의 능력과 그들 안에 숨겨진 열정을 믿어. 그들의 열정을 이끌어 내고 스스로 움직이게 하는 것이 리더로서의 내가 할 일이야."

안전방은 기회F팀이 나태와 불만이라는 둔탁한 갑옷을 벗어던지고 스스로 움직이게 하기 위해서는 무엇보다도 자신들이 하고 있는 일의 가치를 느끼게 해주어야 함을 깨달았다. 물건을 파는 단순한 행위에 더 크고 소중한 가치를 담아내는 것이 바로 기획팀의 일이며, 그 일을 해내는 가장 유능한 사람들이 그들임을 알게 해줄 필요가 있었다.

나만의 '관'을 가졌는가

• • • • •

'관'이란 사물이나 현상을 관찰할 때, 그 사람이 보고 생각하는 태도나 방향을 뜻한다. 어떤 견해를 규정하는 사고의 기본 출발점인 셈이다. 정리된 사고의 체계이자 영어로 마인드라 부르는 '관'은 개인적이고 주관적이다. 자신의 안경으로 세상을 바라보는 터라 나의 생각과 나의 견해로 세상을 해석하고 대응한다.

뚜렷한 개인의 사고와 견해를 담은 '관'은 누구나 다 가지고 있다. 사람에 대해 평가하는 기준인 '인간관', 직업 혹은 직업 선택에 관한 기준이나 견해인 '직업관', 삶이나 사물에 대한 근본적인 태도와 방법, 견해 등의 '가치관', 결혼에 관한 시각이나 관점의 '결혼관', 인생에 대한 기준이나 시각의 '인생관' 등을 저마다 가지고 있다. 하지만 자신의 '관'을 내세우기만 한다면, 이 사회는 무한경쟁과 대립으로 일찌감치 공멸하고 말았을 테다. 그러나 인류는 지혜를 발휘하여 더불어 사는 인생의 가치를 공유하고 있다. 개인적인 가치관만큼이나 어떤 '역할인'으로서의 정확한 관을 가지라고 말이다.

역할인으로서의 정확한 '관'은 더불어 사는 사회라는 공동체, 혹은 직장과 같은 조직에서의 개인이 가지는 '관'을 뜻한다. 선생님은 교육의 역할을, 군인은 국방의 역할을 맡아 뚜렷한 자기 역할의 '관'을 가지고 있다. 회사에서도 각 부서나 맡은 업무에 따라 역할이 다르고, 각각의 역할에서 뚜렷한 '관'을 가진 전문가들이 모여 협업으로 시너지 효과를 발휘하는 것이다.

'관'이 명확한 사람은 자기만의 개인 헌법을 가지고 있는 것과 마찬가지다. 의사 결정이나 행동의 선택을 할 때마다 지침이 되어준다. 그렇다면 나의 판단과 행동을 선택할 때 지침으로 '동사 찾기'를 해보자. 자신에게 가장 의미가 있고, 중대하고, 흥미로운 동사 세 개를 다음의 표에서 꼽아보자.

세 개의 동사를 선택했다면, 나의 '핵심가치'를 정리하는 과정을 거친다. 내가 하고 있는 역할이 무엇인지 생각한 뒤에 그 역할을 대표할 수 있는 게 무엇인지 떠올려보자. 그리고 죽을 때까지 간직하고, 심지어 그것을 위해 희생할 수도 있는 원리, 원인, 혹은 가치와 목적은 무엇인지 정리한다.

동사의 선택과 핵심가치에 이어 '대상 정하기'가 있다. 모든 역할에는 대상이 있다. 구체적인 대상을 정하는데, 누구에게 영향을 미치고 싶은지, 누구를 위하여 봉사를 하고 싶은지, 누구와 함께하고 싶은지에 대해 정확하게 정하는 것이다.

내가 선택할 동사들

가르치다	갱신하다	고양시키다	놀다	거래하다	고취하다
대접한다	감동시키다	동기화시키다	견디다	결정하다	공유하다
결합하다	감소시키다	만들어내다	관계하다	만족하다	구축하다
말하다	기안하다	경쟁하다	강화시키다	계몽하다	갖다
기억하다	명령하다	개선하다	고려하다	깨닫다	명시하다
개정하다	고안하다	꿈꾸다	모으다	모험하다	상담하다
연결하다	저축하다	모형을 만들다	상승하다	전진하다	생각하다
연습한다	믿다	생산하다	반영하다	생성한다	공급한다
발전시키다	영향을 미치다	성취하다	완수한다	세우다	요구하다
존경하다	보여주다	소유하다	용서하다	존중하다	원인이 되다
보우한다	유지하다	주다	봉사하다	육성하다	준비하다
이해하다	즐기다	빛내다	지속하다	사랑하다	알다
일하다	약속한다	획득하다	판매하다	휴식하다	칭찬하다
포옹하다	희생하다	표현하다	여행하다	창조하다	치유하다

위의 세 가지 단계인 동사 찾기, 핵심가치, 대상 정하기 등을 마쳤다면 다음과 같이 통합하는 과정이 필요하다.

〈나는 _____(대상자)에/의/을(를) 위해/과(와) 함께 _____(핵심가치)을(를) _____, _____, _____(동사)이다.〉

이렇게 문장으로 만들어 스스로 다짐할 수 있도록 적어 놓는다. 가급적 짧은 문장으로 함축하여 남들에게 선언하고 스스로 다짐한다. 그 내용은 현재의 시제로 서술되어야 하고, "사실인 것처럼 행동하라"는 원칙에 따라 이런 역할인이 이미 된 것처럼 이미지 트레이닝을 하는 것이다.

진짜 리더가 되고 싶은가

"나태한 씨, 난 아무리 해도 이 부분이 막히는데 나태한 씨가 한번 봐줄래?"

"아, 그래요? 이리 줘 보세요."

자신들이 하는 일에 가치를 깨닫고 자부심을 느끼게 하기 위해 안전방은 우선 팀원들에게 업무를 지시하는 방법부터 바꿨다. 지시와 명령의 언어를 거두고 의논과 부탁의 언어로 접근한 것이다. 다행히 효과는 즉각적이었고, 모두들 일에 빠져드느라 스마트폰으로 게임을 할 시간도, 사무실을 이유 없이 서성일 시간도 없었다. 모처럼 되찾은 사무실의 열기를 즐기는 듯 한성갈 역시 콧노래를 부르며 일에 열중했다.

"그런데 말이에요, 기획4팀이 제안한 프로젝트가 '노부부를 위한 리마인드 신혼여행'인데, 콘셉트도 좋고 구성도 괜찮고 가격도 이 정도면 나쁘지 않은데 왜 보류가 됐을까요?"

새로 맡은 프로젝트에 대한 팀원들의 검토가 끝나자 안전방이 고개를 갸웃거리며 질문을 던졌다.

"그러게요. 저도 이 건을 검토하며 계속 그런 의문이 들었어요."

고민중의 대답까지 이어지자 사무실엔 긴 침묵이 찾아왔다.

"음, 근데 제가 고객이면 전 이 상품 구매 안 할 것 같아요."

먼저 입을 뗀 것은 나태한이었다. 그는 조심스레 자신의 생각을 이야기 했다.

"사실 나도 그래."

한성갈도 말을 거들었다. 콘셉트도 좋고 구성도 괜찮고 가격도 나쁘지 않은 여행상품임에도 모두들 자신이라면 구매하지 않을 것이라고 했다. 안전방은 그 이유에 대해 물었다.

"뭔가 이것저것 다양하게 많이 넣어 화려해 보이지만 막상 여행을 다녀보면 정신이 없고 몸만 힘들 것 같아요."

"맞아! 소문난 잔치에 먹을 것 없다는 말처럼 감동이나 여운이 남는 코스는 아닌 것 같아."

"그래요. 특히 노인들은 걸음도 느리고 행동도 조심스러운데 그런데 대한 배려가 전혀 없는 상품 같아요."

"게다가 이건 그냥 여행도 아니고 리마인드 신혼여행인데, 부부 둘만의 사적이고 특별한 코스가 없어요."

물꼬를 터주니 순식간에 물이 쏟아져 나와 거대한 물길을 만들었다. 안전방은 얼굴 가득 흐뭇한 미소를 지으며 팀원들의 의견을 꼼꼼히 메모해 나갔다.

"좋아요! 그렇다면 이제부터 우리가 할 일은 진심으로 노부부와 공감하는 것이에요. 그들의 건강 상태, 식성, 경제적 능력, 그리고 30여 년 전의 추억까지 모두 느껴보는 거예요. 그런 후에 진정으로 그들을 위한, 그들을 배려한 여행상품을 다시 꾸려봅시다."

"와, 이거 갑자기 에너지 업 되는데요. 하하하!"

"노인정 같은 데 찾아가서 설문조사를 하는 것도 좋겠어요."

서로의 의견을 한 데 모으고 각자의 역할까지 나눈 후에야 비로소 기지개를 켜며 시계를 쳐다보았다. 퇴근 시각을 훌쩍 넘긴 뒤였다.

"다들 고생하셨습니다. 오늘은 제가 특별히 저녁을 쏘겠습니다. 약속 있으신 분은 빠져도 되니 부담 갖지 마세요. 하하하."

"아, 이게 얼마 만에 팀장님께 얻어먹는 밥인데요. 약속 전혀 없습니다."

"그럼요. 절대 부담 안 됩니다."

안전방이 밥을 산다는 이야기에 모두들 재빠르게 가방을 챙겨들고 자리에서 일어났다. 일사분란하게 움직이는 팀원들의 모습에 안전방의 입에선 피식 웃음이 새어나왔다. 회식도 업무의 연장이라는 말처럼 안전방은 이어진 식사 자리에서 더욱 발전하는 그들의 모습이 기대되었다.

"와, 정말 대단한 분이시군요."

"그러게요. 식이요법으로 암을 극복한 것만으로도 대단한데 사업적인 성공까지 거두셨으니."

〈보약한첩〉사장에 얽힌 스토리를 들려주자 예상대로 모두들 감탄을 쏟아냈다.

"사업도 단순히 돈을 버는 것이 목적이 아닌 사람들의 건강을 위하는 일이니 더욱 의미 있지."

"사연을 듣고 나니 밥맛이 꿀맛처럼 느껴지네요. 저희 부모님 모시고 종종 와야겠어요."

밥 한 그릇을 뚝딱 비워낸 후 나태한이 만족스런 표정으로 말했다.

"여기 사장님이 한 달에 두 번씩 양로원 어르신들에게 식사 대접을 하신대. 게다가 직원들도 휴일을 반납하고 자발적으로 봉사에 참여한다고 해."

"진짜 훌륭하신 분이네요. 양로원 어르신들 중엔 건강이 안 좋으신 분들도 많을 테니 큰 도움이 되겠어요."

안전방의 이야기를 들으며 한성갈이 연신 고개를 끄덕였다.

"테라스 카페 유 사장님도 몇 달 전부터 봉사에 참여하신다고 해요."

"유 사장님이요?"

"네. 그래서 나도 함께 해볼까 생각 중이에요. 음식은 여기 사장님이랑 직원들이 준비를 하니 나는 음식을 나르거나 치우는 것을 도우면 될 것 같아서."

"저도 참여할까요? 제가 설거지는 자신 있는데. 헤헤."

고민중이 한 치의 망설임도 없이 봉사에 참여하겠다는 뜻을 밝혔다.

"정말? 그래주면 정말 도움이 되지. 사실 식사하는 것조차 힘든 노인 분들도 많을 테니 도움의 손길이 많으면 많을수록 힘이 되지."

"그럼 저도 함께 할게요. 제가 할머니 손에 자라서 그런지 노인 분들 시중드는 것은 잘하거든요."

이번에는 나태한이 참여 의사를 표현했다.

"뭐야, 나만 빼놓고 자기들끼리만 한다고?"

"하하! 그럼 한 과장님도 함께 하시면 되죠. 한 달에 두 번이면 그렇게 부담이 되지는 않을 것 같은데."

"헤헤, 그래볼까요?"

한성갈은 기다렸다는 듯 참여의 뜻을 밝혀왔다.

"우와! 역시 우리 기획F팀은 단합 하나는 끝내주게 잘한다니까요."

팀원들의 화합하는 모습을 보며 안전방은 "자리가 주어진다고 리더가 되는 것이 아니다. 진짜 리더가 되기 위해서는 스스로 그에 걸맞은 역량을 갖추어야 한다"던 유 사장의 가르침을 떠올리며 고개를 끄덕였다.

1%의 나눔이
99%를 채운다

• • • • •

　　　　　　　　　　　　　　　빌 게이츠나 워렌 버핏, 마크 저커
버그는 성공의 아이콘이다. 이 사람들의 공통점은 성공 말고도 또 있
다. 나눔을 아끼지 않고, 또 나눔의 문화를 전파하려 노력한다. 상상
을 초월하는 돈을 어려운 사람들을 위해 주저하지 않고 기부를 한다.
이런 기업인이나 리더들을 보면 부럽기도 하고 딴 세상에 사는 사람
들의 이야기로 들리기도 한다. 결국 나눔도 돈이 있어야 하는 게 아니
냐는 푸념 아닌 푸념을 늘어놓으면서 말이다.

　우리는 종종 "나도 빌 게이츠나 워렌 버핏, 마크 저커버그만큼 벌
고 나면 나눔과 기부를 하겠다"는 말을 한다. 하지만 나눔은 내게 넘
치는 것을 나눠주는 것이 아닌 자신이 가지고 있는 것을 나눠 더불어,
함께 살아가는 것이다. 나눔을 실천하는 방법 중에서 흔히 알고 있는

게 가진 돈이나 물품을 어떠한 대가도 바라지 않고 제공하는 것이다. 나눔의 실천은 이웃이나 사회공동체의 불우한 사람들을 돕는 활동으로 '기부' 행위가 많이 이루어지고 있다.

우리나라도 나눔의 문화가 확산되면서 다양한 나눔 활동과 기부가 활발해졌다. 그러나 아직까지 1인당 연간 기부액이 미국의 1/120 정도의 수준이라고 한다. 나눔과 기부가 자연스러운 일상으로 되기까지는 아직 시간과 노력이 더 필요한 듯하다. 그리고 앞서 말한 것처럼 나눔과 기부를 '가진 자'의 여유이자 특권으로 여기는 편견부터 바꿔야 한다.

내가 가진 물질적인 재산이 많지 않더라도 더불어 사는 나눔의 지혜는 발휘할 수 있다. 예컨대, '프로보노'와 같은 재능기부도 훌륭한 나눔이다. 공익을 위해 자신의 전문성과 지식을 나눠주는 프로보노 활동은 돈에 구애받지 않고 할 수 있는 나눔이다. 고학력의 전문지식이 아니라도 손재주가 있는 사람은 집을 짓는 것을, 컴퓨터를 다룰 줄 아는 사람은 정보화 교육을 할 수도 있다.

경제 활동에 여념이 없는 직장인이나 자영업자, 혹은 학생들에게 나눔이 중요한 이유는 더불어 살아야 한다는 윤리적인 이유 말고도 또 있다. 나눔은 '공감능력Empathy'을 필요로 한다. 공감능력이란 내 생각뿐만 아니라 다른 이의 입장에서도 생각할 줄 알고, 타인의 감정에 공감하고 이해하는 능력을 뜻한다. 인간은 사회적 존재라고 할 때, 이미 더불어 살고 공감할 수 있는 능력을 갖춰야 한다는 의미도 포함되어 있는 것이다.

리더십에서 가장 필요한 덕목은 공감능력일지도 모른다. 함께 일하는 사람들과의 소통, 이해와 협력의 공감 등은 현대 리더십에서 빼놓을 수 없는 요소이다. 가게에 찾아온 손님과 공감을 나눌 줄 아는 사람이 성공하고, 협업의 바탕이 되는 공감능력이 뛰어난 이가 면접관의 눈에 먼저 띈다. 공감능력이 발달된 사람이 나눔에 적극적이고, 나눔에 적극적인 사람은 공감능력을 갖춘 리더로 인정받을 수 있다.

　나눔은 타인을 위한 자기희생만을 뜻하는 게 아니라 나 자신을 위한 지혜라고 한다. 내가 가진 것을 나누어줄 때, 뺄셈의 법칙이 아니라 덧셈, 나아가 곱셈의 풍요로운 보답으로 되돌아온다. 진정한 리더가 되고 싶고, 공동체에서 뿌리를 내릴 수 있는 자영업, 혹은 한 조직의 일원이 되고자 하는 사람들은 작은 것이라도 함께 나눌 줄 아는 성숙한 의식도 갖춰야 한다. 내가 살고 있는 사회공동체가 붕괴되고, 이기주의가 팽배한 기업에서는 나의 희망과 미래도 함께 무너질 수밖에 없다.

Chapter 5

시테크
(時-tech)

시간, 관리할수록
늘어난다

시간은 전략적인 자기관리라 할 수 있다. 과거로부터 현재, 그리고 미래로 이어지는 크고 작은 사건들의 연속이기도 하다. 피터 드러커의 말처럼 시간이 부족하다는 것은 시간 자체의 문제가 아니라 관리의 문제이다. 똑같은 시간이라 할지라도 마치 상대성의 원리처럼 어떻게 쓰느냐에 따라 시간의 가치는 저마다 달라지기 마련이다.

바쁘다 바빠!

아내의 얼굴을 보자마자 안전방은 저도 모르게 눈물이 또르르 떨어졌다. 석 달 가까이 홀아비처럼 지낸 설움도 설움이지만 무엇보다도 그녀에 대한 그리움이 무럭무럭 자라나는 것을 막을 길이 없었다.

"그렇게 내가 보고 싶었어?"

"당연하지! 이젠 나 혼자 두고 어디 가지 마."

임신 6개월에 접어든 아내의 배는 제법 볼록해져 있었다. 초음파 사진으로만 봤던 아기천사의 실체를 확인한 듯한 기쁨에 안전방은 아내를 포근히 안아주었다.

"어휴, 닭살 돋아서 못 보고 있겠네."

커다란 짐 가방을 양손에 든 현재만이 입을 삐죽이며 집으로 들어섰다.

"어서 와. 처남은 안 본 사이에 더 멋져졌네."

아내가 막내처남인 현재만을 데리고 온다는 이야기를 미리 했던 터라 안전방은 반갑게 인사를 건넸다.

"헤헤. 제가 비주얼은 좀 되죠? 그나저나 매형도 신수가 훤하신데요? 집도 생각보다 깨끗하고."

"그게 말이지…."

안전방은 아내와 현재만에게 과일을 내주며 자신에게 일어난 크고 작은 변화에 대해 이야기를 시작했다.

"당신이 다림질도 하고 요리도 한다고? 와, 듣기만 해도 흐뭇하네."

안전방의 아내 현명애는 남편에게 일어난 긍정적인 변화가 무척이나 반가웠다. 연애기간 동안 그렇게 자상했던 남편이 결혼과 동시에 남자의 권위를 내세우며 집안일에 무심하게 굴자 섭섭함을 넘어 억울한 생각이 들기도 했다. 더군다나 직장 생활과 집안일을 병행하며 종종걸음을 치는 자신과는 달리 사흘이 멀다 하고 회식이다 모임이다 하며 술에 취해 귀가를 하니 그와 결혼을 한 것이 후회가 될 정도였다.

하지만 석 달 만에 본 남편은 다시 예전의 그 자상한 남자로 돌아와 있었다. 현명애는 입덧을 핑계로 친정으로 내려가길 잘했다는 생각이 들었다.

"아함! 전 피곤해서 좀 쉬어야겠어요. 두 분이서 회포 좀 푸세요."

"그래, 운전 하느라 피곤했을 텐데 좀 쉬어."

"네, 매형."

"어휴, 저 화상!"

안전방의 아내 현명애는 입이 찢어져라 하품을 해대며 방으로 들어가는 현재만을 향해 얼굴을 구겼다.

"참, 처남 이야기 좀 해봐."

"얘기할 것도 없어. 내일부터 당신이 한번 지켜봐. 저 녀석은 답이 없어, 답이."

현재만은 대학을 졸업하고 군 복무까지 마쳤지만 2년이 넘도록 부모님께 용돈을 타서 생활하고 있었다. 친정 엄마의 한숨 섞인 푸념을 들을 때만 해도 시간이 지나면 점점 나아질 것이라고 위로했었다. 하지만 막상 한 집에서 지내며 동생의 생활을 지켜보니 흠씬 두들겨 패서라도 정신을 차리게 해주어야겠다는 생각이 들었다.

"처남, 언제까지 이렇게 지낼 거야?"

함께 지낸지 일주일이 되던 날 안전방은 퇴근길에 현재만을 불러냈다. 그러고는 집 근처 포장마차에서 술 한 잔을 건네며 그동안 참아왔던 말을 꺼냈다.

"그렇잖아도 아르바이트로 애들 레슨이나 해볼까 생각 중인데, 사실 매형도 알다시피 제 하루가 얼마나 바빠요? 애들 레슨 하다보면 내 곡을 쓸 시간이 없어요. 그래서 어째야 할지 생각 중이에요."

현재만은 중학교 때부터 피아노를 배웠고, 대학에서는 실용음악 작곡을 전공하면서 작곡가의 꿈을 키웠다. 나름 열심히 한다고는 하지만 옆에서 지켜보는 입장에선 한숨이 절로 나올 정도로 나태하고 무기력한 생활을 하고 있었다. 후배나 동기들에게 간간이 곡을 주기는 했지만 습작 정도의 수준이라 수입을 기대할 수도 없었다.

"이거 한번 볼래?"

안전방은 가방에서 자신의 다이어리를 꺼내 현재만에게 내밀었다.

"이게 뭐에요?"

웬만한 책보다 더 두꺼운 외양에 놀라며 현재만이 물었다.

"내 다이어리야."

"와, 정말 꼼꼼하게 기록을 하시네요. 특히 시간을 이렇게나 잘게 쪼개서 사용을 하시다니!"

다이어리를 한 장 한 장 살피는 현재만의 입에선 연신 감탄사가 흘러나왔다.

"나도 불과 몇 달 전까진 처남처럼 '시간이 없다, 바쁘다'라는 말을 입에 달고 살았어. 그런데 나의 하루를 일일이 기록해보니 시간이 없다는 것은 결국 핑계에 불과하더라고. 시간이 없어서 집안일을 도우지 않은 것이 아니라 하기 싫어서 안 한 것이었지. 바빠서 운동을 못한 것이 아니라 결국 게을러서 안 한 것이었지. 그러면서 나는 계속 시간이 없다, 바쁘다는 핑계만 대고 있었어."

"그야 그렇죠. 하지만….."

안전방의 말이 틀린 것은 아니었지만 그렇다고 온전히 수긍할 수는 없다며 뾰로통한 표정을 지었다.

"처남이 보기에 이 사람의 하루가 어떤 것 같아?"

안전방은 가방에서 종이를 한 장 꺼내 현재만에게 내밀었다. 그러고 나서는 공무원 시험을 준비하고 있는 사람의 하루라는 설명을 덧붙였다.

"헐! 오후 1시 기상, 밥 먹고 3시까지 소파에서 텔레비전 보기, 한 시간 동안 SNS로 친구들과 수다, 다시 한 시간 동안 만화책 보기, 오후 5시에 공부를 시작해서 6시에 동네 산책, 7시에 저녁 먹고 다시 한 시간 동안 텔레비전 보기, 오후 9시에 공부 시작해서 11시에 야식 먹기, 한 시간 동안 웹툰 및 인터넷 서치, 밤 12시에 공부를 시작해서 2시에 취침."

"어때? 그 사람이 바빠 보여? 열심히 사는 것 같아?"

"음, 밤늦게까지 공부를 하니 열심히 사는 것처럼 보이지만 오전 시간이나 낮 시간엔 거의 빈둥거리니 절대 열심히 사는 사람이 아니에요."

현재남은 이런 식으로 시간을 보내는 사람이라면 10년을 공부해도 공무원이 되기 힘들다며 확신에 찬 목소리로 말했다.

"처남과 비교하면 어때?"

"에잇, 제가 이 정도는 아니죠."

안전방의 물음에 현재남이 정색을 하며 대답했다.

"그래? 그런데 말이야, 사실 이거 나와 누나가 지난 일주일 동안 처남을 지켜보며 기록한 거야. 매일 조금씩 시간의 차이는 있지만 거의 이렇게 지내더군."

"말도 안 돼요."

"정말 그렇게 생각해? 그렇다면 내일부터 이 다이어리에 처남의 하루를 기록해봐. 그리고 뭔가 깨닫는 게 생기면 그때 나랑 다시 이야기를 하지."

안전방은 가방에서 새 다이어리를 꺼내 현재남에게 내밀었다.

"쩝, 그러죠 뭐."

여전히 떨떠름한 표정을 짓는 현재만을 보며 안전방은 유 사장이 자신에게 가르쳐준 '시테크時-tech'를 그에게 가르칠 필요성을 느꼈다.

일 잘하는 사람에게는
그만의 비밀노트가 있다.

● ● ● ● ●

시간은 전략적인 자기관리라 할 수 있다. 과거로부터 현재, 그리고 미래로 이어지는 크고 작은 사건들의 연속이기도 하다. 피터 드러커의 말처럼 시간이 부족하다는 것은 시간 자체의 문제가 아니라 관리의 문제이다. 똑같은 시간이라 할지라도 마치 상대성의 원리처럼 어떻게 쓰느냐에 따라 시간의 가치는 저마다 달라지기 마련이다.

시간관리의 중요성을 강조한 피터 드러커는 "일 잘하는 사람에게는 그만의 비밀노트가 있다"고 했다. 그 비밀노트에 적힌 것은 시간관리이다. 시간을 중요한 자산으로 여기면서 나온 개념이 바로 '시時+테크tech'이다. 돈이나 부동산에 못지않게 자산의 가치를 가지고 있다. 하루 24시간이라는 물리적인 조건이 똑같이 주어지더라도 어떤 사람은 8시간조차 제대로 활용하지 못한다.

'시테크'는 나만의 시간을 전략적으로 관리하는 것만이 전부가 아니다. 진정한 '시테크'는 개인의 시간뿐만 아니라 주위 사람들의 시간까지 활용하는 것이다. 하루 24시간이 개인에게는 똑같이 24시간이다. 그러나 여럿이 쓰는 각자의 24시간을 모으면 어떻게 될까? 10명의 팀원과 함께한다면 240시간의 가치를 낳을 수 있다.

말단 직원과 CEO의 차이는 어쩌면 이런 시간가치의 차이일 수도 있다. 24시간만을 쓸 수밖에 없는 개인과 240시간, 2,400시간, 24,000시간을 쓰는 개인의 차이는 다르지 않겠는가. 동일한 시간대에 살고 있으면서 한 개인과 1000명의 직원을 거느린 리더의 차이는 3년의 간극이 벌어진다. 1000명의 하루는 24,000시간이고, 1년이 약 8000여 시간이니 대략 3년의 차이가 생기는 셈이다.

'시테크'는 이처럼 나만의 시간뿐만 아니라 다른 사람의 시간까지 나를 위해 활용했을 때 그 효과가 크다. 나 혼자 자기관리를 열심히 하는 것도 중요하지만, 제한된 자원을 아껴 쓰고 쪼개 쓰는 것만으로는 부족하다. 덧셈보다 곱셈의 효과를 낳기 위해 나뿐만 아니라 모두의 시간을 효율적으로 쓸 수 있어야 한다.

지식이 중요한 사회일수록 시간을 잘 관리하는 사람이 성공한다. 현대 사회는 지식 사회이다. 지식 사회에서 시간의 양은 생산성과 반드시 일치하지 않는다. 지식의 활용은 창의적인 경우가 많다. 8시간을 책상 앞에 앉아 있다고 해서 생산성이 오르고 능률적인 것이 아니다. 효율적으로 지식을 활용하는 것은 미래를 예측하고 현재를 관리하는 것과 같다. 따라서 지식의 활용은 효율적인 시간관리와 마찬가지인 셈이다.

효과적인 '시테크'를 하려면, 실천력과 집중력도 중요하다. 에디슨은 "변명 중에서도 가장 어리석고 못난 변명이 '시간이 없어서'라는 변명이다"라고 했다. 에디슨은 연구에만 집중한 시간이 하루 평균 20시간이었다고 한다. 그렇게 할 수 있었던 비결은 '한 가지에 모든 에너지를 쏟아 붓는 능력' 덕분이었다는 것이다. 그는 똑같은 24시간을 보내면서 대부분의 사람들이 잠자는 평균 시간인 8시간을 제외하고 16시간을 보내는 동안 오로지 한 가지 일에 집중했다. 대부분의 사람들은 그 시간 동안 그의 말대로 "텔레비전을 보거나, 책을 보는 등 여러 가지 일"에 시간에 보낸다. 하지만 에디슨은 한 가지의 분명한 목표를 세우고 매달렸다.

'시테크'를 재테크에 빗대어 말하는 것은 그 가치의 크기 때문이다. 좀 더 풍족한 현재와 안전한 노후를 준비하는 재테크에서 단순히 저축하는 것만으로는 부족하다고 한다. 시간도 다를 게 없다. 아끼고 쪼개는 것 말고도 재테크의 복리처럼 시간의 가치를 키우고 집중해야 하는 것이다.

줄줄 새는 시간을 잡아라

시간활용에 관한 지적을 받은 지 사흘째 되던 날 현재만이 안전방에게 먼저 도움을 요청했다. 현재만은 A4 종이 한 장을 안전방에게 내밀며 깊은 한숨을 내쉬었다. 안전방은 종이에 적힌 내용만 보고도 한숨의 의미를 알 것 같다며 피식 웃었다.

"매형 말이 맞았어요. 지난 3일 동안 제가 하루를 어떻게 보내는지 기록해봤는데 한숨밖에 안 나오더라고요."

현재만은 시간을 효율적으로 사용하고 싶은데 막상 실행하려니 어떻게 해야 할지 몰라 막막하다며 조언을 부탁했다.

"하하. 너무 자학할 필요는 없어. 처남은 이미 시간관리 프로세스를 실행중이니까."

"네? 그게 무슨 말이에요?"

"시간관리 프로세스는 '현상 진단'을 통해 '해결 방안'을 강구하는 일련의 과정을 의미하는데, 현상을 진단하기 위해서 제일 먼저 해야 할 일이 자신의 시간을 기록하는 일이거든."

안전방의 설명에 현재만은 그제야 이해가 된다는 듯 고개를 끄덕였다.

"그 기록을 토대로 '시간의 사용 방법 측정' 즉, 평소 자신이 시간을 어떻게 사용하고 있는지를 측정하면 돼. 예를 들어 처남의 경우, 잠을 자는 데 11시간, 일을 하는 데 5시간, 밥을 먹는데 1시간, 그리고 나머지 7시간은 텔레비전을 보거나 웹 서핑, 친구들과 수다 떨기 등으로 보내고 있어."

"달라지고 싶은데 어떻게 해야 할지를 잘 모르겠어요."

"일상의 행동을 바꾸기 위해서는 시간을 명확한 목적에 따라 잘게 쪼개는 것이 좋아."

현재만은 안전방의 조언을 되새기며 자신의 시간관리 프로세스를 정립해보기로 마음먹었다. 가장 먼저 자신이 시간을 어떻게 사용하는지 정리를 한 내용을 토대로 행동부터 바꾸기로 했다. 예컨대 친구들과 수다를 떠는 것도 행동의 문제였다. 게다가 친구들이 소소한 부탁을 하는 것도 쉽게 거절하지 못해 자신의 시간을 빼앗기고 있었다. 전화 통화를 해도 필요 이상으로 통화시간이 길어지는 것이 의외로 많았던 것이다. 이런 행동이나 태도를 고치는 것부터 시작했다.

"휴식을 핑계로 죽이는 시간이 너무 많군요. 이것도 줄여야겠어요.”

　종이 위에 객관화된 자신의 하루를 보니 현재만은 불필요한 일을 반복하는 행동이 지나치게 많았다. 시간 죽이기 식의 웹서핑이나 수다 떠는 것 등이 거의 매일 반복됐다. “좋아. 처남처럼 잘못된 행동을 파악하는 것만으로도 해결 방안을 찾을 수 있어. 왜냐하면 잘못된 것을 인지해야 행동의 교정이 이루어지기 때문이지.”

　자신의 잘못된 행동들을 파악한 현재만은 안전방의 조언에 따르며 왜 이렇게 아까운 시간을 허비하는지 저해 요인과 중단 요인을 꼽아 봤다.

　“음, 스마트폰이 제겐 큰 저해 요인이군요. 늘 스마트 폰을 들여다보며 쓸데없는 눈요깃감에 시간을 허비하고 있었어요.”

　스마트폰 외에도 계획성 없는 휴식과 텔레비전 시청도 시간관리의 저해 요인임에 분명했다.

　“어휴, 입으론 ‘바쁘다 바빠’를 외치지만 몸은 친구들과 수다를 떨고 소파에 드러누워 텔레비전을 보는 게으른 인간이 바로 저군요.”

　자신의 일상과 저해 요인 등을 메모한 종이를 물끄러미 내려보던 현재만이 다시 긴 한숨을 내쉬었다.

　“시간관리가 잘 안 되는 원인을 단순히 ‘게을러서’라고만 얘기할 순 없어. 시간관리가 안 되는 원인은 크게 ‘기술적 무지’와 ‘외부적 현실’, ‘심리적 장애’ 등으로 나눌 수 있어.”

안전방은 자신의 다이어리를 꺼내 유 사장의 가르침을 메모해 두었던 페이지를 펼쳤다. 그러고는 시간관리가 잘 되지 않은 이유에 대해 현재만에게 찬찬히 설명을 해나갔다.

"시간관리를 잘하려면 앞으로 어떻게 해야 할까요?"

"시간관리를 잘하려면 시간과 일에 끌려다니지 않고 내가 시간과 일의 주인이 되어야 해. 시간을 창고에 비유해서 한번 설명해볼게."

안전방은 종이를 한 장 꺼내 네모난 창고를 하나 그린 후 설명을 이어갔다.

"시간은 공간처럼 제한적이라는 공통점이 있어서 얼마나 잘 관리하면서 사용하는지가 중요해. 원칙 없이 아무렇게나 물건이 쌓여있는 창고는 누가 봐도 엉망진창이지. 이런 창고에서 원하는 물건을 찾으려면 진땀 깨나 흘려야겠지. 시간도 마찬가지야. 원칙과 계획 없이 뒤죽박죽으로 사용되는 시간은 처남처럼 자야 할 시간에 일을 해서 몸의 피로를 가중시키기도 하고, 쓸데없이 긴 휴식으로 시간을 낭비하게도 해. 심지어는 언제 무엇을 해야 할지 몰라 멍하게 있으며 시간만 흘려보내기도 하지."

"오! 정말 그래요. 텔레비전을 보고 있으면서도 일을 해야 한다는 불안감을 느끼고, 일을 하고 있으면서도 휴대폰을 들여다보며 친구와 수다를 떨기도 하죠. 일을 해도 일을 하는 게 아니고 휴식을 취해도 휴식하는 게 아닌 어정쩡한 시간들을 보내게 되는 것 같아요."

안전방의 자세한 설명에 현재만은 자신의 문제가 단순히 게으름에만 그 원인이 있는 것이 아님을 깨달았다.

"시간의 낭비와 손실을 막기 위해서는 자신의 시간을 미리 계획해야 해. 작게는 하루 24시간을 어떻게 활용할 것인지 계획을 세우는 것부터, 크게는 인생설계, 즉 자신의 인생 전체에 걸친 시간들을 계획하는 것이 필요하지."

"인생설계까지요?"

"응. 자신의 꿈과 목표가 무엇인지를 분명하게 하고, 그것을 이루기 위한 인생설계를 하는 것이지. 그래서 '인생설계'는 다시 5년, 10년 등 수년에 걸쳐 이룰 '수년 계획'과 1년 단위로 이루어낼 '연간 계획'으로 세분화돼. 그리고 연간 계획은 다시 분기, 월간, 주간, 일간 계획으로 세분화되지. 이렇게 각 계획들의 결과에 따라 상위개념인 '수년 계획'과 '인생설계'가 수정되고 보완되는 것이지."

"근데 굳이 그렇게까지 할 필요가 있을까요? 하루하루를 계획적으로 알차게 사는 것만으로도 충분할 것 같은데."

인생설계라는 거창한 의미의 단어가 등장하자 현재만은 안전방이 다소 오버하는 것이 아닌가 하는 생각이 들었다.

"물론 충실하게 최선을 다하는 하루하루가 모여 1년이 되고, 10년이 되고, 평생이 되는 거지. 그런데 기왕이면 큰 설계도를 먼저 그리고 그 선을 충실히 따라가는 것이 자신의 꿈과 목표를 달성할 가능성이 더 높아지지 않을까?"

"음, 매형 설명을 듣고 보니 정말 그러네요. 특히 저처럼 많은 사람들에게 감동을 주는 훌륭한 작곡가를 꿈꾸는 사람은 더 멋지고 체계적인 인생설계가 필요할 것 같아요."

현재만은 연신 고개를 끄덕이며 메모지에 빠르게 메모를 해나갔다.

"덧붙여 말하자면, 오늘 그렇게 메모한 것은 반드시 다이어리나 다른 공책에 따로 정리해서 옮겨두도록 해. 주위에 보면 메모는 잘하지만 메모한 내용을 정리하지 않아서 다시 뒤죽박죽이 되는 경우가 종종 있더라고."

"아! 네, 반드시 따로 정리할게요."

현재만은 자신감 넘치는 목소리로 야무지게 대답을 했다.

대체 무엇이
나의 시간을 방해하는 걸까?

● ● ● ● ●

미국의 과학자이자 정치가였던 벤자민 프랭클린이 서점을 운영할 때였다. 하루는 손님이 책 한 권을 집어들더니 가격을 물었다.

"1달러입니다."

"조금만 깎아주세요."

"그럼 1달러 15센트 주세요."

손님은 깎아달라는데 15센트를 더 달라고 하니 잘못 들은 줄 알고 다시 물었다. 그러자 프랭클린은 1달러 50센트를 달라고 했다. 가격을 깎아주기는커녕 자꾸만 더 올리자 손님은 자신을 약 올리는 것이냐고 화를 버럭 냈다. 손님의 항의에 프랭클린의 대답은 이랬다.

"시간은 돈보다 귀한 것이라오. 손님께서 제 시간을 쓰게 했으니 당연히 책값에 시간 비용을 보태야지요."

소중한 나의 시간을 방해하는 요인은 수없이 많다. 아까운 시간을 이래저래 빼앗긴다는 것을 알면서도 속절없이 시간을 보낼 때가 한두 번이 아닐 테다. 나에게 돈을 벌게 해주는 손님에게조차 가격 흥정으로 내 시간을 빼앗는다고 단호하게 말한 프랭클린이 부럽기만 하다.

시간관리가 안 되는 원인은 크게 '기술적 무지'와 '외부적 현실', '심리적 장애' 등으로 나눌 수 있다. '기술적 무지'는 일에 '제자리'가 없어 허둥지둥하고, 활동 시간이 적당하지 않아 효율적이지 못한 경우, 일에 걸리는 시간을 잘못 계산하고, 일이 나에게 적합하지 않고, 일이 복잡하고 규모가 크고, 뭘 해야 하는지 잊어버리거나 일하는 공간이 뒤죽박죽이라 집중력이 흩어지는 경우에 해당한다. '외부적 현실'은 일이 너무 많고, 체력이 떨어지고, 언제 무슨 일이 일어나는지 예측하지 못하고, 파트너와의 호흡이 안 맞는 경우이다. '심리적 장애'는 목표와 우선순위가 불분명해서 갈팡질팡하거나 자칭 만능해결사라는 생각에 모든 일에 덤벼들고, 하는 일이 없으면 불안해하거나 자의적이든 타의적이든 배려가 지나치게 깊어 정작 자신의 일은 못 하고, 실패를 두려워해 일에 몰두하지 못하는 것이다.

시간관리는 시간과 일에 끌려 다니지 않고 내가 시간과 일의 주인이 된다는 뜻이다. 일을 하는 시간을 창고로 비유해보자. 공간과 시간은 제한적이라는 공통점을 가지고 있다. 따라서 얼마나 잘 관리하면서 사용하는지가 중요하다. 엉망진창인 창고는 물건이 아무렇게나 쌓여 있다. 또 원칙 없이 물건을 쌓아두는 바람에 어디에 있는지 찾기가 힘들다. 시간도 마찬가지다. 뒤죽박죽인 일정은 한정된 시간에 많은 일을 해야 하고, 원칙 없이 남는 시간에 일을 하는 경우가 많고, 언제 무엇을 해야 할지 모르는 경우가 많다. "이러한 시간의 낭비와 손실을 막기 위해 계획을 세우고, 또 메모를 하는 습관을 가지는 게 좋다. 그때그때 메모한 것은 따로 다이어리나 노트에 모아서 정리해두면 미래의 자산을 저축하는 것과 다를 게 없다.

시간관리의 첫 걸음은 계획이다. 계획에 따라 시간을 나누고 효율적으로 쓰는 게 시간관리의 첫 걸음이자 전부라 할 수 있다. 계획에 따른 실천을 제대로 수행하는 것이 시간관리이다. 계획이란 목표를 실현하기 위한 준비 과정이다. 그리고 미래에 달성하려는 청사진이기도 하다. 무엇을 달성할지, 달성하는 이유는 무엇인지, 어떻게 달성할지를 미리 결정하는 게 계획이다. 그래서 계획은 모든 시간관리에 있어서 가장 기본이 되는 것이고, 좋은 계획은 수많은 시간을 절약하는 것이기도 하다.

일의 우선순위부터 정해라

"여행코스를 최종 결정하기 전에 미리 답사를 다녀와야 하지 않을까?"

리마인드 신혼여행상품을 함께 진행하기로 결정된 여행사에서 구체적인 여행코스를 짜주며 안전방의 팀에게 최종 사인을 부탁했다.

"직접 가면 좋겠지만 그럴 시간까지 있을까요? 제주도까지 가서 그 여행코스를 다 돌아보려면 최소 이틀은 잡아야 하는데."

"두 손으로도 모자라 발까지 빌리고 싶은 이 상황에서 우리 중 누구 한 명이라도 빠지는 건 말이 안 되죠. 인터넷 커뮤니티나 노인대학 등에서 미리 상품 홍보도 해야죠. 어디 그뿐인가요? 홍보기획안에

판촉물, 홈쇼핑 방송 출연진 섭외와 웹페이지 제작 확인 등 일이 잔뜩 쌓여 있습니다!"

"어휴, 방송은 일주일도 안 남았는데 할 일은 많고."

안전방은 답답한 마음에 한숨을 내쉬었다. 다이어리를 야무지게 활용하며 나름 시간관리를 한다고 하지만 항상 방송일이 다가오면 발등에 불이 떨어진 것처럼 마음이 급해진다.

"답사를 갈 시간이 없으면 고민중 씨가 아쉬운 대로 여행지에 대한 정보를 검색해서 자료로 한번 만들어 봐. 그거라도 보고 판단을 해야지."

"넵, 알겠습니다."

"그럼 나태한 씨는 인터넷 커뮤니티를 돌며 상품 홍보를 하는 것을 비롯해서 홍보 전반에 관한 것에 주력해주고, 한 과장님은 방송 준비와 웹페이지 관련 작업 좀 세심하게 확인해주세요."

안전방의 말이 떨어지자 사무실은 다시 키보드 또각거리는 소리로 채워졌다.

"일들 하고 있어요. 난 카페 가서 커피 가져올게요."

모두들 잠잘 시간까지 줄여가며 일을 한 탓에 연신 하품을 해대자 안전방은 테라스 카페로 향했다.

"일은 잘돼 가요?"

유 사장은 안전방에게 커피를 건네며 리마인드 신혼여행상품의 진행 상황에 대해 물었다.

"어휴, 말도 마세요. 날짜는 바짝 바짝 다가오는데 할 일은 많으니 다들 멘붕 상태예요."

"그럴 땐 우선순위를 정해서 일을 처리해야죠."

"네?"

"시간이 제한돼 있는 만큼 일의 우선순위를 정해 시간을 집중해야 한다는 의미에요."

"의미는 이해하겠는데 막상 내게 주어진 일의 우선순위를 결정하라면 헷갈릴 것 같아요. 지금 우리 팀의 상황만 봐도…."

안전방은 현재 기획F팀에 산적해 있는 일만 하더라도 모두 중요한 일처럼 느껴진다며 난감한 표정을 지었다.

"일의 우선순위를 정할 때 내가 자주 활용하는 시간관리 기술은 '아이젠하워의 ABC 분석'이에요."

"아이젠하워의 ABC 분석이요?"

"네. 일의 중요성과 긴급성의 정도에 따라 처리 순서를 정하고 실행하는 것이죠."

유 사장은 중요성도 높고 긴급성도 높은 일은 A, 중요성은 높되 긴급성은 상대적으로 낮은 일은 B, 긴급성은 높되 중요성은 다소 떨어지는 일은 C로 구분하라고 했다. 그리고 중요성과 긴급성 모두 낮은 일은 미련 없이 휴지통에 넣으라고 조언했다.

"이렇게 일의 중요성과 긴급성에 따라 A, B, C로 구분한 후, A는 당장 처리하고, B는 기한을 정해 위임하고, C는 위임하거나 축소, 또는 삭제하는 것이죠."

"사실 오늘 제가 처리한 업무 중에 마음에 걸리는 것이 있어요. 여행코스를 최종 결정하기 전에 미리 답사를 다녀와야 할 것 같은데 시간이 많이 걸리는 일이다 보니 팀원들이 다들 바쁘다며 하지 말자고 하네요."

"이런! 여행지의 사전답사는 여행상품을 기획하는 일 중에 빠져서는 안 되는 아주 중요한 일이에요. 게다가 방송까지 일주일도 남지 않았으니 긴급하기도 한 일이고요. 현장을 직접 가본 후 여행지나 여행코스, 숙박시설 등에 대한 장단점을 파악해야 여행사에 시정을 요구하죠.

그리고 직접 현장을 확인해야지만 방송에서 상품을 홍보할 멘트를 정할 때도 진정성을 담을 수 있어요. 상품을 파는 것도 중요하지만 고객을 만족시키는 것이 우선이란 걸 절대 잊어서는 안 되요."

유 사장은 홈쇼핑에서 여행상품을 판매할 때 제일 애를 먹는 것이 고객의 만족도가 낮은 점이라며, 기존의 예를 살펴볼 때 사전답사를 다녀오느냐 그렇지 않느냐는 고객의 만족도에 큰 영향을 끼친다는 말을 덧붙였다.

"파레토의 2:8 원리에 대해 들어본 적 있죠?"

"네. 20%의 히트 상품이 회사 매출의 80%를 올린다는 비즈니스 원리잖아요."

안전방은 언젠가 책에서 읽은 기억을 떠올리며 대답을 했다.

"맞아요. 이 원리는 시간관리에도 적용할 수 있어요. 20%의 회의 시간이 80%의 결정을 낳고, 20%의 일이 80%의 성과를 올리는 것이죠."

"음, 그 말씀은 여행상품의 기획에서 현장을 직접 확인하는 일은 성과를 담당하는 주요 업무 20%에 속한다는 의미겠죠?"

"당연하죠! 중요성과 긴급성이 모두 높은 A그룹의 업무를 포기한다는 것은 결국 성과를 포기하겠다는 말과 같아요."

"말씀을 듣고 보니 정말 그러네요."

안전방은 여행지의 사전 답사는 결코 미루거나 삭제할 일이 아님을 깨달았다. 팀원들에게 다른 업무를 위임한 후 자기가 직접 여행지로 가봐야겠다며 서둘러 사무실로 향했다.

시간관리의 기술,
ABC를 구분하자!

● ● ● ● ●

　　　　　　　　　　　　　아이젠하워는 제2차 세계대전 때,
유럽전선의 연합군 총사령관이었다. 독일군과 대항하는 연합군은 미
군과 영국군, 자유 프랑스군을 비롯한 네덜란드처럼 유럽의 각 나라
들이 망명한 정부의 군대까지 복잡하고 수많은 세력들로 이루어져
있었다. '백만 불짜리 미소'의 주인공인 아이젠하워라고 해도 이 많은
사람들을 통솔하며 전쟁을 치루는 일은 여간 힘든 게 아니었다.

　아무리 참모들과 전선의 장군들이 있다고 해도 사령관이 각 전선에
서 벌어지는 일과 연합군 내부의 업무, 그리고 향후 전략까지 다룬다
는 것은 몸이 열 개라도 모자랄 판이다. 그러나 아이젠하워는 그 일을
훌륭하게 수행했고, 전쟁을 승리로 이끌었다. 그가 밀려드는 업무의
홍수에 휩쓸리지 않고 일을 제대로 처리할 수 있었던 것은 시간관리

의 기술 덕분이었다고 한다.

아이젠하워는 시간을 긴급도와 중요도의 기준으로 바라보고 자신에게 주어진 일을 구분했다. 그는 'ABC 분석'이라는 기준을 내세워 업무의 유형을 나눠 시간을 배분했던 것이다.

아이젠하워의 ABC 분석

- A형 : 중요하면서 긴급하다.
- B형 : 중요하지만 긴급하지 않다.
- C형 : 긴급하지만 중요하지 않다.
- D형 : 중요하지도 않고 긴급하지도 않다.

A형은 중요하면서도 긴급한 것이라서 당장 시작하고 해결해야 할 일이다. 이는 반드시 당장 처리해야 하는 필수적인 일이며 다른 사람에게 위임해서도 안 된다. 모든 과제의 15%에 불과하지만 가치에 있

어서 65%의 비중을 가진다.

B형은 긴급한 것은 아니지만 업무의 중요성은 높은 일이다. 그래서 당장은 아니지만 해야 하는 중요한 일이다. 그렇기 때문에 B형에 해당하는 일은 전략적으로 계획하고 기한을 정해서 수행해야 한다. 모든 과제 중 20%를 차지하며, 가치에 있어서 20%의 비중을 가진다.

C형은 긴급하긴 하지만 중요성은 떨어져서 '할 수 있으면 좋은' 일이다. 이런 일은 위임하거나, 줄이거나 취소한다. 모든 과제의 65%에 달하지만 가치비중은 15%에 불과하다.

D형은 아이젠하워의 말대로 아예 손을 대지 않을 만큼 불필요한 일이다. 마치 휴지통에 내다버리듯 배제하여 아까운 자신의 시간을 낭비해서는 안 된다. 업무나 일상 중 휴지통에 내다버릴 일을 많이 찾아낼수록 더 많은 시간을 중요하고 긴급한 일에 투자할 수 있다.

좀 더 구체적으로 ABC 분석의 기준에 따른 내용을 살펴보면 다음과 같다.

A형 : 긴급하고 중요함

위기, 당면한 문제, 마감시한이 임박한 프로젝트, 중요한 모임 등.

B형 : 긴급하지 않지만 중요함

준비, 예방, 가치가 명료한 일, 계획, 관계를 구축, 필요한 휴식, 임파워먼트(위임).

C형 : 긴급하지만 중요하지 않음

불필요한 방해물, 불필요한 보고서, 중요하지 않은 회의, 전화, 우편,

다른 사람의 사소한 일 등.

　D형 : 긴급하지 않고 중요하지도 않음

　사소하지만 바쁜 일, 쓸데없는 전화, 시간 낭비하는 일, 지나친 휴식과 인터넷 서핑(SNS 포함) 등.

양이냐, 질이냐?

"이런, 이게 팀장님이 직접 점검하고 오신 내용이에요?"

"음, 의외로 개선해야 할 점이 많네요. 여행코스는 설문조사의 결과를 반영한 것이니 별 문제가 없다지만 숙소나 식당은 다시 선정해야겠어요."

"맞아요. 젊은 사람들이 좋아하는 레포츠가 특화된 숙소라면 노인 분들에겐 별다른 이점이 없죠."

"음식도 내가 직접 먹어 보니 대부분의 식당이 너무 자극적인 맛이 강했어요. 그리고 양은 푸짐한 대신 재료의 신선도가 떨어졌어요."

안전방은 이틀 동안 제주도를 돌며 여행상품에 꾸려질 여행지와 숙소, 식당 등을 직접 점검한 결과를 토대로 팀원들과 의논에 들어갔다.

"방송까지 겨우 4일이 남았어요. 이 시점에 숙소와 식당을 새롭게 선정한다는 것이 말처럼 그리 쉬운 줄 알아요? 게다가 여행사가 별다른 차별점이 없는데도 그런 업체를 선정한 건 딱 봐도 단가 때문이잖아요. 그런데 업체를 우리 입맛에 맞게 바꾸면, 당연히 단가도 올라가겠죠? 그럼 고객 입장에선 구매를 망설일 수밖에 없어요."

당장이라도 여행사를 찾아가 수정을 요구할 것 같은 격양된 분위기에 한성갈이 거칠게 제동을 걸었다.

"그건 그래요."

한성갈의 말이 떨어지기 무섭게 고민중이 다시 고민에 빠져들었다. 홈쇼핑의 매력 중 하나인 '가격'을 포기하는 것은 자칫 도박에 가까운 모험일 수 있기에 섣불리 결정할 일이 아니었다.

"팀장님….""

쉬지 않고 째깍대는 시계소리에 초조함이 더해진 팀원들은 안전방에게 결정을 재촉했다.

"내 생각은 한 과장님과 좀 달라요. 상품, 그중에서도 특히 사랑하는 사람들과 소중한 추억을 만들기를 기대하는 여행상품은 첫째도 만족, 둘째도 만족, 셋째도 만족이라고 봐요. 이런 만족감들이 결국 감동을 낳는 거죠."

안전방은 단가를 낮춰 판매율을 높이는 효율성 위주의 접근이 필요한 경우도 있지만 여행상품의 경우는 '양'보다는 '질'을 우선시하는 효과성 위주의 접근을 해야지만 성공할 수 있음을 어필했다.

"100만 원을 지불하고 만족하지 못하는 여행상품과 120만 원을 지불하고 만족하는 여행상품 중 여러분들은 어떤 걸 선택하시겠어요? 전 당연히 후자입니다. 금액 기준으로 아주 큰 차이가 나는 것이 아니라면 저는 일부러 시간을 내어 떠나는 여행인 만큼 만족감이 큰 상품을 선택할 겁니다."

"팀장님 말씀 듣고 보니 정말 그러네요. 특히 연세가 많으신 노인분들의 여행은 정말 큰 맘 먹고 가는 건데 만족감이 떨어져서는 안 되죠."

나태한과 고민중은 안전방의 말에 고개를 끄덕이며 지지를 표현했다.

"숙소와 식당을 새롭게 선정하려면 시간이 꽤 걸릴 텐데, 그 문제는 어떻게 해결해야 하죠?"

한성갈 역시 여행의 품질을 개선하기 위해 금액이 다소 상승해도 된다는 것에는 나름 수긍을 했다. 하지만 시간이라는 현실적인 문제를 어떻게 극복할지 난감하기만 했다.

"일단 지금부터 30분 동안 우리는 노인들을 만족시킬만한 숙소와 식당에 관한 자료를 찾읍시다. 그리고 30분 동안 회의를 한 후 최종적인 안이 결정되면 내가 직접 여행사에 가서 담판을 짓고 올게요. 시간이 없을 때는 업무의 프로세스를 줄이는 것도 좋은 방법이죠."

안전방은 최종안이 결정되면 여행사 담당자와 머리를 맞대고 최대한 그것을 반영한 숙소와 식당을 선정해보겠다고 했다.

"오늘 퇴근 시간 전까진 무조건 결정을 마치고 돌아올게요. 그러면 별 탈 없이 나머지 일정을 소화할 수 있을 겁니다."

안전방은 사무실을 나서며 결의에 찬 목소리로 말했다. 여행상품의 질적인 부분을 충분히 만족시키면서 시간 안에 프로젝트를 마무리하는 것이 지금 그들에게 당면한 과제임을 다시 한 번 상기하며 걸음을 재촉했다.

How와 What의 차이

• • • • •

간혹 주변을 돌아보면, 우리 사회는 효율을 최고의 가치로 여기는 듯하다. 뭐든지 "빨리 빨리!"를 내세우니 말이다. 한 피자 회사에서 피자를 배달할 때 초스피드로 배달해 준다는 콘셉트를 내세우면서 하다가 배달 아르바이트생들의 사고 위험이 이슈가 된 적이 있다. 음식의 맛이라는 질적인 것보다 어떻게 하면 빨리 배달할 것인지를 더 중요하게 생각한 것이지 싶다.

시간관리를 이야기할 때, 대부분의 사람들은 How를 먼저 떠올린다. '어떻게 하면 내 시간을 효율적으로 쓸 것인가?'라는 질문을 하는 것이다. 어떻게 일을 할지, 시간 배분은 어떻게 할지 등을 고민하면서 효율에 대한 고민을 한다. 그러나 효율적인 시간관리와 일의 운영을 고민하더라도 '무엇을 할 것인가?'라는 목표에 대한 고민이 중요하

224

다. 즉 How보다 What을 잊어서는 안 된다.

일을 하다가 때로 목적보다 수단에 집착하는 경우를 볼 때가 있다. 효율성을 강조하느라 원가 절감, 시간 단축 등에 너무 매달려 정작 제품의 품질이라는 목적을 상실하기도 한다. 개인의 시간관리도 마찬가지다. 시간을 잘게 쪼개어 허튼 짓을 하지 않고 쓰고 있지만, 정작 무엇을 위해 시간을 관리하는지가 모호해지면 그저 바쁜 것밖에 되지 않는다.

시간의 사용 기준은 대체로 효율성과 효과성을 나누어진다. 양을 기준으로 하는 효율성은 남보다 더 빨리, 더 많이 얻는 것을 추구한다. 효율성을 추구하는 개인은 외형적, 물질적 목표라 할 수 있는 명예와 재산 늘리기, 진급 등을 목표로 삼는다. 기업도 매출이나 규모, 숫자 등에 집착한다.

질을 기준으로 하는 효과성은 여유, 행복 등 정신적 가치에 중점을 둔다. 남보다 더 여유롭게, 더 행복하게 사는 인생을 추구한다. 기업도 초일류를 지향하며 고객 사랑이나 조직원의 삶의 질을 중요하게 여긴다.

시간의 효율적인 사용과 효과적인 사용은 위의 기준에 따라 양적 활용과 질적 활용의 차이로 나타난다. 효율적 시간 사용은 일을 올바르게 처리하며 문제를 해결한다. 그리고 자신의 의무를 다하면서 비용을 줄이고 낭비를 제거하려 한다. 철저히 치열한 경쟁을 통해 승자를 뽑는 방식의 제로섬zero sum 개념처럼 냉정한 시간관리인 것이다. 따라서 관리자의 시간관리 방식이라 할 수 있다.

효과적 시간 사용은 올바른 일을 추구한다. 즉 애초에 올바른 가치가 담긴 일을 찾는다. 그리고 창조적인 대안을 제시하고 시스템과 프로세스를 향상시켜 이익을 늘리는 결과를 창출한다. 따라서 늘 긍정적인 포지티브섬positive sum 개념이 담겨 있다. 개인보다 전체를, 이익보다 가치를 추구하는 리더의 시간관리이다.

효율성과 효과성을 기준으로 하는 시간관리는 상대적인 개념이다. 기업이라는 조직에서는 효율성을 바탕으로 한 효과성을 추구할 수밖에 없다. 매출을 외면한 기업 가치의 추구는 불가능하다. 반면에 매출이나 이익에만 치중하면 윤리적인 가치를 도외시하여 문제를 일으킬 수 있다. 개인도 마찬가지다.

시간은 제한된 자원이라 할 수 있다. 더 늘리고 싶어도 그럴 수 없다. 제한된 자원이니 효율적인 사용이 중요하다. 그러나 효과성을 간과한 효율성은 수단이 곧 목적이 되는 꼴이 될 수 있다. 제대로 된 일을 하는 것이 일을 제대로 하는 것보다 더 중요하다는 피터 드러커의 말처럼 효과, 즉 목적을 분명히 한 뒤에 효율성을 고민해야 한다.

스마트한 목표는 따로 있다

"처남, 알고 보니 골 때리는 사람이었군!"

"네?"

안전방의 느닷없는 말에 현재만은 황당하다는 표정으로 물었다. 요 며칠 변화된 동생의 모습에 내심 흐뭇해하던 현명애도 남편의 말에 날카롭게 눈꼬리를 올렸다.

"앗! 오해하지 마. '골 때리는 사람'이란 목표를 향해 열심히 노력하는 사람이란 의미야."

골대, 즉 목표를 향해 골을 때리지 않는 사람을 '골 빈 사람'으로 표현하는 대신, 골대를 향해 열심히 골을 때리는 사람을 '골 때리는 사람'이라고 표현한다는 설명을 덧붙였다.

"아! 재미있는 표현이군요. 그런 의미라면 전 아주 열렬히 골 때리렵니다. 하하하!"

"열심히 골 때리는 것도 좋지만, 기왕이면 스마트하게 골 때리면 더 좋겠지?"

"스마트하게 골 때리는 법도 있어?"

두 사람의 이야기를 가만히 듣고 있던 현명애가 눈을 반짝거리며 물었다.

"목표를 설정하되, 스마트한 목표를 설정하라는 의미야."

"스마트한 목표요? 영리하고 똑똑한 목표를 설정하라고요?"

선뜻 이해가 안 간다며 현재만이 고개를 갸웃거렸다.

"내가 말하는 스마트(SMART)는 다른 의미야. 영어 철자에 맞춰서 'S'는 Specific(구체적), 'M'은 Measurable(측정 가능), 'A'는 Achievable(현실성), 'R'은 Result oriented(결과지향성), 'T'는 Time based(한시성)을 뜻하는데, 이 다섯 가지 원칙에 따라 설정된 목표가 바로 스마트한 목표인 것이지."

열심히 메모를 하며 듣고 있는 현재만의 모습에 흐뭇한 미소를 지으며 안전방이 설명을 이어갔다.

"스마트한 목표가 되기 위해서는 Specific, 즉 목표의 도달 상태와 수준의 구체적 내용이 담겨 있어야 해. 무슨 일을 해낼 것인지 정확하게 표현하는 거지. 두 번째 Measurable는 달성 결과와 정도를 평가할 수 있도록 가급적 수치화 하는 게 좋아. 확실한 사건과 날짜를 정해두는 거지. 또 Achievable, 즉 최선의 노력을 다했을 때 달성 가능한 상태여야 해. 아무리 노력해도 달성할 수 없는 황당하고 비현실적인 목표는 안 된다는 말이야. 그리고 Result oriented, 즉 일을 하면서 얻게 되는 분명한 결과를 표현해야 해. 마지막으로 Time based, 즉 언제까지 달성한다는 목표달성의 시한을 밝혀야 해."

"오홋! 예를 들면 2017년 12월 31일까지 10개 이상의 대박 아이템을 기획해 차장으로 승진한다. 뭐 이런 목표 말이지?"

현명애는 스마트한 목표의 예를 들며 은근슬쩍 안전방에게 압력을 가했다.

"이런, 당신 너무 똑똑한 거 아니야?"

"그 정도야 기본이지. 나 2인분이잖아. 호호."

"그럼 이건 어때? 2020년까지 매달 100만 원 이상씩 저축하여 방이 3개 있는 서울 시내의 아파트를 산다."

질 수 없다는 듯 안전방도 곧장 응수했다.

"아, 배가 슬슬 아프네. 나 화장실 갈래."

큰 낭비는 하지 않지만 그렇다고 알뜰하게 절약하는 스타일은 아닌지라 평소 저축과 관련된 이야기만 나오면 현명애는 은근 스트레스를 받았다. 하지만 곧 만나게 될 아기를 위해서라도 절약과 저축에 관한 스마트한 목표가 필요함을 느끼고 있기에 찬찬히 준비를 해야 할 것 같았다.

"매형이 가르쳐 준 걸 토대로 저도 스마트한 목표를 설정해봐야겠어요. 감동을 주는 훌륭한 대중음악 작곡가가 되기 위해선 단계별 목표가 필요하니 기한을 정해 여러 개의 단계별 목표를 설정해야겠어요."

"잘 생각했어. 목표가 정해지면 반드시 다이어리 등에 기록을 해 둬. 그리고 기왕이면 크게 써서 처남 책상 앞에도 붙여두고."

안전방은 언제가 유 사장에게서 들은 '적자생존'에 관한 설명을 덧붙이며 목표는 그것을 직접 글로 씀으로써 마음속 깊이 각인될 수 있음을 강조했다.

스마트한 시간!
스마트한 삶!

● ● ● ● ●

　　　　　　　　　　　　스마트한 시대에 살고 있다. 심지어 가전제품도 '스마트'하게 바뀌었다. 스스로 알아서 냉각이나 보온, 음식 관련 정보를 맞춤식으로 제공한다. 스마트폰과 스마트 시계를 비롯해 스마트 자동차까지 등장하고 있다. 그러나 스마트 기기를 가지고 있다고 해서 그 사람마저 스마트한 것은 아닌 듯하다. 스마트폰의 유용한 기능을 놔두고 주구장창 게임만 하거나 메신저나 통화로만 사용하면서 스마트하다고 말할 수는 없지 않는가.

　앞서 스토리에서 시간을 관리하기 위한 'SMART' 법칙을 간략하게 소개했다. 시간관리는 목표가 있어야 가능한데, 목표수립을 그저 '뭔가 하고 싶다'는 소망으로 생각해서는 안 된다. 구체적이고 측정이 가능한 목표여야 하고, 현실적이자 결과지향적이며 한시성이 뚜렷한 목표를 세우는 게 중요하다.

좀 더 세부적으로 살펴보면, SMART의 첫 번째 법칙인 Specific은 추상적인 목표만으로는 실천하기가 어렵기 때문에 구체적인 목표를 세우라는 것이다. 가령, '부지런하게 살자'라는 목표를 세웠다면, 긍정적인 의미를 담고 있어도 정작 어떻게 해야 하는지가 불분명하다. 그래서 '올해는 지각은 단 한 번도 하지 않겠다'는 식의 구체적인 목표설정을 해야 한다.

두 번째인 Measurable은 구체적인 목표를 세우되 측정을 통해 스스로 점검을 하라는 것이다. 독서를 열심히 하겠다는 목표를 세웠다면, 적어도 일주일에 1권, 한 달 4권, 일 년 48권을 읽겠다는 식으로 측정 가능한 목표여야 한다.

세 번째인 Achievable은 현실성이다. 책을 많이 보겠다고 해서 일 년에 1000권을 보겠다는 야심 찬 목표는 실현가능성보다 불가능의 확률이 99%이다. 목표를 세워놓고 달성하지 못했을 때의 박탈감은 도전의식의 불꽃을 사그라지게 할 뿐이다.

네 번째인 Result oriented는 목표를 달성했을 때의 결과를 분명하게 보여주는 것이다. 다이어트처럼 10kg 감량이 목표였다면, 목표를 달성한 뒤에 감량된 몸무게가 얼마라는 것을 분명하게 보여줘야 또 다시 자신감을 얻고 동기부여를 가지게 된다.

다섯 번째인 Time based는 목표달성의 시한을 가지라는 것이다. 시한이 없는 목표는 달성할 의지가 없다는 반증이기도 하다. 시한이 있어야 지키려는 의지가 발동된다. 다이어트를 할 때 한 달 이내 얼마를 빼겠다는 시한을 정해야 일관된 노력을 기울일 수 있다.

한편, 목표달성의 확률을 높이려면 '적자생존', 즉 자신의 인생목표를 구체적으로 적는 것이 큰 도움이 된다. 1958년, 예일대학 졸업생을 대상으로 한 조사에서 응답자 중 3%에 해당되는 학생들만이 명확하고 구체적인 인생의 목표를 서면으로 기술하여 가지고 있다고 대답하였다. 그리고 20년이 지났을 때 이 3%의 학생들은 구체적인 목표를 서면으로 가지고 있지 못한 나머지 97%의 학생들보다 재정과 사회적 지위 면에서 성공적인 삶을 사는 것으로 나타났다.

뚜렷한 목표를 가지고 이를 적어둔다는 것은 인생의 항로에서 등대를 보고 가느냐, 아니면 등대도 없는 망망대해를 그저 물결에 휩쓸려 떠도느냐의 차이를 가름한다. 스마트하게 목표와 시간을 배분하고, 이것을 목표를 달성할 때까지 잊지 않기 위해 적어두는 것은 차근차근 인생의 집을 설계도를 보며 짓는 것이나 마찬가지이다.

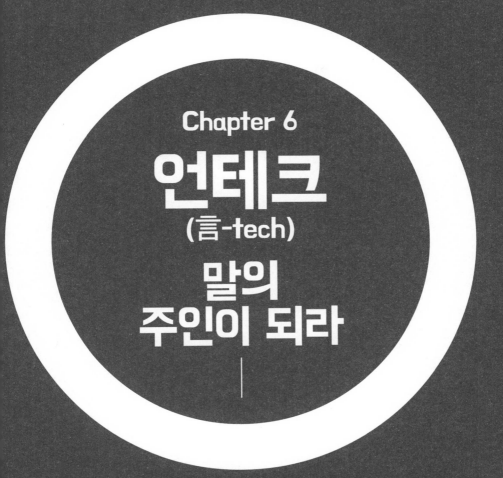

Chapter 6

언테크
(言-tech)

말의
주인이 되라

말의 힘은 매우 크다. 천 냥 빚을 말 한 마디로도 갚을 수 있다. 말은 커뮤니케이션의 기본이며, 말을 잘한다는 것은
커뮤니케이션 능력이 뛰어나다는 것을 의미한다.

주목받는 입의 비애

유 사장의 예측은 적중했다. 보류되었던 기획4팀의 프로젝트를 완벽하게 보완한 것은 물론이고 판매까지 완판시키자 기획F팀은 기획7팀이라는 정식 명칭을 부여받았다. 사무실도 다른 기획팀과 비교해 절대 꿀리지 않는 넓고 쾌적한 방으로 이사를 했다. 뿐만 아니다. 복도를 지날 때마다 들려오던 사람들의 수군거림이 자신들을 향한 험담이 아닌 칭찬과 부러움이라는 것도 알게 됐다. 덕분에 안전방을 비롯한 기획7팀의 입꼬리는 귀에 걸쳐진 채 도통 내려올 생각을 하지 않았다.

"축하해. 이번에도 대박을 터뜨렸다면서."

5층 테라스 카페에서 마주친 구준한이 먼저 아는 척을 하며 축하 인사를 해왔다.

"응, 고마워. 대박도 기쁘지만 난 무엇보다도 상품을 구매하신 어르신들의 만족감이 크다는 점이 제일 기뻐."

"그건 그래. 완판을 하고 나서도 어쩐 이유에선지 개운하지 못한 상품이 있었는데, 알고 보니 그게 바로 고객의 만족감이었어. 나 스스로 납득하지 못하고 만족하지 못하는 상품은 결국 고객도 만족시키지 못한다! 기획4팀에서 놓친 이 부분을 네가 정확이 집어낸 것을 보고 사실 나도 좀 놀랐어."

"어휴, 네가 그렇게 칭찬하니 은근 쑥스럽네. 헤헤."

"뭐야, 그새 겸손까지 배운 거야? 멋진데!"

구준한은 자신을 더 노력하게 만드는 멋진 동료이자 라이벌이라며 안전방을 향해 엄지를 척 들어보였다.

"뭐가 그리 즐거워요?"

유 사장은 언제나처럼 유쾌한 웃음으로 안전방에게 인사를 건넸다.

"저 친구가 나한테 축하 인사와 함께 칭찬까지 하더라고요. 헤헤."

저만치 멀어지는 구준한의 뒷모습을 향해 안전방은 여유로운 미소를 보냈다. 마음의 안정과 평온을 찾으니 그간 이유 없이 그를 싫어하고 질투했던 자신이 부끄러워졌다. 유 사장의 가르침대로 구준한은 분명 자신에게 도움이 되는 중요한 인적자원이었다.

"앞으로 점점 더 그럴 일이 많아지지 않을까요?"

"에고, 칭찬까지는 바라지도 않아요. 그저 욕이나 안 얻어 먹었으면 좋겠어요."

정식 기획팀이 되었으니 앞으로 회의와 프레젠테이션 등에서 팀을 대표해 발표를 해야 할 일이 많을 테다. 안전방은 이런 상황이 적지 않은 부담으로 다가왔다. 기획2팀에서 팀장 대행으로 참여했던 경험까지 포함하면 입사 이후 겨우 세 번의 프레젠테이션을 진행한 셈이다. 다른 기획팀의 팀장들과 비교하면 자신은 피라미 중의 피라미였다.

"음, 이젠 안 팀장님도 '언테크言-tech'의 마력을 키워야 할 때이군요."

"'언테크'요?"

"네. 언, 즉 말하기 능력을 키워야죠. 어쩌면 말하는 것이야말로 자신의 존재감을 가장 직관적으로 보여주는 것이죠. 말을 잘한다는 것은 단지 언변이 뛰어나다는 뜻을 의미하는 것은 아니죠. 내 뜻을 얼마나 정확하게 전달하고 이해와 공감을 가질 수 있느냐가 중요하잖아요?"

유 사장은 스티브 잡스가 디지털 시대의 아이콘이 될 수 있었던 것은 뛰어난 제품을 만든 것 말고도 그가 대중들에게 말하기의 진수를 보여줬기 때문이라고 했다. 판에 박힌 신제품의 선전과 알아듣지도 못할 전문 용어의 남발이 아니라 사람들의 감성을 건드렸던 것이다. 유 사장의 설명에 안전방은 습관처럼 다이어리를 꺼내 메모를 시작했다.

"솔직히 기획만 훌륭하다면 표현력이 조금 부족해도 충분히 상대

의 마음을 얻을 수 있지 않을까요?"

평소 안전방은 프레젠테이션을 잘하고 싶은 바람은 있었지만 그것이 훌륭한 기획을 뒤엎을 만큼의 힘이 있다고는 생각하지 않았다.

"21세기 무한경쟁시대에서 말을 잘하는 능력은 더 이상 선택의 영역이 아니에요. 진짜 리더가 되기 위해서는 기획력도 좋고 표현력도 좋아야 한답니다. '이왕이면 다홍치마'가 아니라 반드시 갖추어야 할 능력인 것이죠."

유 사장은 마틴 루터 킹 목사의 유명한 연설 "나에게는 꿈이 있다"를 예로 들며 말의 힘에 대해 설파했다.

"프레젠테이션과 연설은 조금 다르지 않나요?"

유 사장의 말에 안전방은 고개를 갸웃거렸다. 연설이 메시지의 진정성에 무게를 두는 반면 프레젠테이션은 화려한 스킬에 집중된 보여주기 식의 말하기 기술이 아니냐는 것이다.

"음, 안 팀장은 프레젠테이션이 무엇이라고 생각해요?"

"신제품이나 기획안 등을 사람들 앞에서 설명하고 발표하는 것 아닌가요?"

질문이 쉬웠던 탓인지 안전방은 모범답안을 내밀고도 왠지 자신 없는 표정을 지었다.

"틀린 답은 아닌데 그렇다고 딱 맞는 답도 아니에요. 프레젠테이션은 제품 설명회, 사내 행사 진행, 팀 회의, 회사 설명회, 이벤트 진행, 광고 발표회, 컨설팅 등 자신의 아이디어나 제품 등에 관한 정보를 잘 전달하고 상대를 설득시키는 모든 행위를 말하죠. 내가 할 말을 하는 것으로 그치는 게 아니죠."

안전방은 갑자기 학창 시절이 떠올랐다. 수업 시간에 조별 과제를 프레젠테이션으로 발표하는 시간이었다. 안전방은 자신이 속한 조가 가장 많은 점수를 받을 것이라고 예상했다. 꼼꼼하게 자료를 준비하고 깔끔하게 파일을 만들었기 때문에 자신이 있었던 것이다. 주변에서도 안전방이 속한 조가 만든 파일을 보고 다들 부러워할 정도였다. 그런데 정작 교수와 학생들로부터 가장 큰 박수를 받은 조는 다른 조였다. 그들은 다소 평범한 파일을 화면에 띄웠을 뿐인데, 안전방도 몰입할 정도로 좌중을 휘어잡으며 발표를 했던 것이다.

안전방은 유 사장의 말이 무슨 의미인지 알 것 같았다. 자신의 다이어리에 "내가 할 말을 하는 것으로 그치지 않는다"라는 말을 쓴 뒤에 몇 번이나 밑줄을 그었다. 유 사장은 이런 안전방의 마음을 알아챘는지 말을 이어갔다.

"그런데 좀 더 넓은 의미로는 취업하기 위해 면접관에게 나를 알리고 설득하는 행위, 거리에서 과일을 파는 아저씨가 사람들에게 왜 자신의 과일을 사야만 하는지를 알리고 설득하는 행위 역시 프레젠테이션이라고 할 수 있어요. 그런데 이런 모든 프레젠테이션 행위의 전제는 '진정성'이에요."

유 사장은 진정성이 전제가 되지 않은 프레젠테이션은 발표자 스스로가 확신을 가지지 못하니 상대를 설득시키는 힘도 부족할 수밖에 없다고 했다.

"듣고 보니 정말 그렇군요."

"성공적인 프레젠테이션을 위해서 종종 영상이나 음향 등 다양한 도구가 동원되기도 하지만 기본은 분명 '말'이에요. 즉, 아이디어나 제품 등에 관한 나의 진정성에 설득력이라는 날개를 달아주는 것이 바로 '말'이랍니다. 그래서 말은 사람이 살아가는데 있어서 그 무엇보다도 중요한 기본적인 자기표현의 수단이며, 생존수단인 것이죠. 예컨대 교수나 학자가 아무리 학식이 많아도 이를 전달하는 방법이 서툴면 무능하다고 낙인찍히기 쉽죠. 어디 그뿐인가요. 직장인도 일을 아무리 열심히 하더라도 회의나 프레젠테이션에서 더듬거리면 그 능력을 제대로 평가받을 수 없어요."

유 사장은 제아무리 훌륭한 능력을 가지고 있어도 그것을 표현하는 능력이 없다면 기회조차 얻기 힘들다며, 성공을 바란다면 말하는 능력을 향상시키는 것은 기본 중의 기본이라는 것을 거듭 강조했다.

마음을 움직이는 말

● ● ● ● ●

　　　　　　　　　　　　　　영원할 것만 같았던 제국의 운명은
서서히 몰락으로 향하고 있었다. 영국은 제2차 세계대전을 치르면서
기운을 다 소진한 거인의 지친 몰골과 다를 게 없었다. 전쟁 전까지만
해도 '해가 지지 않는 나라'라는 명성에 걸맞게 세계 질서를 주도하던
영국은 전쟁이 끝나자 그 자리를 미국과 소련에 넘겨줘야만 했다.

　전쟁의 후유증에서 여전히 벗어나지 못했던 1948년의 어느 날이
었다. 윈스턴 처칠은 옥스퍼드 대학의 졸업식에 축사를 요청받고 연
단에 섰다. 비록 제국의 위용은 빛바랜 깃발처럼 찾아보기가 힘들
었지만, 전쟁을 승리로 이끈 주역의 등장은 사람들의 마음을 설레
게 만들기에 충분했다. 그가 예정된 30분 동안 무슨 말을 할지 모두
가 귀를 세우고 있었다. 연단에 선 처칠은 잠시 뜸을 들인 뒤에 입을

열었다.

"포기하지 마라!"

"절대로 포기하지 마라"라는 그의 말 한마디. 그리고 또 다시 "절대로, 절대로 포기하지 마라", "절대로, 절대로, 절대로 포기하지 마라"라고 말한 뒤에 처칠은 연단에서 내려왔다. 장황한 일장연설이 아닌 '포기하지 마라'라는 말을 반복하는 것으로 그친 것이다. 그러나 짧은 말의 여운은 길게 이어졌다. 반세기를 훌쩍 뛰어 넘은 세월 동안 영국 사람들뿐 아니라 전 세계의 무수한 사람들이 이 말을 마음에 새겨놓고 인생의 고비를 이겨 내는 중이다.

말의 힘은 매우 크다. 천 냥 빚을 말 한 마디로도 갚을 수 있다. 말은 커뮤니케이션의 기본이며, 말을 잘한다는 것은 커뮤니케이션 능력이 뛰어나다는 것을 의미한다.

삼성경제연구소가 국내 기업의 CEO들을 대상으로 '좋은 CEO가 되기 위한 자질'을 물었는데, 1위가 '인간관계 능력'이었다고 한다. 인간관계를 향상시키는 능력은 다름 아닌 커뮤니케이션 능력이다. 미국의 《포춘》지가 포춘 500대 기업의 CEO를 대상으로 한 조사결과에서도 1위는 '총체적인 인간됨'이었고, 2위는 '커뮤니케이션 능력'로 나타났다. 결국 '인간됨', 즉 자신의 존재감을 어필할 수 있는 '커뮤니케이션'의 힘이 중요하다는 것이다.

처칠은 자신의 존재감을 가장 위기의 상황일 때 유감없이 드러냈다. 그는 전쟁을 치르는 동안 국민들과 소통을, 그것도 가장 절망의 시기에서 긍정과 희망의 소통을 하는 것으로 존재감을 보여줬다. 특히 그의 웅변술은 지금도 많은 사람들이 롤모델로 삼을 만큼 위력을 발휘했다.

처칠의 전시 연설은 매번 사람들의 마음을 움직이게 했는데, 특히 전쟁 초기의 위기에서 빛을 발했다.

"내가 드릴 수 있는 것은 피, 수고, 눈물 그리고 땀밖에 없습니다."

패배의식에 사로잡힌 국민들에게 결의에 찬 그의 말과 메시지는 간결하고 단호했다. 그런데 이 말의 원문 'I have nothing to offer but blood, toil, tears and sweat.'을 보면, 그의 말솜씨를 알 수 있다. 여기서 '수고, 눈물과 땀' 'toil, tears and sweat'의 'toil'과 'tears'는 't'로 두운을 시작하고, 'sweat'은 't'로 각운을 맺는다. 요즘 말로 라임을 맞춘 것으로 사람들의 귀에 쏙 들어오는 문장을 만든 것이다. 그만큼 전하고자 하는 메시지는 강렬하게 사람들의 뇌리에 박힌다.

윈스턴 처칠은 타고난 말재주꾼이 아니었다. 그는 한때 말을 더듬 댈 정도로 말하는 것에 익숙하지 않았던 사람이다. 그러나 그는 꾸준한 노력과 학습으로 말의 달인이 됐다. 그는 대중 앞에서 연설을 하는 것과 관련하여 4가지 원칙을 제시했다.

첫째, 항상 결론을 말하라.

둘째, 근거나 원인이 복잡한 것은 뒤로 하라.

셋째, 요약을 항상 앞에 붙여라.

넷째, 구두로도 말할 수 있어야 한다.

처칠처럼 말하기에 익숙하지 않은 사람도 이러한 원리와 학습으로 말하기 능력을 키울 수 있다. 사람들의 마음을 울리는 말은 단지 감상적인 어휘의 사용이 아니라 이와 같이 문장의 구성까지 염두에 둔 '시나리오'인 것이다.

말을 잘하는 것도 기술이다

"어, 넌 무슨 일이야? 보고할 거라도 있어?"

기획본부장의 호출에 본부장실 앞에 도착하니 구준한이 막 노크를 하려고 했다.

"아니, 본부장님이 불러서 왔어. 그러는 너는 뭐 보고할 게 있어서 왔어?"

"어? 나도 본부장님이 불러서 왔는데."

안전방은 고개를 갸웃거렸다. 본부장이 둘을 동시에 불렀다는 게 무슨 의미인지 머리를 재빠르게 굴려봤지만 도통 짐작되는 게 없었다.

"둘 다 들어와."

두 사람의 목소리를 들었는지 본부장이 들어오라는 지시를 했다.

"참, 안 팀장 이번에 수고 많았어. 역시 열심히 하니까 되지? 하하!"

안전방은 머리를 긁적이며 다 본부장 덕분이었다고 공치사를 했다. 그리고 본부장의 기색을 살폈다. 도대체 무슨 일로 구준한과 자신을 동시에 불렀는지 궁금할 뿐이었다.

"두 사람의 표정 보니 왜 둘을 함께 불렀는지 무척 궁금한 모양이 군."

본부장은 두 사람에게 홈쇼핑 시장 상황의 변화에 따른 새로운 기획 아이템의 필요성에 대해 잠시 얘기를 했다.

"그래서 말인데, 이번에 새로운 기획 아이템을 두 사람이 함께 준비해줬으면 좋겠어. 정확하게 말하자면, 2팀과 7팀이 같은 아이템을 따로 준비하는 거지. 회사에서는 두 팀의 기획안을 가지고 PT를 가진 뒤에 더 나은 것을 고를 예정이야."

"네? 한 아이템으로 경쟁 PT를 시키겠다고요?"

안전방은 의아한 표정을 지으며 본부장의 얼굴을 쳐다봤다. 경쟁 PT는 주로 외부 업체의 공개입찰을 할 때나 쓰던 방식이었다. 그런데 회사 내부에서 경쟁 PT를 한다는 게 낯설었을 뿐 아니라 하필이면 구준한과의 경쟁이라니 당황스러울 수밖에 없었다.

본부장은 두 사람에게 여행과 관련한 새로운 기획 아이템을 만들어 오라는 지시를 내렸다. 요즘 여행업이 다시 기지개를 펴고 있는 중인데다 안전방의 팀에서 기획한 리마인드 신혼여행 아이템이 성공했으니 한 번 더 승부를 걸어보자는 것이었다.

황당해하는 안전방과는 달리 구준한은 그다지 당황한 기색이 보이지 않았다. 서로 잘해 보자는 덕담 아닌 덕담을 주고받으며 사무실로 향했지만 안전방은 본부장의 지시가 여전히 의아하기만 했다.

"팀장님, 본부장님이 무슨 일이랍니까?"

안전방이 사무실로 들어서자마자 한성갈이 본부장의 호출 사유를 물었다. 안전방은 어차피 일을 시작해야 하니 팀원들에게 본부장의 지시 사항을 전달했다.

"네? 2팀과 경쟁 PT를 해야 한다구요? 아니, 본부장님은 우리가 미운 오리새끼인가? 왜 자꾸 이렇게 골탕을 먹인대요?"

한성갈은 목청을 높이며 노골적으로 불만을 드러냈다. 다른 팀원들의 반응도 다를 게 없었다. 리마인드 신혼여행 상품의 성공으로 마침내 정식 기획팀으로 인정받는다고 생각했었다. 그런데 경쟁 PT를 시키며 다시 테스트를 하려는 것이 여간 못마땅한 게 아니었다.

"일단 본부장님의 지시이니 준비해야지. 리마인드 신혼여행에 이어 '생애 첫 로맨틱 여행'이라는 주제로 상품을 기획하라고 하니 다들 자료부터 모아봅시다."

"일할 맛이 안 나네요. 쳇!"

샴페인 병의 코르크 마개를 따기도 전에 김이 새어버린 듯 팀원들의 어깨가 다시 내려앉았다.

늦은 밤, 안전방은 쉽게 사무실을 떠나지 못하고 있었다. 산 넘어

산이라더니 회사가 자신과 팀원들을 또 다시 테스트를 한다는 생각이 들자 화가 나기도 했다. 그런데 본부장실에 들어선 순간부터 지금까지 업무의 부담보다 다른 뭔가가 계속 마음에 걸렸다. 원인을 알 수 없는 소화불량에 걸린 듯 명치가 따끔거려왔다.

퇴근길에 마주친 구준한의 유쾌한 얼굴을 보니 그제야 안전방은 묵직한 불편함의 실체를 알 수 있었다.

'기획이야 어떻게든 할 수 있겠지만, 구준한과 경쟁 PT를 해야 하다니…. 똑똑하고 센스쟁이에다가 말 잘하는 이 녀석이라면 이미 내게 절반은 이기고 시작하는 것이나 마찬가지일 텐데 말이야.'

안전방은 절레절레 고개를 흔들며 사무실을 빠져나가던 팀원들의 모습이 떠올랐다. 아마도 팀원들의 생각도 자신과 다르지 않았을 테다. 억지스러운 업무 과제보다 너무나 센 경쟁 상대를 만난 것에 대한 두려움부터 앞섰던 게 아니었을까.

지하철역에 들어선 안전방은 플랫폼의 의자에 털썩 주저앉았다. 딱히 힘든 일을 하지 않았는데도 피로가 몰려오는 듯했다. 잠시 고개를 들어 두리번거리다가 광고판 하나가 눈에 들어왔다. 최고의 말재주꾼으로 인정받는 유재석의 이미지가 크게 그려진 광고판이었다.

"쳇, 유재석이나 구준한이나 말 잘하는 인간들이란!"

안전방은 알고 있었다. 유재석과 구준한이 말만 잘하는 게 아니라 똑 부러지는 행동으로 주위 사람들로부터 인정을 받고 있다는 것을 말이다. 정말 타고난 말재주꾼이라는 생각에 부럽기도 하고 괜스레 얄미워지기까지 했다.

"정신 차려, 안전방! 아직 시작도 안 했어."

최고의 강적과 대결을 해야 할 상황이 벌어졌지만 그렇다고 승부를 가리기도 전에 미리부터 백기를 들 수는 없었다. 지하철을 기다리며 이런저런 생각을 하던 안전방은 갑자기 스마트폰을 꺼내 들었다. 얼마 전 유 사장이 자신에게 프레젠테이션과 '언테크'를 언급했던 게 기억이 나서 제대로 도움을 받아보자는 생각이 든 것이다.

💬 프레젠테이션을 잘할 수 있는 비결을 좀 알려주세요.

너무나 다급했던 마음이 앞선 것인지 대뜸 도와달라는 SOS를 보낸 안전방은 초조하게 폰 화면을 바라봤다. 지하철에 올라타 잠시 기다리고 있으니 유 사장으로부터 답이 왔다.

💬 프레젠테이션을 잘할 수 있는 비결? '메라비언의 법칙'부터 참고하면 좋을 듯하네요.

얼굴을 맞대고 대화를 주고받는 게 아니다 보니 조금은 답답했던 안전방은 유 사장이 알려준 '메라비언의 법칙'이 무엇인지 직접 검색해봤다. 미국의 UCLA 심리학과 명예교수인 앨버트 메라비언이 발표한 이 법칙은 "한 사람이 상대방으로부터 받는 이미지는 시각 55%, 청각 38%, 언어 7% 등으로 결정된다"는 내용이었다.

안전방은 프레젠테이션은 말을 잘해야 하는데, 언어가 고작 7%밖에 되지 않는다고 하니 이건 또 뭔가 싶었다. 언어, 즉 말을 잘하는 비결을 가르쳐달라는데 엉뚱한 대답을 해준 게 아닌가 싶어 고개를 갸웃거렸다. 안전방은 다시 메시지를 보냈다.

💬 이 법칙에서는 말의 비중이 너무 작은데요?
💬 프레젠테이션 비결을 알려달라면서요? PT는 말재주만 필요한 게
   아니죠. 지난번에 스티브 잡스의 PT 이야기 기억하죠?

유 사장은 문자로 간단하게 프레젠테이션은 말과 더불어 온몸으로
메시지를 설득력 있게 전달하는 행위라고 했다. 안전방은 또 다시 대
학 때의 조별 발표 시간이 떠올랐다. 마치 무대 위에서 연기를 하듯
사람들의 눈과 귀를 집중시키던 친구의 모습이 아른거렸다. 안전방
은 유 사장이 자신에 무엇을 말하려고 했는지 어렴풋이나마 알 것 같
았다.

프레젠터,
그 순간만큼은 배우다!

● ● ● ● ●

프레젠테이션을 하는 프레젠터는 그 순간만큼은 무대 위의 연기자이다. 발표를 하는 내내 관중을 휘어 잡는 주인공인 셈이다. 프레젠터로 인정받는 사람들은 대체로 말을 잘한다는 평가를 듣는다.

그런데 '말을 잘한다는' 의미가 단순히 '말'만을 뜻하는 것은 아니다. 본문에서 언급한 '메라비언의 법칙'처럼 사람의 인상은 언어가 아닌 다른 요소가 더 많은 영향을 끼친다. 프레젠터를 배우로 비유하는 이유도 언어의 구사보다 목소리와 PT의 효과음, 몸짓 등이 한데 어우러져 메시지를 전달하기 때문이다.

프레젠테이션을 듣는 사람들은 3P에 따라 의사결정을 하게 된다. People, Purpose, Place 등 세 가지의 요소가 제대로 어필되어야 성공적인 프레젠테이션을 할 수 있다는 것이다.

먼저 People은 청중이나 고객 등을 말한다. 프레젠테이션을 통한 최종 의사결정권자는 듣는 사람이다. 따라서 청중의 눈높이와 성향을 파악하는 것이 중요하다. 예컨대, 참석자들이 대부분 간부급인데, 평사원에게 교육하듯이 자세한 설명과 다양한 사례를 넣는다면 반응이 어떻겠는가? "쓸데없이 시간 낭비하지 말고 핵심만 이야기하지"라는 태클이 들어올 게 뻔하다.

Purpose는 말 그대로 프레젠테이션의 목적을 뜻한다. 왜 프레젠테이션을 하는지 그 이유를 분명하게 인지하고 있어야 한다. 그래야 예상되는 문제점이나 질문도 사전에 파악하여 대응할 수 있다. 그리고 목적을 분명히 알고 있으면, 소위 말하는 말의 유희나 배가 산으로 가는 식의 프레젠테이션 함정에 빠지지 않게 된다.

프레젠터가 무대 위의 배우와 같다고 하니 간혹 지나치게 보여주는 '쇼'에 몰두하는 경우가 있다. 즉 프레젠테이션의 본질인 설득의 소통이 아니라 화려한 쇼로 그쳐버리는 것이다.

Place는 공간의 입체적인 분석이다. 장소뿐만 아니라 조명이나 테이블, 시청각 기기의 설비 등 프레젠테이션이 진행되는 공간의 모든 요소를 파악하고 제대로 활용하는 것이다. 예를 들어 아무리 유창하게 말을 하고 적절한 몸짓을 보여준다고 해도 조명이 너무 어두우면 아무런 소용이 없다. 화면이 뚜렷하게 보일 정도로 어둡게 하더라도 발표자의 모습도 보일 수 있어야 효과가 더 커지게 된다.

프레젠테이션의 성공은 3P의 효과적인 활용에 달려 있다. 그러나 가장 중요한 것은 역시 정확한 메시지의 전달이다. 모두가 발표자와 정면에 펼쳐진 화면에 주목을 하고 있는데, 발표자의 유창한 실력과는 달리 화면에 나오는 텍스트와 표가 도통 무엇을 뜻하는지 모른다면 굳이 프레젠테이션을 할 필요가 없다. 발표에 걸맞은 화면의 구성과 표현을 준비해야 프레젠테이션의 효과가 극대화된다.

화면의 구성과 표현은 키워드의 추출에 달려 있다. 키워드의 추출은 원본 자료에서 사람들이 가장 관심을 가질 수 있는 단어를 추출하여 도해 패턴을 적용하는 것이다.

사례를 한번 보자. 20~30대 부유층을 대상으로 하는 제품 기획 배경을 설명할 때, 자료 분석에 따라 원고는 "20~30대의 부유층을 대상으로, 이들은 시간적·경제적 여유가 있어 소득에 따른 문화적 취향이 한 패턴을 이루고 있으며 소비성향 또한 차별화된 것에 민감하다. 이들의 욕구를 충족하기 위해선 새로운 디자인 감각과 제품의 다양성으로 자신만의 프라이드를 만들 수 있다는 것에 어필해야 한다"라고 되어 있다.

이 내용을 전부 한 화면에 텍스트로 가득 채우면 가독성이 떨어지고 핵심적인 메시지가 눈에 들어오지 않는다.

위의 내용에서 키워드를 추출해보자. "20~30대의 부유층", "시간적·경제적 여유", "문화적 취향의 패턴과 소비 성향", "새로운 디자인 감각", "제품의 다양성", "자신만의 프라이드" 등으로 간결하게 정리할 수 있다. 그런 다음에 도해 패턴으로 만들어본다.

애초의 분석 내용이 핵심적인 키워드를 통해 간결하게 시각적으로 구현되었다. 이처럼 키워드의 추출은 텍스트의 논리적인 압축을 통해 이루어진다. 따라서 평소에 긴 내용의 보고서나 기사 등을 가지

단어를 추출하여 만든 도해 패턴

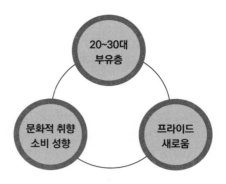

고 논리적인 압축으로 키워드를 추출하는 훈련을 하는 게 좋다. 신문 기사의 제목과 소제목은 이러한 논리적 압축의 대표적인 사례이므로 신문을 보는 습관을 가지는 게 큰 도움이 된다.

기획도 설계이다

"팀장님. 그러니까 우리 중에 말 잘하고 쇼맨십이 있는 사람이 기획안을 발표하자는 거죠?"

"그렇지. 아무래도 2팀의 구준한 팀장이 워낙 프레젠테이션을 잘하니까."

"그런데 뭔가 좀 성급한 게 아닌지…. 발표자를 뽑기 전에 기획부터 잘해야 하는 게 아닌가요?"

고민중이 경쟁 PT에서 발표를 누가 할지 고민하는 팀원들에게 기획을 가다듬는 이야기를 꺼냈다. 안전방은 고민중의 말을 허투루 들을 게 아니라는 생각을 했다. 리마인드 신혼여행은 기획 아이템 자체가 윗분들의 눈에 들었고, 또 자신을 비롯한 팀원들에게 기회를 준다는 의미가 강했던 게 사실이다. 하지만 지금은 상황이 바뀌었다. 동등한 출발선에서 기획2팀과의 경쟁이다.

"음. 중요한 것을 놓칠 뻔했군. 고민중 씨 말이 맞아. 기본부터 만전을 기해야지. 이번에는 기획을 잡는 것부터가 제대로 되어야 해."

중요한 것은 사업 건을 7팀이 가져와야 하는 것이라고 다시 한 번 강조한 안전방은 기획 아이템을 다듬는 것부터 깔끔하게 하자고 팀원들에게 당부했다.

자리에 돌아온 안전방은 어질러진 책상을 보니 가뜩이나 복잡한 머릿속이 더 어수선해지는 듯했다. 기분 전환도 할 겸 책상과 서랍을 정리하기로 마음먹은 안전방은 각종 서류와 사무 도구들을 챙겼다. 그러다가 문득 약간 빛바랜 바인더 하나가 눈에 들어왔다. 그동안 자리를 옮길 때마다 들고 다녔던 것 같은데, 바인더에 무슨 서류가 있는지 짐작이 안 될 만큼 무심히 던져놓고 있었던 것이다.

먼지가 살포시 앉아 있는 바인더를 쓱쓱 문지르고 펼쳐보니 굵고 큰 글씨로 쓰여 있는 서류가 나왔다.

"읽기 쉽게, 알기 쉽게, 정확하게"

짧은 세 마디의 문장을 보니 문득 신입사원 때가 기억났다. 신입 때 사내 교육 프로그램에서 강사가 나눠준 페이퍼였다. 그러고 보니 당시 교육할 때의 모습이 드문드문 떠올랐다.

"도큐먼트 작성의 원칙은 4가지 포인트가 있습니다. 첫째, 도큐먼트를 만들기 전에 최적의 양을 결정해야 합니다. 일단 쓰고 보자고 해서 주절주절 쓰다보면 아예 단편소설 한 권이 나올 수 있으니까요. 둘째, 논리구성에 신경 써야 합니다. 논리구성은 'S-D-S'로 이루어집니다. Summary, Details, 다시 Summary로 작성하라는 겁니다. 셋째, 문장은 알기 쉬워야 합니다. 괜히 잘난 척 한다고 어려운 단어를 쓴다는 것은 허세 부리는 꼴밖에 되지 않습니다. 그리고 시각적 표현과 연출이 중요합니다. 무미건조한 프레젠테이션은 대놓고 이 시간에 잠깐 졸아도 된다는 것밖에 되지 않습니다."

안전방은 그때만 해도 당장 프레젠테이션을 할 이유도 없고, 또 동기들보다 잘났다는 생각에 대충 듣고 말았던 기획의 ABC였다. 그는 바인더에서 오래된 교육 자료를 꺼내 다시 읽었다. 조금씩 읽어나가니 그때의 강사 목소리가 생생히 들려오는 듯했다.

"서론은 비중은 작지만 본론의 사전 판단 자료의 역할을 합니다. 즉 서론에서 본문의 내용을 간결하고 명확하게 보여줘야 하죠. 대체로 서론은 본문의 요약을 하는 것으로 전체의 15% 정도에 해당합니다. 본문은 서론에서 맛을 보여준 요리의 실체를 디테일하게 풀어줍니다. 전체의 50%에 해당하는 몸통이죠. 마지막으로 전체적인 내용을 요약하여 결론을 내주는 것과 질의응답을 유도하는 것입니다. 35% 정도의 비중과 시간 분량으로 생각하면 됩니다."

그동안 안전방은 감에 의해서 기획을 하고, 또 기획안을 만들었다. 대충 말로 둘러대거나 자신의 상사나 사수들이 하는 대로 따라 하는 게 전부였다. 기획안 하나를 만들더라도 이처럼 치밀한 설계와 내용 구성이 필요한 줄을 왜 미처 몰랐는지 후회스러웠다. 일주일에 한 번이라도 이런 교육 자료를 되새김질 하듯 보고 스스로 학습을 했더라면 하는 후회가 진하게 밀려왔다.

안전방은 하루 종일 팀원들과 기획 아이템 자료를 수집하고 유의미한 데이터를 뽑느라 바빴다. 온종일 어깨가 뻐근하고 목이 뻣뻣할 만큼 일에만 몰두했다. 프레젠테이션의 기획 아이템을 제대로 다듬으려면, 일단 땔감이 모자라지 않도록 준비하는 게 중요했다. 잠시 목이라도 축이려 휴게실로 가던 안전방은 기획2팀의 사무실에서 새어나오는 웃음소리에 고개를 돌렸다.

"그러니까 '아이드마'에 따라 이 커피를 신제품이라 생각하고 발표해보라고요? 에이, 저는 커피숍 사장이 되겠다는 꿈은 버렸다니까요."

열린 문틈으로 얼핏 엿보니 보드판에 커다란 글씨로 'AIDMA'라고 쓰여 있었다. 그 글자를 두고 2팀의 막내가 교육을 받고 있는 듯했다.

"저 글자가 뭐야? '아이드마'? A, I, D, M, A라…, 어디서 많이 본 글자인데?"

안전방은 아이드마가 뭔지 궁금하기도 했지만 한편으론 여유를 부리는 듯한 2팀이 얄미워 입을 삐죽거렸다. 자신의 팀은 본부장이 내준 숙제 때문에 모두가 웃을 겨를도 없는데 기획안을 짜지도 않고 저렇게 웃고 있으니 배알이 꼬이는 기분이 들었다.

"어, 시원하다!"

활화산처럼 타오르는 열불을 식히려 안전방은 자판기에서 시원한 음료수를 뽑아 단숨에 들이켰다. 툴툴거리며 음료수 캔을 휴지통에 던져 넣으려는데 불현듯 뭔가가 떠올랐다.

"아, 맞아! 아이드마도 그때 배운 내용이었지."

신입사원 때 교육 프로그램에서 강사가 기획력을 키우기 위한 방법으로 소개한 'AIDMA'가 생각이 난 것이다. 광고를 기획할 때 주로 사용하는 기법이라면서 보통 콘티 작성 기법이라고 했던 게 떠올랐다. "기업에서 신제품을 홍보하거나 마케팅과 광고를 제안할 때 'AIDMA'를 많이 사용합니다. Attention, Interest, Desire, Memory, Action의 머리글자를 따 아이드마라고 부르죠."

그제야 안전방은 구준한의 팀이 기획안을 안 짜는 게 아니라 처음부터 차근차근 하고 있다는 것을 깨달았다. 그리고 아직 일이 낯선 막내에게 자연스럽게 교육까지 병행하면서 일을 즐기고 있었던 것이다. 알 수 없는 패배감에 안전방의 어깨가 다시 움츠러들었다.

바람도 쏘일 겸 건물 밖으로 나온 안전방은 답답한 마음에 한숨을 내쉬었다. 멀찍이 떨어져 있는 흡연 구역에서 폴폴 피어올라 바람 따라 사라지는 담배 연기를 보니 더욱 씁쓸했다. 저 담배 연기처럼 자신감도 왠지 서서히 사라지고 있는 게 아닌지 은근히 불안했다. 안전방은 고개를 들어 회사 건물을 바라봤다. 높다랗게 위로 뻗은 빌딩을 보며 자신은 지금 직장 생활에서 몇 층까지 올라가 있는지 궁금했다. 입사할 때만 해도 엘리베이터를 타고 오를 줄 알았는데, 거꾸로 지하로 향했다가 이제 겨우 계단에 오르기 시작했다.

괜한 상념에 빠져 있던 안전방의 스마트폰이 갑자기 울린 건 끊었던 담배를 다시 피울까 하는 생각을 할 때였다. 액정 화면에 뜬 이름은 구준한이었다.

"어, 무슨 일이야?" "어디야? 자리에 갔는데 없던데?"

"바람 좀 쐬려고 밖에 나왔어. 그런데 무슨 일로 나를⋯."

"아, 이번에 함께하기로 한 PT 때문에 찾았지. 이번에 관련 자료를 찾다가 쓸 만한 것들을 찾았는데 서로 자료와 데이터는 공유하는 게 어떨까 해서 말이야. 7팀은 이미 리마인드 신혼여행 프로그램 만들면서 여행시장이나 커플여행에 대한 데이터를 꽤 모아놨잖아. 어때? 지금 잠깐 좀 볼까?"

안전방은 얼떨결에 알았다고 하고 통화를 마쳤다. 경쟁을 해야 하는 사이에 데이터를 공유하자는 게 도대체 무슨 의미인지 궁금했다.

"쳇! 경쟁자에 대한 사전 탐사를 하는 거야? 아니면 대놓고 처음부터 기를 죽이겠다는 거야?"

가만 생각해보니 구준한은 꼼수 따위를 쓰는 위인이 못 됐다. 통화 내용을 다시 떠올려보니 구준한이 '함께'라는 말과 '공유'라는 말을 썼다는 게 생각났다. 신입 때부터 구준한은 뭔가를 숨기는 것보다 늘 주위 동료들과 함께 공유하고 함께하는 것을 좋아했다.

"어차피 기본적인 자료는 서로 조사하는 게 비슷할테니 차라리 시간을 줄일 겸 공유하는 게 더 좋을 수도 있겠군. 그렇다면 2팀보다 기획력이 떨어지는 우리 팀원들과 같이 짧은 시간이라도 프레젠테이션 기획의 기본부터 학습하면서 PPT를 준비하는 게 나을 수도 있겠어."

안전방은 혼잣말로 구준한의 제의를 긍정적으로 받아들이자고 다짐했다. 언제까지 승부도 보기 전에 패배감에 젖어 있을 수는 없는 노릇이었다. 일단 팀원들과 함께 기획안을 제대로 만드는 게 우선이었다. 그리고 PT를 하는 것은 자신의 몫일 테니 유 사장의 도움을 받는 게 더 현명하겠다는 판단이 섰다.

기획은 장편소설이 아니라
에세이다

● ● ● ● ●

《호밀밭의 파수꾼》의 저자 제롬 데
이비드 셀린저는 "당신이 글을 쓸 때마다 작가이기 오래 전에 독자
였다는 사실을 기억하라"고 했다. 나 혼자 이해할 수 있는 이야기를
잔뜩 쓰지 말고 독자가 궁금해 하고 재미를 느낄 수 있도록 글을 쓰
라는 것이다. 회사나 자기 사업을 할 때 기획을 하는 것도 다를 게
없다.

기획안은 "왜 이 제품, 또는 서비스를 팔아야 하는가?"를 직관적으
로 설득하기 위한 작업의 산물이다. 기획안을 본 의사결정권자가 따
로 해당 아이템을 연구하고 고민해야 한다는 것은 있을 수 없다. 그런
데 구구절절 아이템에 대해 마치 소설을 쓰듯이 작성한다면 아마도
다 읽기도 전에 보류라는 사인을 받게 될 것이다.

264

기획안을 쓰는 것은 일단 본문에서 언급한 대로 'S-D-S'의 논리적 구성이라는 틀을 갖춰야 한다. 서론의 Summary는 표제를 구체적으로 적어주는 게 중요하다. 모호한 표현보다 "○○ 제품의 개발 제안"처럼 정확하게 밝히는 것이다. 그리고 좀 더 정확한 의미를 전달할 수 있는 부제를 달아주는 게 좋다. 특히 서론에서 왜 이러한 제안을 하는지를 그 목적을 정확하게 서술하고, 관련 테마의 중요성을 강조해야 한다. 처음부터 기획 아이템의 타당성을 강하게 어필하는 것이다. 그런 다음에 본론에 들어가기 전에 해당 아이템과 관련한 최소한의 지식을 제공한다.

본론에 들어가면, 논리의 흐름에 맞춰 결론에 도달할 수 있도록 서술한다. 이때 근거가 될 만한 자료나 통계를 활용하는 게 객관적인 신뢰도를 높일 수 있다. 마지막으로 결론은 간결하게 마무리하면서 참석자들의 행동을 촉진시키는, 즉 기획 아이템의 제안을 기꺼이 받아들이면서 후속대책을 의논할 수 있도록 해야 한다.

논리의 틀을 갖춘 뒤에는 의사결정권자의 동의를 얻어낼 수 있는 '기술'이 필요하다. 구미에 맞는, 고개를 끄덕이고 "당장 그 아이템을 추진해봐!"라는 동의를 얻을 수 있는 매력적인 기획안을 만들어야 한다. 예컨대, "AIDMA" 기법이 이러한 기술이라 할 수 있다. 주의를 끌 수 있어야 하는 'Attention', 흥미를 북돋우는 'Interest', 욕구를 불러일으키는 'Desire', 뚜렷하게 각인시키는 'Memory', 행동에 옮기게 하는 'Action' 등을 담아내는 기획안을 만들어서 설득시키는 기술이 필요한 것이다.

기획안은 기획 프레임의 차례에 따른 의미 있는 정보를 선별해서 작성해야 한다. 가급적 흔히 볼 수 있는 정보나 상식적인 이야기로 서술할 게 아니라 차별화된 정보를 선별하는 게 좋다. 그리고 "보다 간결하게", "보다 쉽게", "보다 정확하게", "논리적으로"라는, 언제나 기억해야 할 기획안의 원칙을 잊지 말아야 한다.

항상 염두에 두고 있어야 하는 기획안 작성의 원칙을 세부적으로 살펴보면 다음과 같다.

1. 정확하게 써라.
    − 주관적인 단어나 애매한 용어는 사용하지 마라.
    − 누가 봐도 같은 뜻으로 이해할 수 있는 단어와 서술을 해야 한다.

2. 명료하게, 그리고 쉽게 써라.
    − 기획은 장편소설이 아니고 에세이이다.
    − 요목식으로 기술하라.
    − 이해 가능한 전문용어를 쓰되, 추상적인 용어는 피한다.
    − 문장에 한 가지의 콘셉트와 의미를 담는다.
    − 의미에 영향을 주지 못하는 어구는 과감히 생략한다.
    − 주어와 술어는 가급적 가까이 붙여 쓴다.
    − 결론 선행형 문장을 기술한다.
    − 일관된 키워드를 사용한다.
    − 의문과 질문이 예상되는 표현은 자제한다.
    − 가급적 쉽게 쓴다.

3. 간결하게 써라.

　　─ 짧으면 짧을수록 좋다.

　　─ '30초 엘리베이터 스피치'처럼 간결하게 메시지를 전달한다.

4. 논리적으로 써라.

　　─ CEO가 선호하는 보고서의 양식이 "결론 → 근거 → 방법" 순으로 된 것이므로 이러한 논리적 완성도를 갖춰서 작성한다.

　기획안을 만들어서 프레젠테이션을 하는 것은 쇼가 주목적이 아니다. 정확한 메시지를 전달하여 기획 아이템이 통과되는 게 우선이다. 이 목적을 위해 때로는 배우처럼, 또는 명철한 책사의 이미지를 보여주는 것이다. 기본부터 충실히 채운 뒤에 프레젠테이션의 쇼를 제대로 보여주자.

온몸으로 말하라

안전방은 SNS 메신저의 알림음에 서둘러 스마트폰을 열었다. 유사장으로부터 온 메시지였다.

💬 한번 보세요

간단한 메시지와 함께 동영상이 링크되어 있었다. 안전방이 그동안 기획안과 프레젠테이션 준비를 위해 이런저런 질문을 했더니 백문이 불여일견이라고 롤모델로 삼을 만한 현장을 직접 보라고 보낸 것이었다.

유 사장이 보낸 메시지의 동영상은 지난 2007년에 아이폰을 처음 사람들에게 공개적으로 알렸던 현장이었다. 화면에는 검은색 터틀넥 상의와 청바지를 입은 스티브 잡스가 등장했다. 지금은 그의 옷차림이 대수롭지 않게 여겨지지만, 당시만 해도 파격적이었다는 게 기억났다. 일단 처음부터 청중들과 전 세계에서 지켜보고 있을 사람들의 흥미를 끄는 데 성공한 셈이다. 그리고 그는 3가지의 혁명적인 제품을 소개하겠다고 운을 뗐다.

화면에는 아이팟이 나타나고, 스티브 잡스는 "첫 번째는 손가락으로 터치하면서 이용할 수 있는 넓은 스크린의 아이팟"이라고 소개했다. 이어서 두 번째는 혁명적인 모바일 전화기, 세 번째는 멋진 인터넷 통신기기를 사람들에게 알려줬다. 이윽고 화면에서 세 가지의 기기가 하나로 합쳐지는 광경이 펼쳐졌다.

화면에서 연출되는 장면을 보고난 뒤에 스티브 잡스는 청중들을 향해 씩 웃더니 짧게 새로운 제품의 탄생을 알렸다.

"이제 이해가 되나요? 이 기기들은 각각 다른 게 아니라 하나입니다. 우리는 이것을 아이폰이라고 부릅니다."

동영상 속에서 청중들은 우레와 같은 박수를 치고 있었다. 안전방도 현장의 감동이 느껴지듯 온몸에 소름이 돋았다. 스티브 잡스는 'AIDMA'의 정수를 보여주고 있었다. 더욱 인상적인 것은 그의 말과 더불어 자신만만한 표정과 몸짓이었다. 한순간도 그의 모습을 놓치지 않으려고 귀를 종긋 세우고 시선을 고정시키게 만드는 재주가 보통이 아니었던 것이다.

안전방은 동영상을 다 보고 난 뒤에 농반진반으로 유 사장에게

"Awesome!!"이라고 문자를 보냈다. 농반이라고 했지만, 진담이 90%였다. 놀라움 그 자체였던 것이다. 왜 스티브 잡스가 프레젠테이션의 교범이라 불리고 있는지 새삼 느낄 수가 있었다. 동영상의 여운이 채 가시기도 전에 안전방은 다시 한 번 예전 신입사원 때 받았던 교육자료를 꺼냈다. 자료 중에 발표력과 관련한 내용이 눈에 들어왔다.

발표력 향상 4단계 공식.
- 주의를 집중시켜라!
- 중심이 되는 사항(요점)을 말하라!
- 사례나 예화로 사실을 입증하라!
- 마무리는 감성에 호소하라!

스티브 잡스는 이 공식에 충실했다. 복장과 몸짓, 그리고 호기심을 일으키는 말을 꺼내며 주의를 집중시켰고, 아이폰의 혁신적인 특성을 센스 넘치는 표현으로 밝히고 입증했던 것이다. 그리고 마지막으로 "이것을 아이폰이라 부릅니다!"라는 말은 듣는 이들의 심장을 두근거리게 만들기에 충분했다.

당시 자료를 보니 발표력을 키우기 위한 훈련으로 이 4가지 공식을 본인의 사례에 적용하여 발표하는 시간이 있었다. 그때 자신의 사수였던 선배가 주의를 끌기 위해 "여러분, 진정한 행복을 원하십니까?"라고 말한 뒤에 중심이 되는 사항, 즉 요점으로 "아내를 사랑하십시오!"라고 외쳐 모두가 웃었던 기억이 났다. 그리고 사례나 예화로 사실을 입증하려고 부부간의 사이가 가정행복에 미치는 영향을 다룬

기사를 짧게 언급했고, 결론으로 감정에 호소하듯 두 손을 모아 이리 저리 바라보며 "행복한 가정생활을 원하신다면 평소 아내를 사랑하십시오!"라고 외쳤던 것이다.

다소 투박해 보이는 발표였지만 그것이 오히려 매력이 되어 모두가 웃으며 큰 박수를 쳤었다. 몇 시간 동안 진행됐던 교육이라 모든 내용이 생각나지 않아도 그 선배의 발표력 향상 실습 광경은 지금도 떠오를 만큼 공식을 잘 따른 것이었다.

"안녕하세요! 그런데 저 때문에 주말에 소중한 시간을 빼앗겨서 어떡하죠?"

"하하, 괜찮아요. 어차피 내가 이 시간에 가야 할 모임에 안 팀장이랑 같이 가는 건데요."

토요일 오후 사무실 근처에서 안전방은 유 사장을 만났다. 프레젠테이션 날짜가 얼마 남지 않아 실례를 무릅쓰고 유 사장에게 프레젠터의 기술을 알려달라고 했는데, 마침 도움이 될 만한 곳이 있으니 같이 가자고 해서 만난 것이다.

"그런데 오늘 어디로 가는 건가요?"

"아, 내가 예전부터 재능기부 차원에서 취업준비생과 신입사원들을 대상으로 프레젠테이션 학습 모임에 강의를 하고 있었어요. 내가 안 팀장에게 이야기해줬던 것들도 여기에서 수업으로 이루어지던 것이죠."

"재능기부요?"

안전방은 유 사장의 평온한 미소가 깃든 얼굴을 보며 놀라움을 감추지 못했다. 제 앞가림조차 못해 정신이 없는 자신과는 달리 유 사장은 자신의 능력을 아낌없이 퍼주고 있었던 것이다.

유 사장과 안전방은 대학가의 한 카페에 들어갔다. 작은 소모임을 열 수 있는 미팅룸 중에서 한 곳을 찾아 들어갔는데, 대여섯 명의 젊은 남녀가 그들을 기다리고 있었다. 잠시 서로 인사를 나누고 오늘의 모임에 대해 간략하게 소개를 한 뒤에 본격적으로 프레젠테이션 실습 수업이 이루어졌다.

"오늘은 그동안 만들었던 기획안을 가지고 발표를 하는 시간입니다. 실제로 각자가 프레젠터가 되고, 또 나머지 사람들은 구매자나 기획 아이디어의 승인 여부를 결정하는 사람의 입장이 되어 프레젠테이션을 듣고 소감을 말해주면 됩니다. 먼저 발표하기 전에 프레젠터가 마스터해야 할 4가지를 한 번 외쳐봅시다."

"시선! 화법! 손! 이미지!"

아직 팔팔한 청춘들이라 쾌활한 목소리로 프레젠터가 마스터해야 할 4가지를 외쳤다. 유 사장은 다시 한 번 복기하자면서 4가지에 대해 설명했다.

"먼저 시선은 모인 사람 전체에게 이야기하려 하지 말아야 합니다. 너무 자주 시선이 분산되어 되레 불안한 것처럼 보일 수 있어요. 그리고 전체의 주목을 이끌려면 가장 뒷줄의 사람에게 큰소리로 인사하는 게 좋습니다. 또 항상 1:1로 대화를 하듯 시선을 맞춰가며 발표를 합니다. 그럼, 화법은 누가 나를 대신해서 이야기해볼까요?"

유 사장이 발표할 사람을 찾자 너도나도 손을 들었고, 그중의 한 명이 화법에 대해 명쾌하게 설명을 했다. 목소리의 크기와 높낮이, 음색, 이야기의 속도와 악센트를 내용의 강조나 주의, 분위기의 전환 등에 맞춰 조절하는 것이라며 자신의 소개를 화법의 원칙에 맞춰 선보였다.

"잘했어요. 목소리를 활용하는 것은 상당히 중요합니다. 텍스트로 된 단어만을 봤을 때는 아무런 의미가 없을지 몰라도 목소리로 어떻게 조절하느냐에 따라 의미 전달이 달라지죠. 아, 그리고 무엇보다 정확한 발음이 중요하다는 것도 잊지 마세요."

유 사장은 화법에 대한 설명을 덧붙이고 손과 이미지에 대해 보드판에 뭔가를 적었다. 그리고 한 참석자에게 설명을 부탁했다.

"손, 즉 비주얼 핸드Visual Hand는 시각적인 효과, 강력한 임팩트, 청중 설득에 매우 중요한 요소입니다. 그리고 이미지는 몸짓을 비롯한 제스춰와 전달자의 태도를 뜻합니다. 'Show-See-Speak'의 습관을 몸에 배게 해서 자연스럽게 긍정적인 이미지를 전달합니다. 먼저 스크린을 보여주고, 청중의 눈을 본 다음에 잠깐의 침묵으로 집중시킨 다음에 이야기를 하는 게 효과적이라는 것입니다."

"맞아요. 이처럼 프레젠테이션은 말이라고 하는 언어 말고도 비언어적인 요소를 적절하게 활용하는 것도 매우 중요합니다. 그래서 프레젠터는 커뮤니케이션의 총체극이라 불러도 과언이 아니죠."

안전방은 유 사장과 참석자들의 열띤 토론에 자신도 후끈거리는 공기를 느낄 수 있었다. 취업을 하겠다는 분명한 목표, 회사에서 자신의 역량을 더욱 돋보이겠다는 의지 등은 강한 동기부여가 되어 참석자들을 열정적으로 만들었다. 자신도 경쟁 PT에서 반드시 이겨 팀의 존재감을 돋보이게 하고 팀장으로서의 역량도 보여줘야 한다는 뚜렷한 목표가 있었다. 이제 홈쇼핑의 스티브 잡스가 되어야 할 시간이 얼마 남지 않았다고 속으로 되뇌며 참석자들의 프레젠테이션을 지켜봤다.

커뮤니케이션의
달인이 되라!

● ● ● ● ●

앞서 프레젠터는 배우라고 했다. 그러나 스폿 라이트를 받는 화려함보다 말과 몸짓으로 진정성을 보여주는 배우여야 한다.

프레젠테이션은 시선과 화법, 손과 이미지를 모두 활용하여 메시지를 전달하는 커뮤니케이션이다. 먼저 시선은 청중들에게 마치 1:1로 대화를 하는 듯한 느낌을 주는 게 무엇보다 중요하다. 그래서 시선 처리를 할 때 "Look-Smile-Talk"라는 공식에 충실해질 필요가 있다. 바라보는 것, 즉 눈을 맞추고 미소를 지은 뒤에 이야기를 하는 사람에게 호감을 가질 가능성은 크다. 적어도 웃는 얼굴에 침 못 뱉는다는 말처럼 노골적으로 이야기를 거부하지는 않을 것이다.

많은 사람들 앞에서 프레젠테이션을 할 때 시선 처리가 쉽지는 않다. 계속 한 사람만 눈을 맞출 수도 없고, 낯가림이 심해서인지 몰라도 바닥만 보거나 허공에다가 시선을 고정시키는 것도 좋지 않다. 여러 사람들을 골고루 바라볼 수 있도록 '지그재그 시선 처리'로 눈 맞춤의 효과를 높여야 한다.

지그재그 시선은 좌에서 우로, 그리고 대각선으로 내려왔다가 다시 좌에서 우로 향하는 식으로 시선을 옮기는 것이다. 이렇게 지그재그로 시선을 옮기면 청중들의 상태를 전체적으로 파악할뿐더러 일대일 시선 맞춤의 효과도 가질 수 있다.

시선 처리에 이어 화법도 매우 중요하다. 눈을 맞대고 이야기를 하는 것이라 해도 마치 국어책을 읽듯이 발표를 해서는 지루함만 안겨다줄 뿐이다. 자주 발표를 해야 하는 상황이면 화법을 키울 수 있는 연습을 평소에 하면 좋다. 먼저 가슴 아래 두 갈비뼈와 배꼽 선으로 된 삼각 부분을 수축시킬 때 나오는 소리를 의식적으로 내는 훈련을 한다. 그리고 아랫배를 집어넣은 채 가슴을 펴고 어깨를 똑바로 한다. 그 다음에 입을 살짝 열고 짧은 숨을 들이쉰 뒤에 천천히 "스으으으으"라는 소리가 나오도록 앞니 사이로 숨을 차분히 내쉰다.

또 거리 조절도 필요하다. 청중과의 거리에 따라 발성의 크기를 조절하는 훈련을 하는 것이다. 마지막으로 평소에 활기찬 행동과 말하는 습관을 가진다. 이와 같이 일상에서 화법을 단련하는 습관과 훈련이 되어야 발표 현장에서 혀가 꼬이지 않고 내용에 따른 강약 조절이 가능해진다.

손동작도 중요하다. 의외로 많은 사람들이 손을 잘 쓰지 않는다. 특히 우리나라 사람들은 손을 들었다가 내리는 정도에 그치는 경우가 많다. 그러나 비주얼 핸드의 효과는 상당히 크다. 양손만으로도 강한 임팩트를 줄 수 있다. 비주얼 핸드의 3가지 원칙이 있는데, 첫째, 강조할 때는 양손을 아래위로 움직인다. 둘째, 결론을 말할 때는 한걸음 앞으로, 자료를 보여줄 때는 재빨리 돌아간다. 셋째, 머리에 손을 올리지 않는다. 이런 행동은 나의 잘못을 인정하는 것이라서 자칫 신뢰를 잃을 수 있다.

프레젠터는 이야기의 내용을 다양한 손동작의 표현으로 효과를 극대화할 수 있다. 그만큼 손을 비롯한 몸짓으로 보여주는 이미지는 당장 시각적 반응을 불러일으키기 때문에 주의해야 할 점도 있다. 예를 들어 양손이 허리선 아래로 가거나 어깨선 위를 넘지 않도록 해야 한다. 또 팔짱이나 뒷짐을 지는 자세, 주머니에 손을 넣는 모양새는 가급적 피하는 게 좋다.

프레젠테이션은 말과 글, 몸동작과 도구의 활용 등 커뮤니케이션의 모든 요소가 한순간에 펼쳐지는 것이다. 사람들을 설득하기 위해 모든 시각, 청각, 감성 등을 공략한다. 그렇기 때문에 비록 프레젠테이션의 목적을 이루는 데 실패하더라도 자신의 존재감은 충분히 드러낼 수 있다. 자신을 판매하는 기술, 즉 나의 가치를 판매하기 위해 필요한 기술이 프레젠테이션이다.

Chapter 7

자테크
(資-tech)

풍요로운 미래를
준비하라

―

자테크資-tech', 즉 자산관리를 잘하는 사람들의 공통점이 있다. 투자와 소비의 개념이 명확하고, 실패를 통해 배울
줄 안다. 또한 24시간 내내 자산관리를 고민하며, 전문가를 '200%' 신뢰한다. 무엇보다 결정이 빠르고 실천력이 강
하다.

도대체 얼마면 돼?

"어때? 이거 예쁘지?"

출산일이 다가오자 사흘이 멀다 하고 안전방의 집으로 택배상자들이 도착했다. 거동이 불편해진 아내는 주로 인터넷을 통해 물품을 주문했다. 그 중에는 꼭 필요한 출산용품이나 육아용품도 있었지만 더러는 불필요하다고 생각되는 것들도 있었다. 특히 아직 태어나지도 않은 아이의 옷이며 신발을 계속 사들이는 아내의 행동은 안전방에겐 은근히 스트레스로 작용했다.

"또 아기 옷을 샀어? 계속 누워만 있을 아기가 무슨 옷이 그렇게 많이 필요해?"

참다못한 안전방이 짜증이 잔뜩 묻은 목소리로 따지듯 물었다.

"필요할지 안 필요할지 당신이 어떻게 알아? 그리고 이까짓 게 얼마나 한다고 그런 걸로 나한테 눈치를 줘?"

현명애는 커다란 눈으로 안전방을 쏘아보며 말했다.

"가랑비에 옷 젖는 법이야. 한동안은 나 혼자 외벌이로 우리 살림을 꾸려나가야 하는데 당신이 조금만 더 절약해주면 안 될까?"

강남의 유명 입시학원에서 수학 강사로 근무하던 아내는 임신이 되자마자 기다렸다는 듯 사표를 내던졌다. 입덧이 심한 탓도 있었지만 태교나 조기교육이 아이의 두뇌와 정서에 큰 영향을 미치는 것을 알기에 최대한 집중하고 싶었던 것이다.

안전방은 아내의 생각을 지지하고 따라주었지만 막상 줄어든 수입을 확인하자 불안한 마음이 드는 것은 어쩔 수 없었다. 가족은 늘었지만 수입은 절반 가까이 줄었으니 허리띠를 바짝 조여도 모자랄 판에 아내는 어떤 이유에선지 지출이 점점 늘고 있었다.

"나 입덧 때문에 그동안 백화점 한 번 못 갔어. 게다가 직장 그만두곤 당신한테 미안해서 변변한 옷 한 벌도 못 샀어. 이런 나한테 지금 절약하라는 말을 하는 거야?"

"당신이 과소비를 한다거나 낭비를 한다는 말이 아니잖아. 우리 상황이 그러하니 조금 더 절약을 하자는 말이야. 게다가 써야할 것을 쓰지 말자는 게 아니라 쓰지 말아야 할 데엔 쓰지 말자는 이야기잖아."

"그럼 당신 용돈부터 줄이면 되겠네. 점심은 회사 구내식당에서 먹고, 저녁은 집에 와서 먹으면 밥값은 안 들잖아. 차비랑 잡비 합쳐서 한 달에 30만 원이면 충분하다고 생각해. 우리 형편에 30만 원도 과하지?"

현명애는 절대 물러서지 않을 기세로 또박또박 따지고 들었다.

"그만하자. 내 말이 정말 이해가 안 되는 것인지, 아니면 이해하기가 싫은 것인지 모르겠지만, 이런 식의 소비는 결국 우리는 물론이고 태어날 아기한테도 좋지 않아. 우리가 정말 그 아이에게 뭔가를 해줘야할 때 여력이 안 돼 해주지 못하게 되면 그땐 당신도 지금의 내 말을 이해하게 될 거야."

말을 마친 안전방은 답답한 마음에 집 밖으로 나가버렸다. 등 뒤로 가을 서릿발 같은 아내의 목소리가 들려왔지만 애써 못들은 척했다. 아내와 다투기 위해 말을 꺼낸 것이 아니었다. 그저 아내가 당장의 만족감을 아껴 미래의 더 큰 행복을 준비해주길 바랐을 뿐이다. 답답한 마음에 안전방의 가슴에선 묵직한 한숨이 토해져 나왔다.

"메시지는 좋았으나 표현 방식이 조금은 강했군요."

안전방의 하소연이 끝나자 유 사장은 예전처럼 부드러운 목소리로 조언을 시작했다.

"출산을 앞두고 불안한 마음을 쇼핑으로 달래고 있다는 건 아는데, 그래도 너무 심한 것 같아서 그만 참지 못하고 잔소리를 해버렸어요."

그날 이후 아내와 냉랭한 기운이 이어지자 안전방은 좀 더 아내를 이해하고 배려하지 못한 자신의 행동을 후회했다.

"에고, 돈이 뭔지. 졸지에 치사하고 구질구질한 남편이 된 것 같아요."

"아끼고 절약하는 것은 치사하고 구질구질한 게 아니에요. 더군다나 이제 아기까지 태어났으니 더 아끼고 절약해야죠."

유 사장은 여전히 안전방의 생각에 힘을 실어주었다.

"제 생각도 그런데 아내가 자꾸 화를 내니….."

"우리나라에서 자녀 한 명을 대학 졸업까지 시키기 위한 총 양육비가 얼마일 것 같아요?"

"글쎄요. 애 하나 키우는 데 돈이 엄청 든다고 하니, 대략 1억 원 정도요?"

그러고 보니 안전방은 지금껏 한 번도 자녀의 양육비에 대한 계산을 해본 적이 없었다. 대학교육비까지 책임지려면 많은 돈이 들 것이라는 막연한 짐작만 했을 뿐이었다.

"보건복지부 발표 자료에 따르면 2012년을 기준으로, 자녀 1인당 대학 졸업까지 총 양육비가 3억 원이 넘는다고 나왔어요."

"헉! 3억 원이요? 애 하나 키우는 데 무슨 돈이 그렇게나 많이 들어요?"

내심 둘째까지 바라고 있던 안전방은 유 사장의 말에 헉 소리가 절로 나왔다.

"고민해야 할 것은 비단 자녀양육비만이 아니랍니다. 평균 수명이 늘어 100세 시대가 멀지 않았다고 하는데, 경제 활동은 60살을 전후로 멈춰 버리니 이후의 생활비를 걱정하지 않을 수 가 없죠."

"지금껏 부자가 되기를 바란 적이 없는데 현실적인 문제들을 생각하니 갑자기 부자가 되고 싶다는 생각이 간절하네요.”

안전방은 매주 습관적으로 복권을 사는 사람들이 이해가 된다며 씁쓸한 미소를 지었다.

“안 팀장은 자산이 얼마 정도 있어야 부자라고 생각해요?”

“글쎄요. 10억 원 정도의 자산이 있으면 부자가 아닐까요?”

언젠가 서점에서 본 ‘10억’ 어쩌고 하는 책표지를 떠올리며 안전방이 대답했다.

“2008년에 실시된 한 설문조사의 결과에 따르면 우리나라에서 부자 소리를 들으려면 최소한 부동산과 금융자산을 합쳐서 약 28억 원 정도는 있어야 한다는 의견이 가장 많았다고 해요.”

“헉! 28억 원이요? 게다가 2008년도 조사 기준이면 지금은 도대체 얼마나….”

부자가 되기 위한 현실적인 자산 규모를 듣고 보니 안전방은 부자에 대한 미련부터 내려놓아야겠다는 생각이 들었다. 28억 원의 자산을 가진 부자가 되기를 바라는 것은 마치 자신처럼 비루한 체력의 사람이 에베레스트 등반을 목표로 하는 것처럼 막연하고 비현실적으로 느껴졌다.

“부자가 안 되도 좋으니 그저 내 아이 잘 키우고 우리 부부 노년에 궁하지 않을 정도의 자산만이라도 갖출 수 있었으면 좋겠어요.”

“지금부터라도 노력한다면 그리 힘든 일은 아니죠. ‘뜻이 있는 곳에 길이 있다’는 말처럼 뜻을 세우고 길을 찾으면 목적지에 갈 수 있답니다.”

평소 같으면 진부하게 느껴질 말이었지만 오늘은 달랐다. 이미 자녀들을 교육시키고 출가까지 시킨데다 테라스 카페라는 확실한 노후 대책까지 세워둔 유 사장이야말로 안전방에게 더할 나위 없는 롤모델이었다. 왠지 그의 조언을 차근차근 따라가다 보면 자신도 평온하고 행복한 노년을 맞을 수 있을 것 같은 희망이 생겨났다.

아름다운 노후를 위한
'자테크'

● ● ● ● ●

　　　　　　　　　요즘 자녀 한 명을 대학 졸업까
지 뒷바라지하려면 얼마나 돈이 들까? 보건복지부의 발표에 따르면,
2012년 기준으로 자녀 1명 당 양육비가 3억 원을 약간 웃돈다고 한
다. 자녀가 둘이면 6억 원 이상의 돈이 드는 셈이다. 출산을 장려한다
고 하는데, 낳은 만큼 양육비가 배로 늘어날테니 엄두가 나지 않는다.
2009년에 비해 3년 만에 1억 2천만 원이 올랐다고 하니 앞으로는 얼
마나 더 오를지 걱정만 한 가득이다.

　열심히 일하고 꼬박꼬박 저축을 하는 것만으로 미래의 삶을 준비
하는 시대는 지난 듯하다. 오죽하면 한 신문 기사의 제목이 '저축하는
개미보다 노는 베짱이가 부자 되기 쉽다'고 나왔을까. 저금리와 불안
정의 시대에서 한 푼 두 푼 저축하는 것은 본전은커녕 물가 상승 등에

따라 손해를 보는 짓일 수도 있다. 그래서 미래에 대한 준비를 허투루 생각하지 말고 꼼꼼하게 공부하고 준비를 해야 한다.

평균 수명 80세의 시대에는 60세에 은퇴를 해도 20년의 세월이 기다리고 있다. 이때부터 노후자금으로 버텨야 한다. 한 조사에 의하면, 부부 2인 기준으로 순수 생활비로 최소 150만 원부터 최대 350만 원까지 필요하다고 한다. 삶의 질을 고려해서 평균 300만 원으로 산정했을 때, 20년 동안 필요한 노후자금의 총액은 7억 2천만 원이다. 절약해서 산다고 해도 월 200만 원이면, 총 4억 8천만 원이 필요하다. 자녀교육에 억대의 돈을 쏟아 붓고도 이만한 노후자금을 마련하는 게 대다수의 서민 입장에서는 쉽지 않다.

'자테크資-tech', 즉 자산관리를 잘하는 사람들의 공통점이 있다. 투자와 소비의 개념이 명확하고, 실패를 통해 배울 줄 안다. 또한 24시간 내내 자산관리를 고민하며, 전문가를 '200%' 신뢰한다. 무엇보다 결정이 빠르고 실천력이 강하다.

우리나라 상위 1%의 부자들이 자산을 만드는 방법을 구체적으로 살펴보면, 먼저 수입의 50%를 시드머니로 모은다. 그리고 5천만 원 정도 모으면 부동산에 투자를 한다. 지방의 자투리땅이나 재개발 지역 투자, 전세를 끼고 아파트에 투자하는 것이다. 그렇게 연이어 부동산 투자를 하면서 5년에 5억 원을 모은다고 한다. 5천만 원이 5년 만에 10배로 늘어난 것이다.

그런 다음에 자산을 분배하는데, 예금과 부동산뿐만 아니라 펀드, 해외투자, 채권, 파생상품 등 다양하게 자산관리를 한다. 이 과정에서 부자들은 인내를 강조한다. 어느 정도 실패를 맛보는 것도 통과의례로 받아들인다. 실패할 수도 있다는 공포를 이겨내는 인내와 더불어 적시에 투자를 하기 위한 결심, 용기가 그들의 성공을 보장해준 밑거름인 것이다.

아름다운 노후를 위한 노력은 자신의 삶에 대한 책임감이 깃든 노력이라 할 수 있다. 가뜩이나 고령화가 가속화되는 시대에 살고 있는 마당에 아름다운 노후를 위한 준비를 대충 한다는 것은 무모한 배짱에 불과하다.

미국의 보험산업국에서 25세의 대학생들에게 "당신의 65세는 어떻게 될 것 같은가?"라는 설문조사를 한 적이 있다. 대부분의 학생들은 "나는 40년 후 그럭저럭 풍족한 삶을 살고 있을 것"이라고 대답했다고 한다. 그러나 이후 당국의 추적조사에 따르면, 실제 그 학생들이 65세가 됐을 때를 보니 54%가 완전 무일푼이었다. 36%는 이미 사망했고, 5%는 아직 일을 해야 하는 상황이었다. 4%가 여유로운 삶을 살고 있었고, 나머지 1%만이 매우 풍요롭게 살고 있었다고 한다.

그럭저럭 살 것이라고 대답한 대다수의 학생들은 자신이 생각한 '그럭저럭'의 기준에도 도달하지 못했다. 반면에 사회에 발을 들여놓는 시점부터 미래를 준비했던 사람은 사뭇 다른 인생의 결과를 보여줬다. 새로운 인생 출발점에 서 있는 당신은 과연 어떤 선택을 할 것인가?

활을 쏘기 전에
과녁부터 분명히 해라

"전 우리 회사 사장님은 하나도 안 부러운데 유 사장님은 정말 부러워요."

유 사장을 처음 만난 날, 안전방은 퇴직금이나 연금으로 편안하게 쉬지 않고 왜 계속 일을 하는지 이해가 되지 않았다. 하지만 지금은 그가 너무나 부러웠다. 건강이 허락하는 한 일을 하면 계속 수입이 생길 테고, 그만큼 삶도 풍족하고 여유로워질 것이 아닌가.

"하하! 그럼 내가 유수홈쇼핑 사장을 이긴 건가?"

"당연하죠! 부자면 뭐 해요? 아마도 우리 사장님은 자신이 가진 걸 지키기 위해 하루도 마음 편할 날이 없을 걸요. 전 그냥 유 사장님처럼 작게 먹고 작게 쌀래요."

안전방은 큰 부자보다는 소소한 행복에 감사하는 여유로운 소시민이 되고 싶다고 했다.

"음, '여유로움'이 핵심이군요."

"아, 그런가요? 하하하!"

큰 부자를 꿈꾸지는 않는다지만 안정적이고 여유로운 생활을 할 수 있을 만큼의 부자는 되고 싶은 것이 솔직한 마음이었다.

"안 팀장도 이제부터라도 든든한 노후 3박자를 잘 준비해보세요."

"든든한 노후 3박자요?"

"일자리, 연금, 재테크 말이에요."

"재테크까지요?"

일자리와 연금은 유 사장의 조언이 아니더라도 늘 염두에 두고 있던 것들이었다. 그런데 재테크는 관심은 있지만 막상 시도하려니 조심스럽기도 하고 막막하기도 해서 생각의 저편으로 밀어두었던 것이었다.

"요즘 같은 저금리 시대에 자녀양육비는 물론 노후 자금까지 준비해두려면 자산을 굴리는 것에도 관심을 가져야 한다는 말이에요."

유 사장은 평범한 맞벌이 부부가 매달 일정액을 은행에 예금하는 것만으로는 양육비와 노후자금 등의 필요 자산을 모으기가 힘들다는 설명을 덧붙였다.

"재테크 잘못하면 패가망신 한다던데…."

"사람들이 흔히 말하는 재테크가 단기간에 수익률이 좋은 금융상품을 찾는 기술이라면, 내가 말하는 재테크는 엄격히 말하면 '자테크

資-tech ', 즉 자산관리 기술이에요."

"'자테크'요?"

안전방은 유 사장이 들려준 낯선 용어에 대해 호기심을 표현했다.

"네. '자테크'는 주택 마련이나 노후 준비와 같은 개인의 재무목표를 달성할 수 있도록 자신이 가지고 있는 자산을 가장 효과적으로 관리하기 위한 기술이에요."

"에고, 관리할 자산이 있어야 관리를 하죠. 나 같은 월급쟁이들은 빚이나 지지 않으면 다행이죠."

아기가 어느 정도 자랄 때까지는 외벌이 인생을 면할 수 없는 탓에 안전방에게 '자테크'는 더욱더 먼 나라 얘기가 돼 버렸다.

"'자테크'의 기본이자 시작은 아끼고 모으는 것예요. 금수저를 물고 태어나지 않은 이상 결국 대부분의 평범한 사람들은 자신의 수입의 한도 내에서 지출을 조절하며 자산을 늘여가죠."

유 사장은 생활을 꼼꼼히 점검해보면 아낄 여지는 충분히 있을 것이라며 여유로운 노년을 바란다면 지금 당장 아끼고 모으고 불리기를 시작하라고 조언했다.

"돈을 모아야 한다는 필요성은 충분히 알겠는데, 솔직히 지금은 저 혼자 벌어야 하는 상황이라 아기가 조금 더 큰 뒤로 미루면 어떨까 하는 생각도 들어요."

"리더가 무엇인가 큰일을 이루기 위해서는 시간과 열정과 자금이 필요해요. 그리고 이중에 시간과 열정은 마음만 먹으면 가질 수 있는 것이지만 자금은 결심을 했다고 얻어지는 것이 아니에요. 그러니 미리미리 준비를 해두어야 하는 것이죠."

유 사장은 우리나라가 고령사회로의 진입을 앞둔 시점에서 여유로운 노년을 준비하기 위해서는 '자테크'를 통해 자산 규모를 안정화시킬 필요가 있음을 강조했다.

"자녀양육비나 노후 자금 같은 현실적인 고민들을 하다보면 그때의 내 선택이 옳았는지에 대한 회의감이 들기도 해요."

6년 전 안전방은 국내 굴지 대기업의 유혹을 뿌리치고 유수홈쇼핑을 선택했었다. 유수홈쇼핑의 입사를 결심한 가장 큰 이유는 상품 판매를 기획하는 일이 매력적으로 느껴졌기 때문이다. 물론 지금도 자신의 일에 만족감을 느끼고 있었다. 하지만 대기업에 입사해서 30대 중반의 나이에 억대 연봉을 자랑하는 대학 동기들을 만날 때면 후회가 되는 것도 사실이다.

"많이 버는 것이 꼭 좋은 건 아니에요. 그만큼 씀씀이가 커져서 더 부족하게 느끼는 사람들도 많거든요."

"하긴, 제 동기 중엔 억대 연봉을 받으면서도 빚에 짓눌려 사는 녀석이 있어요. 한심하더라고요."

"잘 버는 것보다 더 중요한 것이 아끼고, 모으고, 불리는 것 즉 돈을 잘 관리하는 일이에요. 돈 관리를 잘하지 못하는 사람은 제아무리 금수저를 물고 태어나도 쉽게 돈을 잃기 마련이죠."

유산을 상속받거나 퇴직을 해서 큰돈이 생긴 사람들이 사업이나 주식투자 등에 실패해 가진 돈을 모두 잃는 경우를 종종 봤다며 유 사장은 젊을 때부터 돈을 관리하고 잘 굴리는 '자테크'의 기술을 익혀둘 필요가 있다고 강조했다.

"당장 무엇부터 시작하면 될까요? 소비를 점검해서 돈을 아껴 저축을 할까요? 아니다! 예금은 이자가 얼마 되지 않으니 주식에 관심을 가지고 공부를 해볼까요? 아니, 그것도 아니지! 주식하다 몽땅 말 아먹는 사람도 많다고 하니 아예 부동산을 공부해서 땅을 좀 사둘까요?"

당장이라도 무언가를 시작해야 할 것 같은 조급함에 안전방은 두서없는 질문들을 쏟아냈다.

"어디로 뛰어야 할지, 왜 뛰어야 할지도 모른 채 무작정 뛰려고요?"

"네? 그게 무슨?"

"목표를 정하고, 그 목표에 도달하기 위해 어떤 방식을 취할 것인지 계획을 세운 후 걸음을 떼야죠. 즉, 자신의 재무목표를 분명히 정하고 그 재무목표에 따라 재무설계를 수립하고 실천해 나가야 해요."

많은 사람들이 명확한 재무목표 없이 무조건 돈을 모으고 불리겠다는 마음이 앞서다 보니 수익률만 좇는 실수를 저지른다며, 분명한 재무목표와 세부적인 계획을 세워 차근차근 실행해 나가야 함을 강조했다.

왜 자테크인가?

● ● ● ● ●

　　　　　　　　　　　　　　'노인들의 나라'라고 불러도 이상
하지 않을 시대가 곧 온다고 한다. 60세가 정년퇴직이라고 할 때, 소
득이 없이 20년, 30년을 보내야 하는 것이다. 인생의 황혼이라고 부
르기에도 멋쩍다. 게다가 노후에만 돈이 들어가는 게 아니다. 사회에
첫발을 내딛는 순간부터 벌어들일 돈과 써야 할 돈의 균형을 맞추는
게 쉽지 않다. 어쩌면 균형이라도 맞추는 게 다행일지도 모른다. 학자
금 대출부터 주택 구입에 따른 대출까지 내가 벌어들이는 것보다 더
큰 지출을 감수해야만 하는 상황도 발생한다.
　라이프 사이클에 따라 소득과 지출의 계획을 세우지 않으면 미래는
커녕 당장의 낭패도 피할 수 없다. 그렇기 때문에 소득과 지출에 대한
관리와 계획이 필요하다. 즉, 주택 마련이나 노후 준비와 같은 개인의

재무목표를 달성할 수 있도록 자산을 효과적으로 관리하는 '자테크'
가 필요한 것이다.

　내 인생에서 무엇인가 이루려고 하려면, 시간과 열정 말고도 자금
도 있어야 한다. 무일푼으로 꿈을 이룰 수 있다는 것은 낭만일 뿐이
다. 이 세 가지를 가지고 평생에 걸친 재정설계를 해야 한다. 평균적
인 라이프 사이클은 지출보다 수입이 많아 잉여자금이 발생하는 시
기, 경제적 정년인 45세를 기준으로 차츰 수입보다 지출이 많아 부족
자금이 커지는 시기, 사회적 정년인 55세를 기점으로 정년 퇴직과 노
후 생활을 25년에서 30년 동안 보내는 시기 등으로 나눌 수 있다. 이
모든 시기를 통틀어 재정설계를 해야 한다.

　20대에는 결혼을 비롯해 홀로서기에 필요한 비용이 지출된다. 30
대는 주택 구입과 육아, 자동차 구입 등 목돈이 필요하다. 40대는 자
녀교육과 은퇴자금 마련 등을 위한 비용 지출이 발생한다. 50대는 자
녀 결혼과 상속, 증여 등의 비용이 나간다. 60대부터는 노후 생활을
위한 비용이 필요하다. 잠시라도 한숨을 돌릴 새가 없다. 자산관리에
조금이라도 소홀히 했다간 연령대에 따른 비용과 노후자금이 부족해
진다.

　저금리, 고물가, 저성장, 초고령 사회에서 주먹구구식의 돈 관리로
는 버텨낼 수가 없다. 2015년 9월에 국세청이 국회에 제출한 2014
년 귀속 근로소득 자료에 따르면, 전체 근로자 1618만여 명 중에서
상위 1%인 17만여 명이 1억 3500만 원의 연봉을 받는다고 한다. 반
면 전체 근로소득자 평균에도 미치지 못하는 3150만 원 이하의 연봉
을 받는 근로자가 무려 1022만여 명이라고 한다. 전체 근로자 중에

서 63%가 평균보다 못한 수입으로 살고 있다는 것이다. 대다수의 사람들이 불안정한 소득과 미래를 감내하고 있다는 것이다. 그렇다면 더욱 더 계획적인 재무설계를 통해서 인생의 미래를 설계해야 한다. 이런 설계는 젊을 때부터 기획과 관리, 운영 등을 하는 게 좋다.

인간의 삶은 유한하다고 하지만, 과거에 비해 오랜 시간을 삶의 여정에 나서야 한다. 그런데 어떻게 긴 여정을 가야 할지, 목표는 어디인지를 모르고 무작정 걸어가는 사람들이 너무나 많다. 활시위를 당기고 있지만, 과녁이 어디에 있는지조차 모른다. 선택과 집중의 지혜도 갖추지 못했으니 어떤 것이 성과인지도 몰라 삶의 기쁨과 희열도 모를뿐더러 이렇다 할 큰 절망도 겪지 않는다. 이런 삶이 과연 평온하고 행복한 삶일까?

마음은 뭉치고 돈은 분산하라

"사랑해, 여보."

현명애는 이름처럼 현명했다. 안전방의 짧은 몇 마디에도 이미 두 사람은 '함께'임을 보여주었다. 괜한 자존심으로 정말 소중한 것을 놓쳐서는 안 된다는 것도 잘 알고 있었다.

"나도 사랑해, 그리고 정말 고마워."

안전방은 자신의 제안에 흔쾌히 따라준 아내가 너무나 사랑스럽고 고마웠다. 당장의 만족감보다는 아이를 위한, 그리고 자신들의 노후를 위한 준비를 하자는 말에 현명애는 기다렸다는 듯 고개를 끄덕여 줬다. 안전방은 그녀를 위해서라도 미래를 더욱더 든든하게 준비할 필요성을 느꼈다.

"아니야, 내가 더 고마워. 나 역시 당신처럼 우리의 미래에 대한 불안감이 컸어. 그런데 당신이 분명하게 길을 찾아준 것 같아서 너무 고마워."

아끼고 모으고 불리자는 것에 동의한 두 사람은 이내 머리를 맞대고 '어떻게'에 대한 고민에 들어갔다. 생각을 나누고, 미처 떠오르지 못한 것들은 책이나 인터넷 검색을 통해 정보를 모으기도 했다. 그러고는 두 사람이 최종적으로 합의한 내용들을 메모해 집안 곳곳에 붙여두었다.

"이젠 정말 중요한 걸 의논해야 해."

"정말 중요한 것이라니?"

안전방의 말에 현명애는 고개를 갸웃했다.

"무엇을 향해 갈 것인지 우리의 분명한 목표를 정해야지."

안전방은 유 사장의 가르침을 현명애에게도 전하며 함께 재무목표를 정해보자고 제안했고, 두 사람은 다시 의논에 들어갔다. 25년 뒤로 다가온 노후에 대한 목표를 장기목표로 설정하고, 태어날 아이의 대학 학자금, 내 집 마련 등을 중기목표로 설정했다. 그리고 단기목표로는 5년 뒤 방이 3개 있는 아파트로 이사할 전세자금을 마련하는 것을 설정했다.

"아기가 태어나고 첫 돌이 되기까진 난 육아에만 전념할 거야. 대신 아까 당신과 의논한 대로 한 달에 최소 50만 원은 저축을 할게."

현명애는 아기가 첫 돌이 지나고 나면 우선은 주말을 활용해 학생들에게 과외를 할 것이라고 했다. 나름 실력을 인정받는 수학 강사이기에 학생들을 모으는 것은 그리 염려가 되지 않았다.

"그렇게 2년 정도는 주말에 몇 시간만 과외만 할 것이라 내 수입이 100만 원 정도로 예상이 돼. 그러면 기존의 50만 원과 100만 원을 합친 150만 원이 우리의 월 저축액이 되고, 그 돈을 차곡차곡 모으면 그게 바로 종자돈이 되는 것이지."

현명애는 수첩에 꼼꼼히 메모를 하며 자신의 계획을 안전방에게 설명했다. 안전방은 자신보다 더 적극적으로 미래를 계획하고 설계해 나가는 아내의 모습에 흐뭇한 미소를 지었다.

"그런데 말이야. 종자돈이 어느 정도 모여지면 어떻게 불려야 하지? 안전성만 생각한다면 정기예금 같은 것이 좋겠지만 금리가 낮아서 수익성을 기대할 수가 없잖아. 그렇다고 수익성을 바라며 주식투자 같은 걸 하려니 원금을 잃을 위험도 있어서 불안하기도 하고."

"그래, 나도 사실은 그게 고민이었어. 내일 회사에 가면 현명하신 멘토님께 조언을 구해볼게."

"아, 테라스 카페 사장님이란 분?"

"응, 맞아. 여러 모로 내게 도움을 많이 주시는 분이야. 큰 형님 같기도 하고 아버지 같기도 하고. 헤헤."

안전방은 유 사장처럼 지혜롭고 해박한 사람이 자신의 멘토가 되어준 것이 새삼 고마웠다. 안전방과 현명애는 다시 머리를 맞대고 유 사장에게 조언을 구할 내용들을 메모하기 시작했다. 부부가 한 방향을 보며 함께 나아간다는 것이 얼마나 행복한 일인가를 느끼며 안전방은 새삼 자신에게 주어진 하루하루에 감사한 마음이 들었다.

"며칠 사이에 많은 진전이 있었군요. 재무목표를 장기, 중기, 단기로 나눠서 정한데다가 기간별로 월 저축액까지 예상했네요."

안전방의 설명을 들은 유 사장은 흐뭇한 표정으로 이야기를 이어갔다.

"지금까지도 잘해 왔지만 앞으로도 효과적인 자산관리를 위해 더 많은 관심과 시간을 투자해야 해요. 특히 자산관리 3+1에 대한 공부는 필수랍니다."

"자산관리 3+1이요?"

"주식, 부동산, 채권, 그리고 펀드가 바로 자산관리 3+1이에요."

"어휴, 전 주식만 대략적으로 공부하면 되겠거니 했는데, 의외로 공부할 게 많군요."

저금리 시대에는 은행의 예·적금만으론 수익성을 기대하기 힘드니 주식 등 투자처에 대한 공부의 필요성은 알고 있었지만 채권이나 부동산 등이 함께 거론되어 안전방은 잠시 당황했다.

"분산투자라는 말 들어봤죠?"

"아, 달걀을 한 바구니에 담지 말라는 거요?"

"네, 맞아요. 증권투자를 할 때 여러 종목으로 분산하면 위험을 서로 완화하고 상쇄할 수 있어서 그만큼 손실을 줄일 수 있죠."

유 사장은 주식, 채권, 펀드, 부동산으로 투자 종목을 분산하면 위험이 줄고 안전성이 는다고 했다. 그 외에도 나라, 업종, 기업 등도 분산해서 투자할수록 위험을 줄일 수 있다고 조언했다.

"물론 위험을 감수하고라도 더 큰 수익성을 기대해 한두 가지 정도에 집중 투자를 하는 방식도 있지만 초보자의 경우 안전성이 높은 분산 투자가 적합하답니다."

안전방은 유 사장의 말을 한 마디도 놓치지 않으려고 수첩을 꺼내 들었다. 그동안 유 사장을 통해 '자테크'와 관련한 이야기를 들었지만, 오늘도 낯선 개념과 설명이 이어졌다. 평소에 그다지 개의치 않았던 단어들로 금세 수첩의 한 페이지가 채워지고 있었다.

"어휴, 익숙지 않은 단어들 때문에 머리가 복잡해지네요. 하하…."

"처음에는 다 그렇죠. 그래서 '자테크'도 공부를 꾸준히 해야 합니다. 공부를 하지 않으면, 몰라서 손해를 보고, 어설픈 지식으로 요령만 피우게 되죠."

유 사장은 안전방에게 투기와 투자, 작전주와 우량주의 차이를 말해주면서 왜 공부를 해야 하는지를 설명해줬다. 그리고 '자테크'는 자신의 판단과 선택에 따른 것이라서 누구를 탓할 수 없다는 것을 강조했다. 본인의 판단과 선택에 모든 것이 달려 있으니 그만큼 공부를 해야 한다는 것이다.

"'자테크' 공부도 학창 시절에 하던 것과 그 원리는 똑같아요. 첫째는 기본에 충실하자. 둘째는 주입식이 아니라 원리에 대한 이해를 하자. 이 두 가지 원칙을 가지고 자산관리 공부를 하는 게 좋아요."

모든 공부에는 지름길이 없다고 하더니 유 사장의 말이 새삼스레 안전방의 정곡을 찔렀다. 그동안 스펙 쌓기의 달인 수준이었던지라 요령껏 공부를 하는 것쯤은 문제도 아니라는 생각을 했었다. 그런데 기본과 이해의 학습 원리를 이야기하니 살짝 부끄러워졌다. 어서 빨리 기초적인 지식을 쌓아 실전에 나서고 싶은 마음이 앞섰던 것이다.

유 사장은 안전방의 마음을 알아차렸는지 소품으로 있던 집 모양의 캔들 케이스를 안전방 앞에 가져왔다.

"집을 지을 때 설계도가 필요하죠? 설계도가 없이 무작정 기둥을 세우고 벽돌을 쌓을 수는 없잖아요? 자산관리도 설계도가 필요해요. 예전에 제가 목표를 세우고 계획에 따라 재무관리를 하라고 했었죠. 자산관리의 설계도를 만들라는 것도 같은 의미에요. 그리고 설계도를 만들기 위해서는, 어설픈 감이나 잔 지식으로 할 수는 없으니 차근차근 공부를 하라는 거예요."

안전방은 예쁘게 생긴 작은 집 모양의 캔들 케이스를 손에 들고 찬찬히 바라봤다. 그러자 유 사장은 소중한 집을 짓기 위해 머리를 싸매고 설계도를 만들 듯이 자산관리에 대한 공부도 공을 들여야 한다고 강조했다. 대박의 설레발보다 차근차근 인생의 방향과 계획을 세워 기본과 원리를 이해하라는 유 사장의 말에 안전방은 연신 고개를 끄덕였다.

자산관리 3+1을 위한
ABC

● ● ● ● ●

차근차근 돈을 모아 곳간을 채우기
에는 주변 환경이 너무나 빨리 바뀌고 있다. 저금리와 대비되는 고물
가의 시대, 나갈 돈은 많지만 불황의 늪은 깊어만 간다. 애초의 계획
대로 자산관리를 우직하게 하려고 해도 불안감을 쉽게 지울 수 없다.
그런데 '자테크'는 이러한 사람들의 불안감마저 연구해야 한다. 예컨
대, '공포지수'라는 말이 있다. 주가지수가 오르면 공포지수는 떨어지
고, 주가지수가 떨어지면 공포지수는 오른다. 실제로 주식시장의 큰
변동이 생기기 전에 심리지표와 주가의 괴리율에 따라 관련 정책이
조정될 때가 많다.

자산관리는 이른바 '3+1'의 공식에 따르는 경우가 많다. 주식, 부
동산, 채권과 더불어 펀드에 투자하는 것이다. 이러한 자산관리는 올

바른 투자를 통해 이뤄져야 한다. 이른바 '작전주'니 '고급 정보'이니 하는 요행수에 기대지 말고 적어도 종합주가지수의 흐름이나 CD차트, 집값 등락률, 펀드 수익률, 경제 상황의 흐름 등에 대한 분석과 연구가 필요하다. 한마디로 공부를 하라는 것이다.

자산관리는 이렇듯 공부할 게 한두 가지가 아니다. 경제 개념에서부터 사회 이슈에 대한 해석까지 폭넓은 관심과 지식을 요구한다. 그래서 공부하는 것을 포기하고 남들이 하는 대로 따라하는 사람들이 많다. 이때 잘되면 내 덕이고, 잘못되면 남 탓을 하게 된다.

'자테크' 공부에 대한 부담이 아무리 커도 지레 포기할 필요는 없다. 기본과 원리에 대한 이해를 제대로 하면, 공포지수와 같은 '응용'은 미처 몰랐다고 해도 빠른 속도로 이해와 습득이 가능해진다. 그래서 기본을 강조하는 것이다.

자산관리는 "기본을 기본으로 공부한다"로 출발할 수 있다. 즉 '자산관리 3+1'을 '기본에 충실한' 공부를 한다는 것이다. 앞서 자산관리의 3은 주식, 부동산, 채권이라고 했다. 플러스원은 펀드이다. 3+1을 공부하는 것은 일단 책으로 시작하는 게 좋다. 최근에는 이 방면으로 문외한이라 할 수 있는 사람들도 쉽게 공부할 수 있는 입문 서적들이 많다. 또 인터넷을 뒤져보면 전문가들과 은둔 고수들의 알짜 강의도 많다. 쉽고 재미있게 정리하거나 강의를 해주니 참고할 만하다.

책으로 시작한 공부와 더불어 전문가의 조언을 받는 것도 중요하다. 자산관리는 이론만으로는 할 수 없으니 실전을 치러야 한다. 처음에는 배운 대로 가볍게 주식이나 부동산, 채권과 펀드 등을 하게 될 텐데, 정작 실전에 뛰어들게 되면 우왕좌왕 하기 일쑤다. 이때 전문가를 만나서 자신이 어떤 목표를 세우고 있는지, 또 성향이 어떤지를 이야기하고 조언을 구하는 게 좋다. 다소 적극적인 성향이라면 리스크가 높더라도 고수익의 투자를, 안전을 추구하는 사람이라면 보장성이 큰 투자를 권한다는 식의 조언을 들을 수 있다. 이러한 성향이나 목표가 없이 친구 따라 강남 가는 식의 투자는 낭패를 볼 가능성이 매우 크다.

학습의 마지막 단계는 실천이라고 했다. 실전에 뛰어들어 작게라도 자산관리를 시작했을 때, 아까운 내 돈을 날릴까봐 걱정만 해서는 안 된다. 소액투자로 시작해서 이런저런 성공과 실패를 겪어볼 필요가 있다. 이러한 과정이 학습의 일환이자 자신의 투자 지식으로 쌓여 무형의 자산이 된다.

2030 푸어 탈출 프로젝트

"자, 마셔봐. 마음을 편하게 해주는 허브차래."

주말을 맞아 안전방과 현명애는 자산관리 계획에 대해 좀 더 구체적으로 의논을 해보기로 했다. 안전방은 아내의 출산에 대한 부담을 조금이라도 덜어주기 위해 마음의 안정에 도움을 주는 허브차를 준비했다.

"당신 설명 듣고 보니 유 사장님 말씀이 정말 옳은 것 같아. 안전성과 수익성을 모두 챙기면서 위험을 줄이려면 다양한 방식의 분산투자가 이뤄져야겠어."

안전방의 설명을 모두 들은 현명애가 고개를 끄덕이며 동의를 표현했다.

"그 말은 곧 우리가 앞으로 공부를 많이 해야 한다는 이야기지."

"그런가? 음, 열공! 열공!"

투자에 대해 새롭게 공부해야 할 것들이 많아 부담스럽기도 했지만 결국 더 많은 것을 보기 위해서는 더 많은 것을 알 필요성이 있었다. 안전방과 현명애는 주먹을 불끈 쥐며 열공의 의지를 다졌다.

"아니, 두 분이서 다시 공부를 한다고요? 대학원에 간다는 말이에요? 그럼 우리 조카는 누가 키우고 돈은 누가 벌어요?"

쉬는 시간이 되어 거실로 나온 현재만은 두 사람의 요란한 구호에 황당하다는 표정을 지었다.

"무슨 뜬금없는 소리야? 누가 대학원에 간대?"

"둘이서 지금 열공! 열공! 그랬잖아."

"어휴, 그게….”

현명애는 며칠 동안 자신들이 재무목표를 정하고 계획을 세운 것 등에 관해 대략적으로 설명을 했다.

"쩝, 부럽군, 부러워!"

백수에 가까운 자신의 신세와 비교할 때 두 사람은 너무나 행복한 전진을 하고 있었다. 현재만의 입에선 부러움의 탄성이 절로 쏟아져 나왔다.

"그게 뭐가 부러워. 다들 하는 건데.”

"솔직히 내 또래들 중엔 결혼은 물론이고 연애까지 포기한 사람들이 많아. 학자금 대출에 발목이 잡혀서 취업 전부터 빚쟁이 신세인데 연애나 결혼을 꿈꾸는 건 사치거든.”

"넌 어때?"

"나도 걔들과 다를 게 뭐 있겠어? 부모님이랑 누나가 도와준 덕분에 빚쟁이 신세는 면했다지만 현재의 나는 꿈을 좇는 백수신세인 걸. 아르바이트로 겨우 용돈벌이 정도 하고 있는 처지에 연애나 결혼은 언감생심이지."

"하긴, 내 친구들 중엔 결혼은 했지만 출산은 포기한다는 경우도 더러 있더라고. 오죽하면 요즘 20~30대를 '3포 세대'라고 하겠어."

현재만의 푸념에 안전방은 이해가 간다며 고개를 끄덕였다.

"지금부터라도 늦지 않았으니 너도 아끼고 모아봐. 나도 네 매형 이야기를 듣고 꼼꼼히 살펴보니 여기저기 아낄 구석이 많더라고."

"쳇! 한 달에 100만 원 남짓 받아서 아끼고 모을 게 뭐가 있어."

현재만은 자신의 처지를 뻔히 아는 누나가 그런 말을 하니 서운한 마음이 들었다.

"넌 생활비나 주거비 등으로 따로 지출되는 게 없으니 그 정도면 충분히 저축할 수 있어."

"그건 누나 말이 맞아. 그리고 저축은 쓰고 남는 돈으로 하는 게 아니라 강제적으로라도 저축을 먼저 하고 남은 돈으로 어떻게든 살아야 하는 거야."

"노력은 해보겠지만 그게 잘 될는지…."

사실 아르바이트로 작으나마 수입이 생기면 저축을 시도해보기도 했다. 하지만 돈이 조금 모였다 싶으면 쓸 일도 덩달아 생겨버리니 결국 돈 모으기를 포기해버렸다.

"그건 명확한 목표가 없기 때문이야. 왜 돈을 모아야 하는지, 모은 돈을 어디에 쓸 것인지 명확히 한다면 그 어떤 유혹에도 흔들리지 않게 되지."

안전방은 저축보다는 소비에 익숙한 젊은 세대가 경제적 궁핍에서 탈출하기 위해선 무엇보다도 '목표의식'이 중요하다고 강조했다.

"아무튼 지금 당장 너의 재무목표를 정하고 그에 맞는 적절한 저축액과 저축 방법, 그리고 푼돈 모으는 방법 등을 궁리해봐. 그리고 내일까지 나한테 계획서를 제출해."

"헐! 아니 그걸 왜 누나한테 줘?"

현명애의 말에 현재만이 황당하다는 듯 눈을 치켜뜨며 물었다.

"너 우리 집에서 공짜밥 먹잖아. 네 계획서가 내 마음에 안 들면 내일부터 하숙비 낼 각오해야 할 거야."

"그거 좋은 생각이네. 요즘 하숙비가 한 달에 50만 원 정도는 하지?"

현명애의 말에 안전방이 기다렸다는 듯 지원 사격을 했다.

"어휴, 알았어요. 알았어! 매달 50만 원 정도는 저축하라는 얘기잖아요."

"당장은 50만 원이지만 취업을 하면 저축액은 더 늘어나야 해. 처남도 결혼을 하고 아이도 낳을 테니 그런 대비도 미리미리 해야지."

"에고, 돈이 없어서 연애도 못할 텐데 언제 결혼을 하고 언제 아이를 낳아요?"

저축의 필요성에 공감하고 실행하는 것과는 별개로 가벼워질 지갑을 염려하니 현재만의 입에선 한숨이 새어나왔다.

"얘가 뭘 몰라도 한참을 모르네. 노후 대비, 자녀교육, 주택 자금까지 차근차근 준비하고 있는 남자는 그야말로 1등 신랑감이야. 아마도 여자들이 서로 연애를 하자고 줄을 설 걸."

"정말 그럴까?"

"당연하지!"

현명애는 당장 맛있는 것을 먹고 좋은 구경을 하는 것도 좋지만 생각이 올바르고 현명한 여자라면 분명 야무지게 자산관리를 하고 있는 남자를 더 원할 것이라고 했다.

"알았어. 미래의 내 가족을 위해 오늘부터 당장 재무관리 들어간다!"

현재의 불편함을 감수함으로써 미래의 가족에게 더 큰 안정과 행복감을 줄 수 있다는 생각에 현재만은 만족스런 미소를 지었다.

푸어 인생을 탈출하자!

● ● ● ● ●

우리나라 20대와 30대를 두고 '3
포 세대'라고 하는데, 20대부터 학자금 대출 등의 빚을 진 탓에 연애
와 결혼, 출산 등을 포기할 수밖에 없기 때문이다. 대학생 푸어, 허니
문 푸어에 이어 부동산 푸어까지 청년과 중장년 세대의 미래는 잿빛
먹구름만 가득하다.

푸어 인생의 탈출은 캄캄한 동굴을 헤매듯 빛이 보이지 않는다고
토로하는 사람들이 많다. 경기 침체의 장기화 때문에 좌절과 절망의
깊이는 더욱 깊어지는 듯하다. 그러나 포기하겠다고 수건을 던질 수
는 없다. 일찍부터 종자돈 마련보다 빚을 갚아야 하는 인생살이지만,
아직도 많이 남은 인생을 빚만 갚고 살 수는 없는 노릇이다.

푸어 세대가 자신의 환경을 바꾸기 위한 노력은 빚을 짊어진 인생

으로부터 탈출하는 것이다. 그렇게 하려면 자산관리에 대해 다시 한 번 생각해볼 필요가 있다. 먼저 왜 돈을 모으는지에 대한 분명한 이유를 찾아야 한다. 또 아깝게 모은 돈이 줄줄 새게 내버려둘 수 없기 때문에 지출의 용도를 분명히 해야 한다. 즉 재정설계부터 꼼꼼하게 다시 하는 것이다.

재정설계에 따른 활동 계획도 중요하다. 즉 돈을 쓰기보다 먼저 모으는 습관을 가져야 한다. 가장 좋은 방법으로는 통장의 구분이다. 예컨대, 하나의 통장으로 월급이 들어오고 지출이 이뤄지는 것보다 별도의 저축 통장과 소비 통장을 만드는 것이다. 월급이나 수입이 들어오면 저축 통장에 먼저 이체를 하고, 이체 후 남은 돈을 소비 통장에 입금한다. 그래야 내가 가진 것보다 더 많이 쓰는 낭비를 예방할 수 있다.

내가 가진 돈이 나도 모르게 줄줄 새는 경우가 있는데, 신용카드의 무분별한 사용 때문일 때가 많다. 늘 자신의 현재 재정 상태에 맞춘 합리적인 지출을 하려면 신용카드를 겸한 체크카드 사용을 하는 게 좋다. 통장 잔액에 맞춰 지출을 통제할 수 있기 때문에 절제의 습관을 가질 수 있다.

인생의 황혼기에 접어들어 푸어 인생으로 보내지 않으려면, 취업과 동시에 노후 준비를 해야 한다. 시간이야말로 '자테크'의 가장 큰 밑천이다. 또한 장기투자의 복리 효과가 있기 때문에 일찍 시작할수록 그 효과의 극대화를 기대할 수 있다.

그리고 리스크 관리에도 신경을 써야 한다. 아끼고 모아 공든 탑을 만들었는데, 한순간에 무너져 내리는 것을 허망하게 지켜볼 수는 없지 않은가. 종자돈을 모으기에 앞서 보장성 보험에 가입하는 등 위험 관리도 철저히 하는 게 필요하다.

　마지막으로 푸어 세대일수록 저축에 대해 다시 한 번 재고해볼 필요가 있다. 저금리 시대에서 저축은 미련한 짓으로 취급당할 만큼 외면당하고 있다. 그러나 저축은 자산 증식의 기본이다. 헛되게 돈을 쓰지 않고 모으는 것부터 시작해야 푸어의 그늘에서 벗어나 '자테크'를 제대로 할 수 있다. 저축을 단순히 금리 계산으로만 바라보지 말고 전략적으로 부자가 되는 실천 방식으로 이해해야 하는 것이다.

　저축은 크게 '장기 저축', '강제 저축', '동시 저축', '푼돈 저축'의 네 가지 방식으로 운용할 수 있다. 먼저 '장기 저축'은 운용기간이 길면 길수록 커지는 복리 효과를 위해 필요하다. '강제 저축'은 인생에서 필요한 3대 자금인 노후와 교육, 그리고 주택 마련 등을 위해 반드시 해야 하는 저축이다. 목돈이 들어가는 것이니 만큼 의무적인 것이라 할 수 있다.

　'동시 저축'은 가로 저축이라고 해서 20대부터 노후와 교육, 주택 마련 등을 위해 동시에 시작하라는 것이다. '푼돈 저축'은 티끌 모아 태산을 만들자는 것이다. 하루 담뱃값 4,500원만 저축해도 한 달이면 135,000원이다. 1년이면 1,620,000원이고, 10년이면 16,200,000원, 20년이면 3000만 원이 훌쩍 넘는 큰돈이 된다. 여기에다 복리를 적용해보라. 상당한 목돈이 된다.

　저축과 재정설계, 합리적인 지출 등 푸어 세대의 '자테크'는 어쩌면 더디게 느껴질 수 있다. 언제 그렇게 해서 목돈을 모을 수 있을지 가늠조차 안 될지도 모른다. 하지만 취미 생활을 하듯 습관으로 여겨보는 게 어떨까. '자테크'의 고수인 워렌 버핏이 습관의 족쇄는 끊어버리기에 너무 단단하다는 사실을 알기 전까지는 너무나 헐겁고 가볍게 느껴진다면서 습관의 위력을 강조했다. 일상의 하나로 '자테크'를 하다 보면, 언젠가는 푸어의 꼬리표를 뗄 수 있을 테다.

.

Chapter 8

신테크
(身-tech)

몸부터
챙겨라

"인류에게 정말 효과적인 무기가 하나 있다. 그것은 바로 웃음이다"라는 마크 트웨인이 말처럼 웃음은 그 어떤 무기보다 더 큰 효과가 있다. 상대방을 이기고, 나를 행복하게 해주는 인생의 무기가 바로 웃음이다.

몸은 진실을 알고 있다

"안녕하세요, 사장님. 커피 두 잔 주세요."

꽃샘추위로 바람이 다시 매서워지자 어깨를 잔뜩 움츠린 한성갈이 유 사장에게 인사를 건네며 커피를 주문했다.

"어, 오늘은 어쩐 일로 한 과장님이 왔어요? 그리고 보니 안 팀장님도 며칠 보이질 않네요."

"다들 왜 그렇게 약골인지 모르겠어요. 감기로 드러눕질 않나, 과로로 쓰러지질 않나. 에휴."

한성갈은 기획7팀의 고민중은 감기로 오늘 갑자기 결근했고, 안전방은 과로로 쓰러져 사흘째 회사에 나오지 않았다며 못마땅한 표정을 지었다.

"갑작스런 꽃샘추위에 감기로 고생하는 건 이해가 되는데, 안 팀장님은 왜 갑자기 쓰러졌어요? 그것도 과로라니."

"낮에는 회사일로 밤에는 아기를 돌보느라 몸이 많이 힘들었던 모양이에요. 평소에도 비실비실하더니 결국 올 게 온 거죠."

"원, 젊은 사람이 체력이 그렇게 약해서야. 우리 땐 퇴근 후에 애 몇을 돌봐도 끄떡없었는데."

유 사장은 젊은 시절 회사에서 돌아오면 늘 아내를 도와 아이들을 돌보고 집안일을 도와주었던 기억을 떠올렸다.

"그러게요. 게다가 안 팀장님이 2주일이나 휴가를 쓴 바람에 우리 팀은 완전 멘붕 상태에요. 급한 일이 있으면 전화를 하라지만 과로로 휴가까지 쓴 사람한테 회사 일로 스트레스 주기도 미안하고."

"설마 다른 데가 안 좋은 건 아니겠죠?"

안전방이 과로로 2주일이나 휴가를 쓴 게 이상하다며 유 사장이 걱정스럽게 물었다.

"안 그래도 그게 염려가 돼 알아보니 그냥 집에서 쉬고 있대요. 넘어진 김에 쉬어가자는 거겠죠. 아직 30대 중반인데 벌써부터 그러면 나이가 더 들면 어쩌려고."

한성갈은 자신보다 두 살이나 적은 안전방이 노인네처럼 비실대는 게 한심하다며 혀를 찼다.

"허허, 안 팀장님은 신체 나이가 실제 나이보다 훨씬 많은 모양입니다."

"신체 나이요?"

"평소 건강관리를 어떻게 하느냐에 따라 신체 나이는 실제 나이보다 더 적을 수도 더 많을 수도 있거든요."

유 사장은 식생활, 운동, 흡연, 음주, 비만도 등 신체 나이를 결정하는 10가지 항목에 대해 이야기해주었다.

"오호, 전 보나마나 훨씬 젊게 나오겠군요."

한성갈은 평소 술과 담배를 하지 않는 것은 물론이고 꾸준한 운동과 균형 잡힌 식습관으로 적정 체중을 유지하고 있으니 실제 나이보다 훨씬 젊게 나올 것이라 장담했다.

"내가 보기에도 한 과장님은 실제 나이보다 훨씬 젊고 건강해 보여요. 게다가 최근에는 마인드컨트롤도 잘해서 스트레스도 줄었을 테니 분명 젊게 나올 거예요."

"헛! 스트레스. 한때는 그게 저의 최대 약점이었죠. 하하."

이름처럼 '한 성깔'하는 다혈질적인 성격 탓에 한성갈은 사소한 일에도 스트레스를 많이 받았었다. 그런데 안전방의 팀으로 들어온 후 업무에 대한 성취감과 팀원들과의 진한 연대감이 생긴 덕분인지 웬만한 일은 그냥 넘기게 되었다.

"흔히들 건강이라고 하면 신체적인 관리만 생각하기 쉬운데 정신적인 부분도 관리를 해주어야 한답니다. 특히 정신적인 휴식은 신체적인 휴식 못지않게 아주 중요하답니다."

"정신적인 휴식이라면 어떤?"

"긴장감, 불편함 등 나의 정신을 힘들게 하는 모든 것들을 내려놓고 마음의 평온함을 찾는 것이지요."

"아, 음악 감상 같은 것 말이지요?"

한성갈은 생긴 것과는 달리 평소 클래식 음악을 들으며 마음을 편안하게 하려 노력한다는 말을 덧붙였다.

"음악 감상 좋지요. 하하."

유 사장은 음악 감상이나 명상 등으로 마음을 차분하게 하는 것 외에도 여행이나 취미 생활, 봉사 활동 등을 통해 얻는 즐거움, 자기존중, 자기절제, 자신감, 돌봄, 긍정적인 마인드 등도 정신적인 휴식에 해당된다며, 신체적인 휴식과 더불어 정신적인 휴식도 잘 챙겨야지만 건강을 오래도록 유지할 수 있다고 조언했다.

한창 30대라고,
신체 나이는 환갑인데!

• • • • •

　　　　　　　　　　　　외국의 한 연구진이 조사한 바에 따르면, 실제 나이가 38살인 집단을 대상으로 신체검사를 해보니 28 살에서부터 61살의 신체 나이를 보였다고 한다. 같은 나이인데도 어 떤 사람은 동안이고, 또 다른 사람은 노안인 셈이다.

　인간의 몸은 세월의 흐름에 따른 노화를 피할 수 없다. 그러나 위의 연구결과처럼 나이와 신체 노화의 비례를 다소 늦추거나 때로 역행 도 가능하다. 실제 나이보다 더 젊고 활기차게 만들 수 있다면, 비윤 리적인 행동이 아닌 이상 한번쯤 시도해보는 게 어떨까.

　스스로 자신의 신체 나이를 계산하는 법이 있다. 본인의 나이에서 다음의 열 가지 항목의 점수를 더하거나 뺀 나이가 본인의 신체 나이, 즉 건강 나이이다.

자신의 신체 나이를 계산하는 법

1. 식생활
다음 네 가지 가운데 '모두 그렇다'는 (-2), 셋 또는 둘은 (-1), 하나는 (+1), '모두 해당 없다'는 (+2)로 계산하면 된다.
① 항상 싱겁게 먹는다.
② 신선한 과일이나 채소를 많이 먹는다.(일주일에 5회 이상)
③ 검게 태운 음식을 먹지 않는다.
④ 식사를 규칙적으로 한다.

2. 운동
① 평균 일주일에 3회 이상 (-2)
② ①과 ③의 중간 (0)
③ 월 3회 미만 (+1)

3. 흡연
① 전혀 피운 적이 없거나 10년 전에 끊었다 (-2)
② 5년 전에 끊었다 (-1)
③ 1개월 ~ 5년 사이 끊었다 (0)
④ 하루 1갑 미만 (+2)
⑤ 하루 1갑 이상 (+3)

4. 음주
① 전혀 마시지 않는다 (0)
② 평균 일주일에 2회 이하, 소주 2홉 반병 이하 (-0.5)
③ 평균 일주일에 3회 이상, 한 번에 소주 2홉 1병 이상 (+3)
④ ②와 ③ 사이 (+1.5)

5. 건강검진
① 나는 2년에 1회 이상 건강검진을 받는다. (-2)
② 그렇지 않다. (+1)

6. 스트레스(지난 한 달 동안의 스트레스)

다음 중 1개 이하 (-1), 2개 (0), 3개 이상 (+2)

① 정신적으로나 육체적으로 감당하기 힘든 어려움을 여러 번 겪었다.

② 내 자신의 삶의 방식대로 살려다 여러 번 좌절을 겪은 적이 있다.

③ 인간으로서의 기본적인 요구도 충족되지 않는다고 느낀 적이 여러 번 있었다.

④ 미래에 대해 불확실하다고 느낀 적이 여러 번 있었다.

⑤ 할 일이 너무 많아 때론 중요한 일을 잊기도 하고, 할 수 없을 때도 있다.

7. 연간 여행 거리

① 서울 ~ 부산 거리의 10배 이하 (-1)

② 서울 ~ 부산 거리의 10배 ~ 19배 정도 (0)

③ 서울 ~ 부산 거리의 20배 이상 (+1)

8. 운전과 안전 습관

① 안전띠를 항상 매고, 생명에 위험한 직업에 종사하지도 않는다. (-1)

② ①중 한 가지만 해당 (0)

③ 두 가지 모두 해당하지 않는다. (+1)

9. 나는 B형 간염 바이러스 보유자이다.

① 그렇다. (+2)

② 아니다(0)

③ 모른다(+0.5)

10. 비만도

이상 체중 = (키-100)X0.9

*키 155cm 이하의 여성은 키에서 100만 뺀 것이 이상 체중

① 표준 체중 : 이상 체중의 90 ~ 110% (-1)

② 과 체중 : 이상 체중의 110 ~ 119% (+1)

③ 비만 : 이상 체중의 120% 이상 (+2)

실제 자신의 나이보다 더 젊게 나오면 좋을 테지만, 그렇지 않다고 해서 좌절할 필요는 없다. 지금이라도 건강관리를 위해 노력하면 된다. 당장 헬스클럽에 등록하고 매일 수영장에 가야 한다는 생각보다 일상을 지내듯 건강관리를 하는 것이다. 일상에서의 건강관리는 '정신적인 휴식'과 '신체적인 휴식', 즉 일하느라 신경이 곤두서고 장사하느라 허리가 뻣뻣해진 몸과 마음을 쉬게 하는 것이다.

　정신적인 휴식은 즐거움이나 자기존중, 그리고 자기절제, 자신감, 스스로 돌봄, 긍정적 마인드 등의 감정을 다스리는 것이다. 신체적인 휴식은 가벼운 운동과 다이어트, 적절한 수면과 몸의 화학작용 등을 조절하는 것이다. 비즈니스와 성공 철학 전문가인 짐 롬은 "몸에 신경을 써라. 몸은 당신이 살아갈 유일한 장소이다"라고 했다. 몸, 즉 건강을 잃는다면 내가 살아야 할 터전을 잃는 것이다.

이대로는 아니지!

물 먹인 솜처럼 축 늘어졌던 몸이 며칠간의 휴식으로 점차 가벼워지자 안전방은 휴대폰을 열어 그간 확인하지 못했던 부재중 전화와 메시지들을 살폈다.

💬 전화 안 받네. 술 한 잔 생각나서 전화했는데….
💬 아무리 바빠도 연락은 하고 살자. 서운하네.

이대로였다. 그러고 보니 회사일이 바빠지면서 이대로와 밥 한 끼 같이 할 시간이 없었다. 아직 일주일 정도 휴가가 남아 있으니 몸이 조금 더 회복 되면 하루 정도는 이대로를 만나 회포를 푸는 것도 좋을 듯 싶었다.

"야, 너 왜 이렇게 전화를 안 받냐? 연락 안 된다고 서운해 할 때는 언제고."

몇 번의 시도 끝에 겨우 통화가 되자 안전방은 짜증을 참지 못하고 냅다 소리를 질렀다.

"어, 미안해. 내가 좀….."

휴대폰 너머로 들려오는 이대로의 목소리가 무겁게 가라앉아 있었다.

"왜? 무슨 일 있어?"

"그게…. 전방아, 나… 암이래."

"아니, 그게 무슨 말이야? 암이라니! 네가 왜?"

이대로는 소화가 잘 안 되고 속이 쓰린 증세가 계속 돼 병원에 가니 위암 초기라는 진단을 받았다며 울먹였다. 서른 중반이 되도록 혼자 지내며 아침은 건너뛰기 일쑤고 저녁은 거의 매일 동료들과 함께 걸쭉한 술판을 벌였다.

육체적인 업무를 하다보니 일이 끝나면 몸을 움직이는 것이 싫어 운동도 멀리한 지 오래다. 게다가 하루에 한 갑 이상의 담배를 피워댔으니 속이 멀쩡할 리가 없었다.

"나 결혼도 못 해 보고 이대로 죽는 건가? 너무 억울해. 내가 뭘 잘못했다고 나한테 이런 일이 생긴 거지?"

"네가 죽긴 왜 죽어. 요즘은 의학이 발달해서 그깟 초기 암 정도는 아무 것도 아니야."

"그럴까? 정말 나 이대로 죽진 않겠지?"

"너 지금 어디야? 일단 우리 만나자. 만나서 이야기 하자."

안전방은 흐느끼는 이대로를 달래며 서둘러 약속을 잡았다.

"야, 너 정말 이대로 인생 끝낼 생각이야!"

안전방은 황급히 이대로의 술잔을 뺏으며 소리를 내질렀다. 약속 시간보다 10분이나 일찍 도착했지만 이미 이대로가 먼저 와서 혼자 술잔을 기울이고 있었다.

"벌써 다 망가진 몸인데, 술 한 잔 더 들어간다고 뭐 큰일이야 나겠냐?"

오랜만에 만난 이대로는 많이 초췌해진 모습이었다. 암 선고를 받은 이후 좌절감을 견디지 못해 매일 밤 소주로 마음을 달래고 있다며 허탈하게 웃었다.

"건강한 사람도 매일 술을 마시면 몸이 견뎌내질 못해. 그런데 넌 암 선고까지 받은 녀석이 매일 술이라니!"

물론 그 절망감이 얼마나 클지 온전히 공감할 순 없었다. 하지만 백 번 이해한다 치더라도 지금 이대로의 행동은 너무나 어리석어 보였다. 벼랑 끝에 서 있던 사람이 그 절망감과 공포감을 견디지 못해 스스로 벼랑 아래로 몸을 내던지는 꼴이었다.

"네가 내 심정을 알아? 나 아직 결혼도 안 한 총각이야. 넌 결혼도 하고, 애도 낳았지. 그리고 그 애가 학교에 들어가고 결혼하는 것도 보겠지. 난 아무 것도 못 하고 이대로 죽어야 해. 그런 내 심정을 네가 아냐고!"

"요즘 세상에 암으로, 그것도 초기 암으로 누가 죽는대?"

"그래? 안 죽는다고는 누가 장담한대? 네가 의사야? 네가 의사냐고!"

병째로 소주를 들이키던 이대로가 자리에서 벌떡 일어나 고래고래 소리를 질렀다.

"하긴, 너처럼 이렇게 몸 생각 안 하고 깡 소주를 마셔대면 죽을 수도 있겠다."

막무가내인 이대로의 행동에 안전방도 속이 상해 소주잔을 들었다. 하지만 이내 잔을 내려놓고 한숨을 내쉬었다. 건강의 소중함도 모른 채 과로와 스트레스, 폭음과 불규칙한 식사 등 몸에 나쁜 행동들을 이어왔던 것은 자신도 별반 다르지 않았다.

"대로야, 너무 걱정 하지 마. 아직 초기라잖아. 넌 아직 젊으니까 네가 노력만 한다면 충분히 극복할 수 있어."

안전방은 유 사장의 소개로 만났던 〈보약한첩〉 조 사장의 이야기를 들려주며 이대로에게 희망을 심어주려 노력했다.

"나도 정말 그 분처럼 암을 이겨낼 수 있을까?"

다행히 이대로는 다시 희망을 보려는 듯 한결 차분해진 목소리로 물었다.

"당연하지. 지금부터라도 몸에 나쁜 것들을 멀리하고, 몸에 좋은 것들을 가까이 해봐. 그러면 분명 네 몸은 좋아질 거야."

안전방은 내일이라도 당장 조 사장을 소개시켜줄 테니 그의 조언에 따라 하나하나 실천해보라고 했다. 암이 무서운 질병이긴 하지만 아직 초기 단계라고 하니 지레 겁을 먹을 필요는 없었다. 안전방은 안타까운 마음에 이대로의 어깨를 토닥거리며 격려의 말을 아끼지 않았다.

건강관리도
전략이 필요하다

● ● ● ● ●

　　　　　　　　　　　　　스티브 잡스는 전략적인 인물이었
다. 디지털 생태계를 바꿔 놓은 그의 전략은 아날로그 시대의 종언과
디지털 패러다임의 시대를 열었다. 그러나 자신의 몸에 대해서는 그
리 전략적이지 못했던 것은 아닌지 아쉽기만 하다. 한 시대의 아이콘
이자 세상을 뒤흔들어 놓은 영웅이 역사의 뒤안길로 사라지는 것을
지켜보니 그 아쉬움은 짙은 안타까움으로 다가온다.

　건강관리도 비즈니스나 정치의 전략만큼이나 중요하다. 열심히 땀
을 흘려 운동을 한다고 건강관리가 되는 게 아니다. 자신의 체형이나
조건에 맞춘 운동을 해야 효과가 있다. 또 일상은 엉망인 상태에서 운
동만 한다는 것은 건강관리는커녕 자칫 몸을 망칠 공산이 크다. 그래
서 건강관리도 전략적으로 하라는 것이다.

건강관리 전략의 핵심은 '규칙'과 '절제' 그리고 '습관'과 '실천'이다. '규칙'은 수면과 식사, 운동과 휴식 등이다. 잠자는 것이 불규칙하면 늘 피곤하다. 휴일을 맞아 푹 잔다고 해서 피로가 풀리지 않는다. 일찍 자고 일찍 일어나는 게 좋다. 가급적 밤 11시에서 오전 7시까지의 8시간 취침이 건강에 좋다고 한다. 하루 8시간을 자는 게 복에 겨운 소리라고 한다면, 적어도 하루 5시간씩은 잘 수 있도록 하자.

식사도 규칙이 있다. 균형 잡힌 식단으로 끼니를 거르지 않는다는 규칙을 정해 실천하는 것이다. 또한 운동도 하루에 한 번씩 스트레칭이라도 한다는 규칙을 정한다. 또 나이가 들수록 유산소 운동도 포함하는 게 좋다.

'절제'는 음주와 흡연, 그리고 과식이 대상이다. 담배는 당장이라도 끊는 게 좋고, 술은 연달아 마시는 것과 폭음을 하지 말아야 한다. 몸이 술을 해독하는 데 72시간이 걸린다고 하니 부득이 마셔야 한다면 3일의 간격을 두고 마시는 게 그나마 낫다.

'습관'은 수면과 운동의 규칙을 일과 중에 반드시 할 수 있도록 일상으로 만드는 것이다. 잠을 자는 것도 정해진 시간을 만들고, 식사도 매일 아침은 꼭 챙겨먹는 습관을 가진다. 특히 아침식사는 폭식과 다이어트에 상당한 영향을 끼친다. 아침을 굶게 되면, 공복감이 심해져 점심 때 폭식을 할 가능성이 높아지기 때문이다.

그리고 휴식을 취하는 습관도 중요하다. 피곤하고 지쳐서 마지못해 휴식을 취하는 것보다 일과 휴식의 병행을 습관으로 가지는 게 좋다. 예컨대 50분, 90분, 120분 등 특정 시간 동안 일을 하고, 10분에서 30분 사이를 쉰다거나, 휴일에는 자기만의 시간을 가지면서 몸과 마음을 평온하게 하는 것이다.

'실천'은 나만의 건강관리 전략을 실제로 실행하는 것이다. 아무리 좋은 계획과 운동 기구, 휴식 등을 안배해도 결국 지키지 못하면 아무런 소용이 없다. 이러한 건강관리를 일상적으로 하고 있다면, 정기적인 건강검진도 빼놓지 말고 해야 한다. 특히 장년층으로 넘어가는 나이라면, 암 검사를 정기적으로 하는 게 좋다.

벤자민 프랭클린은 "건강을 유지하는 것은 자신에 대한 의무이며, 또한 사회에 대한 의무이다"라고 했는데, 하물며 직장이나 가게에서는 어떻겠는가? 나뿐만 아니라 주위 동료와 직원들을 위해서라도 건강관리를 전략적으로 해야 한다. 전략적으로 건강관리를 할 줄 아는 리더는 불필요한 야근으로 생산성을 떨어뜨리고 직원들의 건강을 해치는 일 따위는 하지 않을 테다.

웃음 보약을 챙겨라

　2주간의 긴 휴식 덕분인지 안전방은 훨씬 개운해진 몸으로 테라스 카페를 찾았다. 꽃샘추위가 지나간 자리에 환하게 찾아온 따스한 햇살을 즐기며 한껏 기지개를 켰다.

　"몸은 좀 괜찮아진 거예요?"

　유 사장은 안전방을 보자마자 건강 상태부터 확인했다.

　"네, 푹 쉬었더니 많이 나아졌어요."

　"핵심리더가 되기 위해서는 건강관리에도 신경을 많이 써야 해요. 그래서 말인데 나는 이번에 안 팀장님 쓰러졌다는 소식에 후회를 많이 했어요."

유 사장은 안전방에게 활력을 불어 넣는 '신테크身-tech'를 미처 가르쳐주지 못한 것을 후회하고 있었다.

"아무리 피곤하고 바빠도 매일 규칙적으로 운동을 해야겠어요. 기본 체력이 약하니 조금만 무리를 해도 몸이 금세 눈치를 채네요."

"좋은 생각이에요. 조금 일찍 출근해서 우리 회사의 헬스장을 활용해도 되고, 4층 이하는 계단으로 오르내리거나, 퇴근길에 30분에서 한 시간 정도는 걸어주는 것도 좋아요. 그리고 건강은 운동 외에도 식습관이나 생활 습관, 마음 상태 등과도 밀접한 관련이 있으니 자신만의 건강관리 전략을 짜서 꾸준히 실천하도록 하세요."

유 사장은 성공한 리더들의 건강관리 비법을 들려주며, 균형 잡힌 식습관을 비롯해 규칙적인 생활 및 운동 등의 중요성에 대해 이야기해주었다. 안전방은 얼른 수첩을 꺼내 유 사장의 가르침을 꼼꼼히 메모했다. 이대로에게 전해주면 큰 도움이 될 것 같아서다.

"건강을 유지하고 장수하는 데는 뭔가 특별한 비법이 있는 듯 하지만 알고 보면 기본을 지키는 게 가장 중요한 것 같군요."

안전방은 모든 영양소를 골고루 균형 있게 섭취해주고, 근력이 잘 유지되도록 규칙적인 운동을 해주며, 술과 담배, 스트레스처럼 몸에 해로운 것을 멀리하는 노력 등이 결국 건강한 몸을 만드는 기본임을 깨달았다.

"맞아요. 그리고 건강에 좋은 보약도 꼭 챙겨야 해요."

"어휴, 보약까지 챙겨먹어야 해요?"

유 사장의 가르침에 따라 '자테크'에 돌입한 이후 눈에 띄게 팍팍해진 가계부 탓에 보약까지 바라는 것은 욕심이었다.

"하하, 걱정 마세요. 보약은 보약인데 돈이 전혀 안 드는 보약이니까."

"네? 그런 보약이 있어요? 싼 게 비지떡이라고, 효과가 안 좋은 건 아니겠죠?"

"그런 염려는 안 해도 됩니다. 이 보약은 심장마비와 각종 암을 예방하고 혈압을 낮춰주는 효과가 입증되었어요. 그리고 이 보약을 먹으면 기억력도 좋아지고, 소화도 잘 되며, 다이어트 효과까지 있다고 해요."

"에이, 말도 안 돼요. 돈 안 드는 보약이 어떻게 그런 좋은 효과를 낼 수 있겠어요?"

안전방은 유 사장의 설명에 믿을 수 없다는 표정을 지었다.

"허허, 내가 허튼 소리 하는 거 봤어요?"

"그건 아니지만…. 그런데 그 보약이 도대체 뭐에요?"

안전방은 돈이 안 드는 대신 구하기가 어렵다거나 맛이 역겹다는 등의 맹점이 있을지도 모른다는 생각이 들었다.

"바로 저거에요."

유 사장은 동료들과 어울려 큰 소리로 깔깔거리며 웃고 있는 사람들을 가리켰다.

"아하, 웃음!"

안전방도 웃음의 효과에 대해 기사에서 본 적이 있다며 고개를 끄덕였다.

"그런데 하루하루 정신없이 살다보니 웃을 일이 별로 없네요."

"일부러라도 웃어야죠. 기분이 좋고 즐거워서 웃는 웃음이면 더없이 좋겠지만 그렇지 않더라도 일부러 웃을 일을 만들어서라도 웃어야죠. 행복하기 때문에 웃는 것이 아니고 웃기 때문에 행복하다는 말도 있잖아요."

15초만 소리 내어 웃어도 수명이 이틀이나 연장이 되는 최고의 보약인 만큼 반드시 챙기라고 조언했다.

"게다가 하루에 15번 이상 큰 소리로 웃으면 병원에 갈 일이 없다고 하더군요. 하하하!"

그러고 보니 유 사장은 평소 조금만 기분이 좋아도 크게 소리를 내어 웃었다. 그 모습이 보기 좋아 안전방도 종종 미소를 짓곤 했는데 앞으로는 자신도 큰 소리로 따라 웃어야겠다는 생각이 들었다.

"이제 안 팀장님은 웃을 일이 점점 많아지겠어요. 예쁜 공주님이 태어났으니 그 재롱이 얼마나 예쁘겠어요."

"아, 정말 그래요. 아직은 먹고 자고 싸는 게 전부이지만 그래도 그 녀석 얼굴을 보는 것만으로도 하루의 피로가 싹 풀리더라고요. 하하!"

아기의 모습을 떠올리는 것만으로도 안전방의 얼굴엔 금세 유쾌한 웃음이 번져갔다.

웃어라,
그럼 복이 오나니

● ● ● ● ●

요즘 젊은 세대들은 들어보지 못했을 과거의 코미디 프로그램 제목이 있다. 〈웃으면 복이 와요〉라는 방송은 지금과는 달리 별다른 예능 프로가 없던 시절에 사람들의 고단한 삶을 달래준 프로그램이었다. 실컷 웃고 떠드는 사이에 속세의 시름과 일의 고단함을 잠시라도 잊고 재충전을 하니 마치 복이 오는 듯하다.

웃음이 신체의 변화에 끼치는 영향은 크다. 미국의 조얼 굿먼 박사에 따르면, 한 번 웃으면 5분 동안 에어로빅을 한 효과가 있고, 단지 15초 동안 웃었을 뿐인데 수명을 이틀이나 연장시킨다고 한다. 하루에 15회 이상 웃으면 의사를 멀리 할 수 있을 만큼 웃음은 몸에 긍정적인 영향을 끼친다. 실제로 크게 한 번 웃으면 몸의 수백 개 근육이 운동을 하게 된다. 또한 엔돌핀과 엔케팔린 등의 호르몬을 생성하여 모르핀처럼 진통제의 효과도 발생시킨다. 심지어 임신 가능성도 높인다고 한다. 불임 여성을 대상으로 치료를 하는 과정에서 웃음치료를 받은 여성의 임신 성공률이 높아졌다는 이스라엘 병원의 연구결과도 있다.

웃음은 정서의 변화에도 긍정적인 영향을 가져다준다. 캐나다의 심리학자인 레프커트와 로드 마틴은 스트레스에 따른 정서의 반응에 대해 연구를 했는데, 웃음이 약물보다 더 효과가 있었다고 한다. 우울증을 치료할 때는 약물치료보다 웃음이 더 낫다는 결과가 나온 것이다. 미국의 한 여성은 유방암 말기였지만, 병문안을 온 친구와 실컷 웃고 나니 몸과 마음이 편안해졌다고 한다. 그때부터 그녀는 웃음으로 암을 이겨냈고, 자신과 같은 암 환자들을 위해 암 클럽을 만들어 운영하는 중이다.

웃고 사는 게 몸과 마음의 건강에 좋다는 것을 알면서도 정작 현실이 따라주지 않으니 웃음보다는 한숨과 투덜거림으로 하루를 보내기 일쑤다. 그럼에도 웃어야 한다. 아니, 그럴수록 더 웃어야 한다. 맛도 없고 심지어 쓰기까지 한 보약을 억지로라도 챙겨먹듯이 웃을 일이 있고 없고를 떠나 억지로라도 웃어야 한다. 웃음도 운동처럼 일상의 습관으로 가질 필요가 있는 것이다. 아래는 한국웃음연구소에서 제안한 웃음 관련 10계명이다.

웃음 10계명

1. 크게 웃어라

크게 웃는 웃음은 최고의 운동법이다. 매일 1분 동안 웃으면 8일을 더 오래 산다고 하니 굳이 안 할 이유도 없지 않은가. 또한 크게 웃을수록 자신감도 더 커진다. 긴장감이 팽배한 승부의 상황에서 웃음을 짓는 사람은 왠지 자신감이 넘쳐 보인다.

또 가급적 10초 이상의 시간 동안 크게 웃는 게 좋다. 엔돌핀이 5초 이하일 때보다 4배나 많게 분비된다고 한다. 또 크게 웃으면, 호흡기 계통을 비롯해 복부와 흉부, 신경 계통 등 신체 기관의 활성화에도 상당한 영향을 끼친다.

2. 억지로라도 웃어라

억지로 웃으면 병이 무서워하며 도망간다는 말이 있다. 병에 걸리지 않으려면 때와 장소를 가리지 말고 웃으라는 것이다. 때로는 소소하게 웃는 것조차 잊고 지낼 때가 많다. 체면을 차리려다가, 혹은 너무 가볍게 보이지는 않을까 해서 억지로 웃음을 참는다.

과거에는 근엄한 게 미덕이었을 때라 그랬다고 하지만, 요즘은 어디 그런가. 머리에 꽃을 단 사람으로 오해를 받지 않는 선에서 웃고 또 웃어야 한다.

3. 일어나자마자 웃어라

아침에 일어나 거울을 볼 때 잔뜩 얼굴을 찌푸린 사람이 있다. 인생이 고달픈지, 아니면 악몽이라도 꾸었는지 몰라도 매번 이맛살을 구기고 피곤에 절어 있다. 그러나 아침에 일어나 처음 웃는 웃음이 보약 중의 보약이라는 말이 있다. 보약 열 첩을 지어먹는 것보다 매일 아침 웃으며 하루를 맞이해보자.

4. 시간을 정해놓고 웃어라

어느 날 문득 하루 종일 웃지 않고 지냈다는 사실을 깨달은 적이 있는가. 웃을 일이 없어서, 하루가 너무 바쁘게 지나가서 미처 웃지도 못하고 지낸 삶이 황량하기만 하다. 그런데 웃으라고 멍석을 깔아줘도 어색한 미소를 짓는다. 웃음이 익숙하지 않은 것이다. 그렇다면 하루 중에 시간을 내서 웃어보자. 밥 먹는 시간이 따로 정해져 있듯이 웃는 시간도 정해놓는 것이다. 주위의 눈치가 보인다면, 출근하는 차 안에서 하거나 집에서 거울을 보고 10초 이상 웃는다. 또는 학교의 '온리 잉글리쉬' 구역처럼 자신만의 웃음공간을 만들어 그곳에 가면 무조건 웃는 것이다

5. 마음까지 활짝 웃어라.

얼굴 표정보다 마음 표정이 더 중요하다. 즉 웃는다는 것은 얼굴의 표정 변화뿐 아니라 감정의 변화도 일어나는 행위이다. 그리고 얼굴보다 감정의 변화, 즉 진짜 행복감과 긍정의 감정을 느끼는 것이 중요하다. 그러니 이왕 웃을 바에야 마음까지 활짝 웃어보자

6. 즐거운 생각을 하며 웃어라.

'소문만복래笑門萬福來', 웃으면 복이 온다는 말처럼 웃음은 결과가 아니라 시작이다. 즐거운 웃음은 즐거운 일을 만들 수 있다

7. 함께 웃어라

혼자 웃는 것보다 함께 웃으면 웃음의 효과는 더 커진다. 가족이든 친구, 동료이든 함께 웃을 일을 만들어보면 좋다. 집에서 예능이나 개그 프로그램을 같이 보면서 웃는 것도 좋은 방법이다.

8. 힘들 때 웃어라

세상에서 가장 매력적인 웃음 중의 하나는 땀범벅의 얼굴로 웃는 모습일 테다. 출산이라는 힘겨운 고비를 넘기고 난 엄마의 미소는 백만 불이 아깝지 않다. 진정한 웃음은 힘들 때 웃는 것이다.

9. 한 번 웃고 또 웃어라

오늘 하루 웃지 않았다면 무의미한 하루를 보낸 것이나 다를 게 없다. 웃지 않는 나날이 행복한 인생일 리가 없다. 웃지 않은 하루를 보낸 날은 낭비한 것이나 마찬가지다.

10. 꿈을 이뤘을 때를 상상하며 웃어라

간밤에 좋은 꿈이라도 꿨을 때는 나도 모르게 실실 웃는다. 꿈과 웃음은 한집에 산다고 한다. 꿈을 이룰 때의 기쁨은 웃지 않으려 해도 저절로 웃음이 나오게 한다. 비록 꿈을 이루지 못한 상황이라도 기왕

이면 꿈을 이룬 것인 양 웃으면 더 빨리 꿈에 도달하지 않겠는가.

"인류에게 정말 효과적인 무기가 하나 있다. 그것은 바로 웃음이다"라는 마크 트웨인이 말처럼 웃음은 그 어떤 무기보다 더 큰 효과가 있다. 상대방을 이기고, 나를 행복하게 해주는 인생의 무기가 바로 웃음이다.

움직여야 산다

"도저히 안 되겠어요. 저 잠깐 병원에 좀 다녀와야겠어요."

나태한이 어금니를 질끈 깨물며 고통스런 표정으로 말했다.

"왜? 허리가 계속 안 좋아?"

"네. 잠깐 그러다 말겠거니 했는데 앉았다 일어서는 게 너무 고통
스럽네요."

힘겹게 자리에서 일어난 나태한이 허리를 채 펴지도 못하고 구부정
한 자세로 대답을 했다.

"그래, 급하게 처리할 일은 없으니까 물리치료까지 잘 받고 천천히
다녀와."

과로로 쓰러진 이후 부쩍 건강에 신경을 쓰게 된 안전방은 나태한을 엘리베이터까지 부축하는 등 배려를 아끼지 않았다.

"쯧쯧, 요즘 젊은 사람들은 너무 허약해."

두 사람의 뒷모습을 바라보며 한성갈이 한심하다는 듯 고개를 내저었다.

"한 과장님은 건강에 자신이 있으신가 봐요."

"자신이 있다기보다는 항상 노력하는 거지."

한성갈은 팔을 머리 위로 쭉 뻗으며 스트레칭을 했다. 의자에 앉아서 일을 하는 만큼 수시로 스트레칭을 해 바른 자세를 유지하려 노력하는 것이다.

"아, 그러고 보니 한 과장님은 술, 담배 다 안 하시죠? 그것만으로도 건강은 보장된 거네요."

"건강은 그렇게 맹신하는 게 아니야. 금연, 금주를 해도 패스트푸드 위주의 식사를 한다거나 운동을 전혀 하지 않는다거나 올빼미처럼 밤에 잠을 자지 않는 등의 그릇된 행동을 하면 언제 그랬냐는 듯이 무너지는 게 바로 건강이야."

한성갈은 테라스 카페 유 사장의 가르침을 떠올리며 고민중에게 건강에 관한 이런저런 조언을 해주었다.

"에휴, 기분도 꿀꿀한데 우리 5층에 가서 바람이나 쐬고 올까요?"

안전방이 사무실로 들어서며 한성갈과 고민중에게 물었다.

"그거 좋죠! 우리처럼 하루 종일 사무실에 틀어박혀 일하는 사람들은 신선한 공기를 자주 마셔줘야 돼요. 헤헤."

고민중이 자리에서 벌떡 일어나 앞장을 서자 한성갈이 기다렸다는 듯 곧장 뒤를 따랐다.

"뭐 하는 거죠?"

5층 테라스로 나서자마자 눈앞에 펼쳐진 진풍경에 고민중이 눈이 휘둥그레져서는 물었다.

"글쎄? 왜 다들 박수를 치고 있지?"

"그러게요. 박수도 그냥 박수가 아니고 좀 요상한데요?"

정말 그랬다. 몇몇은 손바닥의 아랫부분만 부딪히며 박수를 치고, 어떤 이들은 손가락끼리만 부딪히며 박수를 치고 있었고, 또 가볍게 주먹을 쥔 채 박수를 치는 사람들도 있었다. 그리고 그들의 한가운데는 유 사장이 있었다.

"사장님, 전 허리가 아플 때 좋은 박수 좀 가르쳐 주세요."

"한 쪽 손바닥으로 다른 손의 손등을 때리듯이 치세요. 이렇게."

"이렇게요?"

"네, 맞아요. 양손을 번갈아 가며 짬이 날 때마다 그렇게 박수를 쳐 주세요. 허리와 등, 척추 건강에 도움이 되는 박수라 꾸준히 해주면 요통이 한결 나아진답니다."

가까이 가보니 유 사장이 사람들에게 몸의 증세에 따른 박수법을 가르쳐주고 있었다.

"정말 박수를 치는 것만으로도 몸이 좋아져요?"

고민중이 사람들 틈으로 비집고 들어가 유 사장의 눈을 빤히 들여다보며 물었다.

"흔히들 손을 인체의 축소판이라고 하잖아요. 우리 손바닥 안에는 각종 장기를 비롯해 신체 각 부위들을 담당하는 혈자리가 있어요. 박수를 통해 이 혈자리들을 자극하면 기의 순환이 활발해져서 통증을 가라앉히는 등 몸의 균형을 잡아주는 데 도움이 된답니다."

"아, 이제야 이해가 되는군요."

사람들이 박수치는 모습을 힐끔거리며 안전방이 고개를 끄덕였다.

"저, 근데 말이죠. 혹시 정력에 좋은 박수도 있나요?"

가만히 이야기를 듣고 있던 한성갈이 유 사장 쪽으로 몸을 기울이며 낮은 소리로 물었다.

"아니, 평소에 그렇게나 몸을 위하시는 분이 정력에 문제가 있으세요? 도대체 얼마나 문제가 있으시기에?"

고민중이 기회를 놓치지 않고 한성갈을 놀리기 시작했다.

"헛, 이 친구가! 누가 들으면 내가 정말 정력에 문제가 있는 줄 알겠네."

얼굴이 벌게진 한성갈이 고민중을 쏘아보며 버럭 소리를 질렀다. 박수를 치던 사람들이 킥킥대며 두 사람을 힐끔거렸다.

"유비무환이라고, 뭐든 미리미리 준비해두면 나중에 걱정할 일이 안 생기죠. 자, 그런 의미에서 정력에 관심 있으신 분들 모두 여기 모이세요. 내가 정력에 좋은 박수를 가르쳐 드리죠."

"아, 그럼요. 미리미리 준비해 두는 게 좋죠!"

"그러게요. 준비해서 나쁠 건 없죠 뭐."

사람들이 하나둘 유 사장 앞으로 와서 섰다. 안전방도 한성갈의 팔을 잡아끌며 유 사장 앞으로 갔다.

"그렇다면 나도!"

고민중도 성큼 유 사장의 앞에 섰다.

"자, 이렇게 손목과 연결된 손바닥의 끝부분만 서로 마주치며 박수를 쳐보세요. 이 부분은 방광과 연결되어 있어서 박수를 통해 자주 자극해주면 생식기 기능과 정력이 좋아진답니다."

유 사장이 먼저 시범을 보이자 사람들은 일제히 손목박수를 치기 시작했다.

"건강을 위한다면 자꾸 몸을 움직이세요. 이렇게 다양한 박수로 손바닥도 자극하고, 스트레칭을 통해 몸 곳곳의 뭉친 근육도 풀어주세요. 움직여야 건강하게 살 수 있답니다."

유 사장은 정력에 도움이 되는 박수에 이어 신체 각 부위에 도움이 되는 스트레칭 동작도 시범을 보여주었다.

"헛! 둘! 헛! 둘!"

"아이고, 이것도 운동이라고 땀이 다 나네. 하하!"

"이참에 아예 회사 차원에서 건강박수와 스트레칭을 위한 체조 시간을 만들어주면 좋겠네요. '체력은 국력'이라는 말처럼 사원들의 건강이 곧 회사를 이끄는 힘 아니겠어요?"

고민중은 회사에서 아예 체조 시간을 만들어서 음악과 영상까지 지원해주면 규칙적으로 체조를 하는 데 큰 도움이 될 거라고 말했다.

"좋은 생각이긴 한데, 우리 회사 사장님이 그런 걸 아시려나."

전문 경영인을 부사장으로 영입한 이후 공식적인 행사에조차 얼굴을 내비치지 않는 탓에 안전방에게 유수홈쇼핑 사장은 얼굴조차 본적 없는 신화 속 인물과 다름없었다. 그런 사람에게 사원들의 목소리가 전해지길 바라는 것은 자신이 빌게이츠와 마주 앉아 차를 마시는 것과 다를 바 없다는 생각에 피식 헛웃음이 새어나왔다.

박수와 스트레칭이
건강 비타민이다

● ● ● ● ●

　　　　　　　　　온종일 앉아 있거나 기지개 한 번
제대로 펴지 못한 채 몸을 쓰는 일을 하니 자꾸만 뱃살이 튀어나온다.
온몸은 찌뿌둥하고, 몸이 편치 않으니 짜증 게이지도 자꾸만 올라간
다. 여기저기 안 쑤신 데가 없다.

　이런 증상이 어쩌다 한 번이면 모르지만, 점점 피로가 누적되고 몸
이 내 뜻대로 움직이지 않는 아찔한 경험을 할 때도 있다. 빨간불이
켜진 셈이다.

　건강한 신체를 위해 운동을 하는 것만큼 좋은 게 없다. 하지만 바쁜
일상에서 운동을 한다는 게 여간 어렵지가 않다. 짬을 내서 헬스클럽
이라도 다니려고 해도 먼지 쌓인 운동화를 보며 의지박약의 자신을
탓하는 것도 한두 번이 아니다. 운동을 하러 어디를 가고, 또 한두 시

매일 하면 좋은 건강 박수법

1. 합장 박수
열 손가락을 마주 대고 양손을 힘차게 부딪친다. 손바닥의 모든 경혈이 자극을 받아 혈액순환이 좋아지고 손발 저림이나 신경통에 좋다.

2. 손바닥 박수
손가락을 쫙 펴서 약간 뒤로 젖힌 뒤에 손목은 서로 붙인 채 손바닥만으로 박수를 친다. 이 박수법은 내장 기능을 강화시킨다.

3. 손가락 박수
두 손을 마주 보게 한 상태에서 손바닥 끝 부분과 손가락은 붙인 채 손바닥만 살짝 뗀 다음 손가락끼리 부딪친다. 심장과 기관지를 자극해서 이와 관련된 질병 예방 및 치료에 효과적이다. 코 상태가 좋지 않은 사람에게도 효과가 있다.

4. 손가락 끝 박수
양손의 손가락 끝 부위만 댄 채로 박수를 친다. 시력이 좋지 않거나 만성 비염이 있는 사람, 코감기, 코피를 자주 흘리는 사람에게 효과가 있다.

5. 손목 박수
손목과 연결된 손바닥의 끝부분만 마주친다. 이 박수는 방광을 자극해서 생식기 기능과 비뇨기 질환에 효과적이다.

6. 주먹 박수
주먹을 쥔 후에 양손을 맞대고 손가락이 닿는 부분끼리 박수를 친다. 목탁소리가 나면서 처음 느꼈던 통증이 차츰 없어진다. 두통이나 어깨 부위의 통증에 좋다.

7. 손등 박수
한쪽 손등을 다른 한 손으로 때리듯 박수를 치는 것이다. 양손을 번갈아가며 박수를 치는데, 허리와 등이나 척추 건강에 좋다.

8. 목 뒤 박수
양손을 목 뒤로 돌려서 힘차게 박수를 친다. 어깨에 통증이 있고 피로가 쌓였을 때 효과가 있다.

간을 할애한다는 것이 은근히 부담스럽기까지 하다. 그럴 때는 일하는 도중에 간단히 할 수 있는 '건강박수법'과 '스트레칭'으로 뻣뻣하게 굳은 몸을 풀어주자.

'건강박수법'은 부산 대동대 조영춘 교수가 개발한 것이다. 손에는 신체의 각 기관과 연결된 혈과 맥이 있다. 박수를 하면서 혈과 맥을 자극하여 신체기능을 활성화시키는 게 건강박수법이다. 건강박수법은 합장, 손바닥, 손가락, 손가락 끝, 주먹, 손목, 손등, 목 뒤 등 8가지가 있다.

열심히 박수를 치는 것만으로 뭉친 근육이 쉽게 풀리지 않을 때가 있다. 특히 장시간 한 자세로 일을 하거나 사무실에서 오랫동안 앉아 있을 때는 근육에 피로가 쌓여 근육통이 생긴다. 이때 스트레칭을 해주는 게 좋다.

사무실이나 지금 있는 곳에서 할 수 있는 스트레칭은 별도의 공간이 필요 없다. 그리고 짧은 시간에 효과를 볼 수 있으니 일하는 도중에 틈틈이 한다. 일하면서 하는 스트레칭은 목, 팔이나 손목, 등과 허리, 전신 운동 스트레칭을 나눌 수 있다.

몸에 좋은 스트레칭

1. 목 운동
먼저 허리를 펴고 앉는다. 그리고 깍지 낀 양손을 뒤통수에 대고 아래쪽으로 눌러 턱이 가슴에 닿도록 한다. 다시 처음 자세로 돌아가서 오른손을 머리 위로 가로질러 왼쪽 귀의 뒤쪽에 걸어주고 힘을 서서히 주면서 45°각도로 당겨준다. 반대쪽도 동일하게 반복한다.

2. 팔과 손목 운동
오른쪽 손바닥이 앞을 향하게 해서 팔을 쭉 펴준다. 그런 다음에 왼손으로 오른손을 잡아서 부드럽게 당겨준다. 양손을 동일한 방식으로 번갈아서 한다.

3. 등과 허리 운동
허리를 펴고 앉은 자세에서 손등을 바깥쪽으로 해서 깍지를 한 상태에서 앞으로 쭉 뻗어준다. 이때 등의 근육이 펴지는 느낌이 들 정도로 뻗는다.

4. 전신 운동
앉은 자세에서 왼쪽 다리의 발목이 오른쪽 다리 무릎 위로 올라가도록 한다. 양손으로 왼쪽 다리를 잡고 허리를 편 상태에서 몸을 앞으로 천천히 굽혀준다. 이때 왼쪽 엉덩이가 펴지는 느낌이 들어야 한다. 반대쪽도 동일하게 반복한다.

안전방, 핵심리더로 거듭나다

정말 신기했다. 테라스 카페에 모여 건강체조에 대한 이야기를 나눈 지 일주일이 채 지나기도 전에 유수홈쇼핑에는 놀라운 변화가 일어났다. 출·퇴근 시각 10분 전은 물론이고 두 시간에 한 번씩 건강체조를 위한 배경음악과 함께 영상이 지원되었다.

"이게 뭔 일이래요?"

"그러게, 누가 사장님께 건의를 했나?"

테라스 카페 유 사장에게서 배운 건강박수와 스트레칭 동작들이 차례로 영상에 뜨자 기획7팀 팀원들은 의아하다는 듯 고개를 갸웃거렸다.

"어휴, 궁금한 것도 많다. 그냥 우연의 일치겠지."

"그렇겠죠? 소문이 사실이 아니겠죠?"

고민중은 5층 테라스 카페를 오가는 사람들 사이에선 유 사장이 유수홈쇼핑 사장의 절친이거나 친인척일 것이라는 소문이 돈다고 했다.

"왜 그런 소문이 돌지?"

"그게….."

고민중은 몸을 잔뜩 숙이고 목소리까지 낮춘 뒤에야 비로소 귀동냥으로 들은 이야기를 풀어놓았다.

"그동안 5층에서 커피를 마시면서 사원들끼리 이런저런 아이디어를 주고받았대요. 사실 그곳이 얘기를 나누기가 편하잖아요."

"그야 그렇지."

안전방은 고개를 끄덕였다. 사무실이나 회의실에선 꽉 막혔던 생각 보따리가 어쩐 이유에선지 그곳에선 거침없이 터지곤 했다.

"그런데 이상하게도 그 아이디어들이 곧장 반영이 되곤 하더래요. 특히 유 사장님이 이야기를 유심히 들을 때는 어김없이 반영이 되더래요."

"뭐야, 그럼 이번이 처음이 아니라는 말이야?"

이야기를 듣다보니 안전방도 점점 의아한 마음이 들었다.

"처음엔 그냥 우연의 일치겠지 했는데 이런 일이 자꾸 반복되다 보니 유 사장님과 우리 회사 사장님이 보통 사이가 아닐 것이라는 추측이 나온 거죠."

"유 사장님이 우리 회사에 오래 근무하시다 퇴직하셨으니 우리 사장님이랑 친분이 있는 것은 당연한 것 아니야?"

가만히 이야기를 듣고 있던 한성갈이 한심하다는 듯 말을 보탰다.

"어? 듣고 보니 정말 그러네요."

나태한도 그 특유의 느릿한 목소리로 끼어들었다.

"아이고, 아니면 어쩔 거고 기면 어쩔 거야? 우린 그저 우리 일이나
열심히 하면 되는 거지."

"그건 그렇지만⋯."

한성갈의 말이 옳았다. 유 사장과 유수홈쇼핑 사장의 관계를 밝힌
다한들, 당장의 궁금증을 해소하는 것 이외에 그 어떤 의미도 없었다.

"우리 그런 의미에서 따뜻한 커피나 한 잔 하러 갈까요? 헤헤."

나태한이 앞장을 서며 모두에게 손짓을 했다.

"청소 중?"

도서관을 지나 5층 테라스 카페로 향하는 작은 복도에 청소중이라
는 안내판이 세워져 있었다.

"좀 기다릴까요? 청소 중이신 모양인데."

"뭘 기다려. 얼른 끝내시게 우리가 도와드려야지."

안전방은 안내판을 옆으로 치우고 테라스 카페로 나가는 유리문 앞
에 성큼 다가섰다. 그때였다. 유리문 너머로 유 사장이 부사장과 기획
본부장에게 커피를 건네주는 모습이 눈에 들어왔다.

"어? 저분 부사장님 아니야? 부사장님도 5층 카페에 오시나?"

"그러게요, 그 옆은 우리 기획본부장이네요. 저분들도 공짜 커피를
즐기시는 모양이군요."

"근데 저 그림 어딘가 이상하지 않아요? 왜 제 눈엔 부사장님과 기

획본부장님이 유 사장님 앞에서 긴장하고 있는 것처럼 보이죠?"

"듣고 보니 정말 그러네."

고민중의 말에 모두들 고개를 쑥 내밀었다. 궁금함을 참지 못한 안전방이 아예 유리문을 슬쩍 열고는 귀를 쫑긋 세웠다.

"이 친구들에게도 기회를 한 번 더 줘 봐요."

"그게 워낙 꼴통들이라…."

세 사람은 노트북을 들여다보며 뭔가를 의논하고 있었다.

"일단 나한테 올려보내 봐요. 안 팀장이랑 기획7팀 팀원들처럼 다시 자신들의 능력을 되찾고 유능한 인재가 될지 누가 알겠어요. 타성에 젖거나 능력이 부족하다고 해서 무조건 내치기만 할 것이 아니라 어떻게든 능력을 키워줘서 다시 유능한 핵심리더로 만들어줘야죠. 그게 우리 역할 아니겠어요?"

"네, 알겠습니다. 사장님."

두 사람이 자리에서 일어나며 유 사장에게 대답했다.

"헉! 다들 이쪽으로 숨어."

안전방은 팀원들을 데리고 황급히 도서관 쪽으로 몸을 숨겼다.

"저 분들이 무슨 얘기를 했기에 이렇게 허둥지둥 하세요?"

"그러게요. 무슨 비밀스런 이야기라도 들은 거예요?"

한성갈이 안전방 쪽으로 몸을 바싹 기울이며 물었다.

"아, 아니에요. 지금은 업무 시간인데 일은 안 하고 커피나 마시러 다닌다고 혼날까봐 그래요. 우리 얼른 사무실로 돌아가죠."

"헉, 정말 그러네요. 특히 우리 본부장에게 들키는 날엔."

다들 뒤도 돌아보지 않고 한달음에 사무실로 내달렸다. 안전방은 팀원들의 뒷모습이 멀어지자 걸음을 멈추고 다시 테라스 카페로 향했다. 그러고는 놀란 가슴을 진정시키며 유리문 너머로 유 사장을 찬찬히 훔쳐보았다.

"음, 이제야 퍼즐이 맞춰지는군."

유 사장은 상상만으로 그려오던 유수홈쇼핑 사장의 무심한 이미지와는 전혀 딴판인 인물이었다. 그는 자상하고 지혜로운 사람이었다. 어쩌면 그런 지혜로움이 유수홈쇼핑을 성장시키고 직원 개개인을 핵심리더로 양성해내는 강력한 동력이 아닌가 하는 생각이 들었다.

"안 팀장님, 거기서 뭐해요? 커피 마시러 왔으면 얼른 오지 않고. 하하."

항상 온화한 미소로 자신을 맞아주는 유 사장을 보며 안전방은 그가 자신에게 준 것은 단순히 '기회'만이 아니라는 생각이 들었다. 변화와 트렌드 인식의 류테크, 인간관계 형성을 위한 인테크, 자아를 인도하는 심테크, 발표력을 향상시키는 언테크, 전략적 자기관리 시테크, 풍요로운 삶을 위한 자테크, 활력을 불어넣는 신테크를 가르쳐줌으로써 자신을 핵심리더로 거듭날 수 있도록 해준 것이다.

"준비됐어요? 안전방 팀장님."

"네에?"

"하하, 오늘 하루도 열심히 달릴 준비가 됐냐고요?"

"아, 물론이죠!"

안전방은 유 사장이 건네는 커피를 받아들고는 씩씩하게 걸음을 내딛었다. 테라스 카페에 만연한 봄꽃처럼 두 사람의 얼굴엔 환한 웃음이 피어났다.

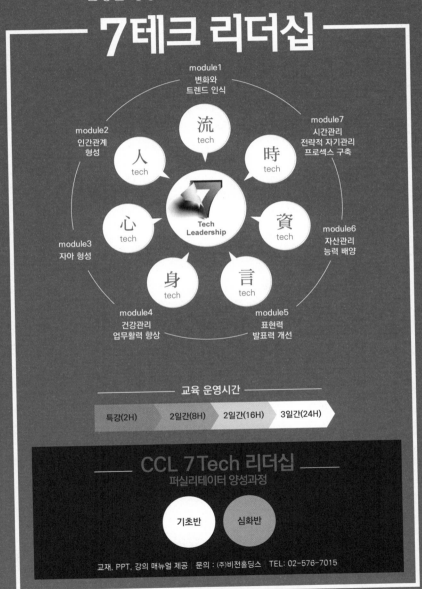